高等职业教育酿酒技术专业系列教材

白酒企业管理与市场营销

郭云霞　王　琪　主编

中国轻工业出版社

图书在版编目（CIP）数据

白酒企业管理与市场营销/郭云霞，王琪主编．—北京：中国轻工业出版社，2020.11
高等职业教育酿酒技术专业系列教材
ISBN 978－7－5184－3192－2

Ⅰ.①白…　Ⅱ.①郭…　②王…　Ⅲ.①白酒工业—工业企业管理—中国—高等职业教育—教材②白酒—市场营销学—中国—高等职业教育—教材　Ⅳ.①F426.82 ②F724.782

中国版本图书馆 CIP 数据核字（2020）第 176956 号

责任编辑：江　娟　王　韧
策划编辑：江　娟　　责任终审：张乃柬　　封面设计：锋尚设计
版式设计：砚祥志远　　责任校对：晋　洁　　责任监印：张　可

出版发行：中国轻工业出版社（北京东长安街 6 号，邮编：100740）
印　　刷：三河市国英印务有限公司
经　　销：各地新华书店
版　　次：2020 年 11 月第 1 版第 1 次印刷
开　　本：710×1000　1/16　印张：20.75
字　　数：400 千字
书　　号：ISBN 978－7－5184－3192－2　定价：49.00 元
邮购电话：010－65241695
发行电话：010－85119835　传真：85113293
网　　址：http://www.chlip.com.cn
Email：club@chlip.com.cn
如发现图书残缺请与我社邮购联系调换
KG1394－200164

高等职业教育酿酒技术专业（白酒类）系列教材

编委会

本书编写人员

主　编

郭云霞（宜宾职业技术学院）
王　琪（宜宾职业技术学院）

副主编

兰小艳（宜宾职业技术学院）
张敬慧（宜宾职业技术学院）
刘琨毅（宜宾职业技术学院）

参　编

陈雪玲（宜宾职业技术学院）
罗　鸣（宜宾职业技术学院）
陈丽伊（宜宾职业技术学院）
彭春芳（宜宾职业技术学院）
袁松林（四川省宜宾市金喜来酒业有限公司）
黄　恋（宜宾职业技术学院）
杨　博（宜宾职业技术学院）

主　审

辜义洪（宜宾职业技术学院）
梁宗余（宜宾职业技术学院）

前　言

白酒企业要在深化改革中脱颖而出，必须从粗放式管理向精细化管理转变，最终实现白酒企业管理的科学化、规范化、制度化，白酒营销的核心也必须从终端转向消费者，最终回归白酒市场消费本质。

本教材将白酒企业管理和白酒市场营销融为一体，集理论知识、技能训练、职业素养培养与提升为一体，按照项目化教学要求进行编写，体现“学做一体”“理实一体”；基于白酒生产班组长和白酒营销员岗位，理论与实践相结合，突出技能培养，具有较强的可读性和可操作性。本教材以白酒企业管理和白酒市场营销为主线，以 10 个项目展开，详细介绍了白酒生产管理、白酒企业质量管理、人力资源管理、社交礼仪、白酒市场分析与调研、白酒消费者消费心理与行为分析、白酒产品的开发与定价、白酒营销渠道、白酒促销策略和白酒售后管理等内容。

在此，对悉心审阅本书并给予指导的辜义洪教授和梁宗余教授表示衷心的感谢，同时感谢参与编写本书的所有人员。另外，在编写过程中参考了一些同仁的著作，在此深表谢意。

由于编者水平和编写时间有限，书中难免存在不妥之处，敬请广大师生及读者批评指正。

编者

2020 年 8 月

目 录

项目一　白酒生产管理

项目描述

白酒生产管理包括生产过程的组织、定员编制、白酒生产计划工作、生产调度和在制品管理、工序控制、生产作业统计分析及生产现场管理等。它的目的主要是保证按质按量地组织生产，从管理的角度去分析、阐明白酒生产管理的重要性和科学性，促进白酒生产过程合理化、劳动过程高效化，从而提高白酒企业生产管理的总体水平。

知识目标

（1）掌握白酒定员编制的方法。

（2）掌握白酒生产计划制订的步骤、流程、编写的内容。

（3）掌握白酒产前、产中成本控制。

（4）掌握生产调度管理方法。

（5）掌握白酒生产现场管理及安全管理。

能力素质目标

（1）能够制订白酒生产计划并进行产前、产中成本控制，完成整个生产过程的管理。

（2）养成良好的职业素养，热爱劳动、环保安全、团结协作。

（3）养成良好的身心素质，乐观豁达、积极向上、身体健康。

案例导入

宗庆后的管理

可口可乐中国公司前总裁杜达夫曾说：“可口可乐今后在中国最大的挑战来自娃哈哈。”宗庆后，现任杭州娃哈哈集团公司董事长兼总经理，担任中国工业经济协会常务理事、中国保健食品协会副会长、浙江省饮料工业协会会长等职务。

娃哈哈如何成为“可乐巨人”担忧的对手，其有什么特别之处？娃哈哈如何实现有效管理的？宗庆后在《娃哈哈方法》一书中提出了“管理创新三阶段”论。

1. 第一阶段；经验管理

宗庆后所经历的管理第一阶段是经验管理阶段，即宗庆后的个人英雄主义阶段。他的特征是能人治厂，凭感觉、靠经验管理。这是一种火车头式的方式，企业的整个运作都靠能人推动，其个人的能力、素质、经验和风格发挥着巨大的作用。在这个阶段，宗庆后事必躬亲、身先士卒，与员工一起起早贪黑地干。这个阶段也是娃哈哈大家庭形成的时代。

这个阶段宗庆后最大的管理特色是以亲情塑造团队、以权威建立权威，管理上比较粗放，但企业凝聚力强，锻造了一个可以一扫天下的“子弟兵”队伍。

2. 第二阶段：科学管理

20 世纪 90 年代中期，娃哈哈迎来了自己的第一个重要转型时期，宗庆后的管理创新也进入了第二个阶段。在此阶段，宗庆后完成了娃哈哈的两大管理创新：一是改变企业资本结构，重组企业股权，与法国达能合资；二是逐渐形成联销体网络，建立以通路为平台的企业运作模式。而这一阶段最重要的管理变革，就是宗庆后与时俱进进行管理分层授权，以适应企业做大做强的形势。

3. 第三阶段：现代管理

在进入跨国竞争和全面竞争时代之后，娃哈哈的管理变革再次需要转型，这是宗庆后的第三次管理创新。宗庆后给出的解决方案是企业流程再造。这里所说的“企业流程再造”相比于以通路为平台的“组织流程再造”，主要区别是宗庆后开始从企业结构的层面上升到企业信息整合的层面。企业流程再造可以通过信息化提高企业的整体运作水平，从而使管理层从日常工作中的随意决策变成依靠科学的决策。

在经过多方面的考虑之后，宗庆后聘请美国埃森哲公司为娃哈哈实施企业流程再造的“外脑”，主要内容包括：实施应用 SAP 软件（企业资源管理软件)、供应链优化系统、管理信息系统，建立科学的企业分级授权体制。

从经验管理，到科学管理，再到现代管理，这是企业变革的必然进程。不可否认，目前大多数的中国企业还处于经验管理阶段，而很多管理者没有看清本企业所处的位置，就盲目套用所谓先进的管理方式和方法，由此注定了不可避免的大起大落的宿命结局。

小结：从“有为”到“无为”，宗庆后完成了他在娃哈哈的“管理三阶段”。宗庆后依靠后天的自我修炼，进入中国当代一流企业家行列，其“宗氏兵法”成为娃哈哈市场制胜的法宝，造就了独一无二的“娃哈哈模式”。这些成功方法的背后是宗庆后个人思想的闪光，所以很多学者将宗庆后与张瑞敏相提并论，于是就有了“北有张瑞敏，南有宗庆后”之说，他们两个人都是各自行业的领军人物。

宗庆后认为，从“有为”到“无为”，一是要充分信任下属、充分授权，实现责权利相统一；二是推行契约化管理，也就是制度化管理，让契约成为管理中的一只“有形的手”；三是设置一种能减少交易成本的分配机制。

【思考题】

1. 通过阅读上述资料，谈谈管理对白酒企业的影响。
2. 白酒企业管理应包括哪些内容?

任务一 白酒生产过程的组织

一、 白酒生产劳动组织及其内容

白酒生产的劳动组织就是根据白酒生产的需要，正确处理白酒生产过程中劳动者之间及劳动者与劳动工具、劳动对象之间的关系，不断调整和改善劳动者分工与协作的组织形式，以充分利用劳动时间和设备不断提高劳动生产率。

白酒生产的劳动组织对于白酒生产的正常进行和提高企业的生产效率都具有十分重要的意义。它既是现代白酒生产的客观要求，又是企业节约人力、挖掘企业内部潜力的重要措施。通过白酒生产的劳动组织，使得劳动者之间既有科学细致的分工，又有严密的协作配合，充分发挥每个劳动者的技能和专长。通过改善劳动组织，可以使分工更加合理、协作更加密切、工作场地布置和轮班的组织更加科学，从而充分利用工时和设备，避免窝工浪费，为节约劳动力提供了条件。

白酒生产的劳动组织主要内容包括定员编制班组的组织、生产班次的安排与调整等。

二、白酒生产的定员编制

1. 定员的编制方法

定员工作要求做到先进合理，要符合高效率、满负荷、充分利用工时的原则。如果是一个新建企业，在一开始就要做好这项工作。在现代社会中，由于劳动法律对员工的保护非常严格，哪怕辞退一名多余的员工也不是一件很容易的事情，处理不好的情况下，还会影响员工的士气，会使企业陷入两难境地。所以选择科学的定员方法是很重要的。

定员计算的基本原理是按生产工作量确定人数，劳动定额作为计算工作量的标准，在定员计算中起着重要作用。因此，只要有劳动定额的岗位都应该考虑使用劳动定额资料来定编。下面介绍的几种方法都是以劳动定额为基础的。

（1）时间定额定员　由于不同工种不同加工对象之间不能直接比较，而时间定额是最通用的劳动消耗标准，一旦不同工种和对象的劳动量换算成时间量就能比较了。用时间定额可以计算企业所有的基本生产工人的定员数。这个方法适用于许多场合，当用来计算全厂的基本生产工人定额人数时，只要取全厂的生产任务总量；计算车间的基本生产工人定额人数时，生产任务取车间总量；同样地，如果计算某一工种的定员人数，生产任务取该工种的总计值就可以了。其余情况可以类推。

（2）产量定额定员　这种方法的计算公式与时间定额法基本相同，只是生产任务和工人的定额任务用产量定额表示。此方法有较大的局限性，只适用于劳动对象单一的场合。如生产量大并且稳定的零件制造厂，可以按零件的加工任务量计算定员，总加后得到全厂的基本生产工人定员人数。

（3）看管定额定员　根据机器数量、开动的班次和工人看管定额计算定员人数。这种方法比较简单，适合于实施多机床看管的企业。对于实行一人一机的劳动组织方式的企业，采用这种方法不一定合理。使用这种方法的前提是生产任务必须饱满，机器没有停工时间，否则得出的定额人数会偏大。

（4）岗位定员　根据工作岗位的数量、岗位的工作量、操作人员的劳动效率、劳动班次和出勤率等因素计算定员人数。按岗定员的方法与生产量无直接关系，与生产类型有关，它适合大型联动装置的企业，如发电厂、炼油厂、炼钢厂等。也适合于无法计算劳动定额的工种和人员，例如，辅助工、机修工、后勤服务人员等。用这种方法定员很难找到计算公式，工作抽样是比较适合的一种方法。通过对操作人员实际的工作情况抽样，分析工作量是否饱满，如果工作量不足，可减少人员或者增加看管岗位。

（5）比例定员　是按企业职工总人数或某一类人员的总人数的某个比例计算出其他人员的定员人数。企业中的卫生保健人员、炊事人员、某些辅助工人可以采用此法定员，使用的比例数是个经验数据，可以用工作抽样方法分析比例数的准确性。

（6）业务分工定员 即根据组织机构、职务岗位的工作种类和工作量来确定人数。这种方法定性成分很大，又主要适用于管理人员和工程技术人员的定员。这些人员的工作内容广泛，工作量不容易计算，工作效率又与每人的能力、工作态度和劳动热情有关，具体操作时有一定的难度。工作抽样也适用于处理这个问题。

企业的编制定员是企业人员数量及其构成的基本标准，是个相对稳定的劳动人事资料，企业不可能经常进行定编工作，有个较长的稳定期。但是，企业的生产量在不同季节不同月份往往变动很大，为了保证任务和人力相匹配，在每个计划期（年计划和月计划）都需要做人员需求计划，以指导劳动力的余缺调整和补充。这里指的主要是基本生产工人。如果生产任务减少，基本生产工人就应该等比例减少，减下来的人员可以临时安排一些其他工作，甚至可以参与产品推销，这比窝工要好得多。

2. 白酒生产定员

白酒生产的定员就是根据各个厂家已定的生产规模，本着节约用人、精简机构、增加生产和提高工作效率的精神设置白酒生产正常进行所需各类人员的数量标准。它的实质是一种科学的用人标准。编制定员有利于促进劳动竞赛、技术革新运动的开展，有利于改善劳动组织完善经济责任制度等。白酒生产定员范围的人员一般可分为酿酒工人、酿酒技术人员、管理人员和服务人员四类。

为了合理地确定各类人员的需要量，在定员工作中要求做到以下几点。

（1）定员水平要先进合理 所谓先进是指在白酒行业中与生产条件相当的企业比较或与本企业历史最好水平比较，劳动生产率高，用人相对减少。所谓合理是指保证白酒生产的正常需要各项工作都有人去做，无人浮于事的现象。

（2）定员标准既要相对稳定又要不断提高 在一定时期内由于本企业的生产技术和组织条件具有相对稳定性，决定了定员标准的相对稳定性。但是，随着高新技术在白酒生产上的应用及技术革新、劳动组织的改善、劳动者技术业务水平的提高，定员标准必须做相应的调整才能适应生产技术的发展。

（3）合理安排各类人员的比例关系，保证白酒生产需要 在一定的生产技术组织条件下，力求合理提高一线生产人员的比例，降低非直接生产人员的比例，充实生产第一线。但随着白酒生产机械化、自动化程度的提高以及管理现代化的实现，直接生产人员的比例将会不断下降，而非直接生产人员的比例会相对提高。

其次要正确安排酿酒工人和辅助工人、维修人员、化验人员等的比例关系。这两类工人虽然同属白酒生产一线工人但分工不同。辅助工人配备过多或过少都会影响劳动生产率的提高。

（4）加强定员管理，健全定员管理制度　定员方案经审批后，各车间不得随意增加或抽调白酒生产人员从事其他工作。车间要采取行政或经济手段确保定员工作的成果。

在白酒行业中，由于各类人员的工作性质不同，对他们采取的定员方法也不相同。对于各车间酿酒班组的定员可采取岗位定员法，即根据工作岗位的多少和劳动量的大小来计算定员人数。对于车间非直接生产工人和服务人员可按比例定员法定员，即按职工总数的一定比例来计算。对于生产管理人员和生产技术人员可按照组织机构的多少、职责范围和业务繁简程度来确定定员人数。

3. 酿酒班组的组织

酿酒班组是白酒生产的基层劳动组织。它是把分工不同的若干工人组织在一起来完成白酒生产的劳动组织形式。酿酒班组一般配备一名班组长一名副组长，其他人员则根据各个企业的生产量、设备能力和劳动强度大小合理配备。酿酒班组的组织要求在每个班组内对每个工人进行明确分工，并由组长负责领导，保证全组工作相互协调，合理使用人力确保生产任务完成。总之，酿酒班组的组成既要按照国家劳动部的有关规定，又要达到节约人力提高劳动生产率的目的。

4. 生产班次的安排与调整

由于白酒生产受自然气温的影响很大，故在不同季节劳动时间也不同。在一般情况下白酒生产多实行两班制。有些规模较大的厂家为了能源负荷均匀生产，也分早、中、晚三班。而辅助车间则根据主车间的需求及平衡使用能源的要求合理安排生产班次，从而达到充分利用设备、节约能源、降低消耗的目的。

对于实行多班制的白酒生产车间，各车间具体的倒班形式和倒班周期要服从厂部生产调度部门的统一安排，同时还要注意下列问题：

（1）为了保证生产的稳定、高效，应当注意使各班人员的数量大致相等，在技术力量的搭配上也要注意各班之间的相对平衡。

（2）要为各班生产准备充分的、同样的生产条件，特别是夜班生产车间必须建立值班制。

（3）要建立严格的岗位责任制和交接班制度，加强各班之间的协作。

（4）要合理配备人员并组织工人轮休，按照国家《劳动法》中的有关规定保证每个工人正常的休息时间。

（5）根据《国务院关于职工工作时间的规定》、劳动部《关于贯彻国务院关于职工工作时间的规定》等有关文件精神及白酒行业的生产特点，企业可以根据具体条件本着职工收入、劳动生产率、经济效益“三不降低”的原则制订、落实国家工时制度。

任务二　白酒生产计划的编制

一、白酒生产的类型

生产类型是指企业依据其产品的特点、生产计划或销售方式等企业自身的特点，所确立的一种或几种生产的方式。一个企业的生产过程可能采用多种生产方法，多种生产类型同时并存。按照白酒生产计划、白酒生产类型分为订货型生产和备货型生产。

1. 订货型生产

订货型生产，属于“以销定产”，即企业通过将客户订货的需求汇总后进行组织生产，按合同规定按时向用户交货，成品库存少。其特点是先有订单后组织生产，因此与备货型生产相比，其产品与数量波动比较大，而且生产组织复杂性大，生产计划调整频繁、生产调度工作任务重。因此生产管理重点抓“交货期”，按期组织生产过程各环节衔接平衡，保证计划如期实现。

2. 备货型生产

备货型生产，属于“以产促销”，即公司根据市场预测情况，结合经销商意见和企业自身经营情况，有计划地组织生产。备货型生产比较适合产品已经有一定市场销路、有相对稳定的销售量等情况。由于备货型生产组织管理比较方便，有利于生产系统的持续改进、提高生产率，同时交货期比较短。因此对于生产管理来说，这是比较好的生产方式，因此他们的工作压力比订货型生产要小得多，但是对于销售部分，更喜欢订货生产，这样可以随着客户的需求进行交货。备货型产品有一定的库存，为防止库存挤压和脱销，生产管理的重点抓供、产、销之间的衔接，按“量”组织生产过程各环节之间的平衡，保证全面完成计划任务。

备货生产与订货生产的比较见表1－1，生产计划特征见表1－2。

表1－1　备货生产与订货生产比较

生产类型特征	备货型生产（MTS）	订货型生产（MTO）
产品特征	需求稳定	需求波动大
生产组织	按照预测组织生产	按照订单组织生产
市场适应性	不灵活	灵活
交货能力	快速	慢
人员技能要求	专业化	多能化
工艺与设备	多采用专用设备	柔性制造系统
资源利用率	高	低

表1-2 备货生产与订货生产的生产计划特征

项目	备货型生产（MTS）	订货型生产（MTO）
计划的主要输入	需求预测	订单
计划的稳定性	变化小	变化大
计划的主要决策变量	品种、产量	品种、交货期、产量
交货期设置	准确、短（随时供货）	不准确、长（订货时确定）
计划周期	固定而且较长	变化而且短
计划修改	根据库存定期调整	根据订单随时调整
生产批量	根据经济批量模型而定	根据订单要求而定
生产大纲	详细	粗略

二、白酒生产计划

白酒生产计划是指导各类白酒生产的重要依据，是协调各生产车间、各科室及辅助系统的重要手段。

1. 按时间分类

按时间来划分可分为中长期生产计划、年度生产计划和生产作业计划三种。

白酒的中长期计划是白酒生产方面近期或长远的规划，它必须与企业的发展规划衔接一致，即坚持优质、低度、低消耗、多品种的发展方向。

白酒的年度生产计划也称生产大纲，它是白酒生产经营计划的主体，是企业全体员工在计划年度内要实现的生产目标，其中所涉及的有：产值（产量）、设备、工艺、人员、场地、品质、管理改善等方面的内容。

白酒生产作业计划是白酒生产计划的具体执行计划，它是将白酒生产计划分配到各单位、各环节，保证其相互协调并对各个生产环节完成生产任务的情况进行监督与分析，其中包括月（季）度计划、周计划和日计划。月（季）度计划是对每月（季）度的工作所做的计划，比年度计划更为具体，主要包括具体订单的排程、产值目标、售货员配置等。生产系统的月计划应当配有生产计划表。周计划、日计划是更为细致的计划，主要明确生产进度，以及必要的人员、材料配备。每个部门有月度计划、周计划，甚至是日计划，把每周的工作实施的效果知会到每周例会管理上，有些部门的分支机构也有早会制度，会议时间一般不会很长，主要是获得需求的支援和推广合理化建议，为生产做好前期预备，这些都是一种维护的常见手段，会议本身就是控制调整手段。根据月计划和周计划而制订出生产的日计划，主要明确各车间、各班组（工序）的日生产任务，明确每个员工的当日工作量，一般在每日上班前，或前一天下班前在各班组的公告板公布。例如看板管理、班前会、工票等的知会目视化管理，也就是“5S”中的清洁含义在管理中的延伸。员工清楚地知晓自己的目标和重要性。

2. 按部门分类

按部门可分为生产部计划、车间计划、班组计划。

生产部计划，是由生产所制订的整个生产系统的总体计划，它包括年度计划、季度计划和月度计划等，是所属各部门制订一切计划的基础，是指导生产的纲领性文件。

车间计划，是各车间在生产部总体工作计划的基础上，根据本车间的工作任务所制定的分解性计划，即生产作业明细计划。有明确的品种、数量、完成日期。它的各项要求更细致，完成时间更为确切。计划制定时，要充分地考虑和确认人员、设备、工艺、物料等方面的即时情况，要有可控制性的保证举措，以备新增生产任务的落实。

班组计划，比车间计划更具体，将计划落实到个人，明确规定每天的工作任务。班组计划中的工作任务分配，其时间跨度不宜超过一个星期。计划要比较准确，应保持其严肃性，没有大的变化，一般不做改动。

生产计划的层次结构见图 1 - 1。

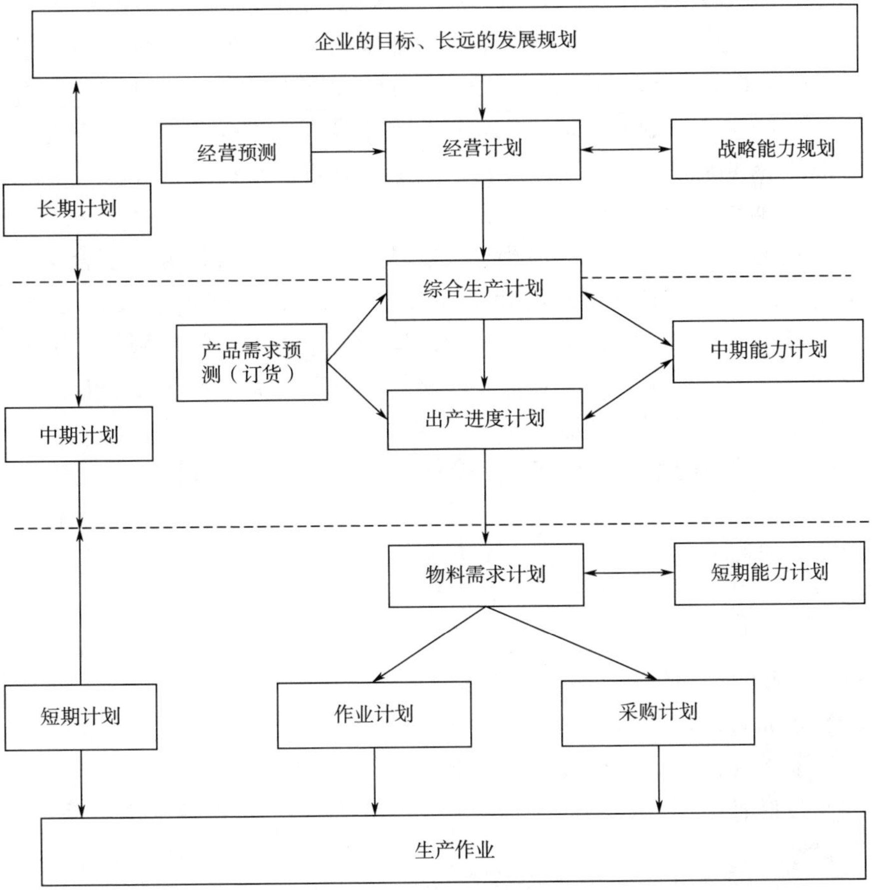

图 1 - 1　生产计划的层次结构

三、白酒生产计划的编制

1. 白酒生产计划的编制内容

白酒生产计划编制的主要内容包括产品质量计划、主要产品产量计划、各种原辅材料、能源、动力单位消耗定额计划、吨酒成本计划、生产维修及其他费用计划等。

白酒生产计划文件除以上各种计划表及平衡计算外，还应有文件编制说明。其主要内容包括计划年度预计完成情况、计划编制的指导思想、原则及主要依据，产量、产值增长幅度及分季安排的说明、实现计划的有利因素和不利因素分析，存在的问题及应采取的措施、意见等。

2. 编制白酒生产计划的要求

白酒生产计划是各企业实现经营目标的重要手段，是组织各类白酒生产活动有计划进行的主要依据。白酒生产计划编制是否科学合理直接关系到本企业的经济效益和今后的发展。因此为了确保企业的经济效益和白酒生产计划任务的顺利完成，白酒生产计划的编制必须注意如下几点要求。

（1）白酒生产计划的编制必须坚持局部服从全局，树立“全厂一盘棋”的思想。即车间的生产计划要服从全厂的生产计划以确保全厂生产计划的完成。

（2）白酒生产计划的指标确定要以提高企业经济效益为中心，在充分分析企业外部环境和内部条件的基础上，采用定量计算、定性分析的方法寻求最满意的方案，确保生产任务和资金、成本、利润指标之间的平衡。

（3）白酒生产计划的编制应当建立在依靠群众、调查研究、综合平衡、正确决策的基础上，力求预测的目标符合未来的实际。同时由于人们对企业内、外各种主客观因素和条件的认识范围和认识能力总有一定的局限性，因此白酒生产计划的编制必须能灵活适应企业内外各种因素和条件的不断变化。

3. 编制白酒生产计划的各种资料与信息

白酒生产计划的编制过程实质上也就是一个信息处理过程。因此生产计划人员既要有科学的态度还必须及时掌握各种可靠的信息和资料从而使制订出的计划指标更加科学合理，其信息如图 1－2 所示。

编制白酒生产计划所需的资料和信息具体内容如下。

（1）反映社会需求方面的信息如上级下达的计划指标及有关文件、市场预测资料、企业签订的供货合同或协议等。

（2）本企业的经营目标和经营方针。

（3）有关白酒生产、税收、环境保护等方面的法律条款。

（4）反映社会可能提供的生产资源方面的信息，如物资供应、动力供应、运输仓储等。

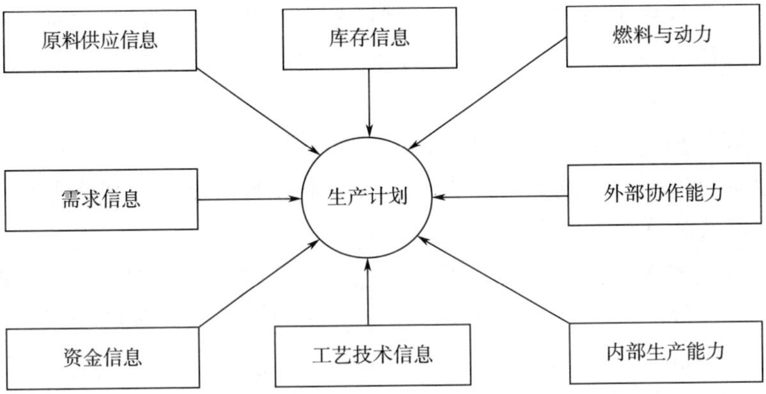

图1-2　编制生产计划信息集成

(5) 反映企业自身拥有的生产资源方面的信息如生产能力、库存状况、技术力量、人员状况等。

(6) 反映企业实际生产水平的有关信息，如上期计划完成情况、生产定额、物资消耗定额、外购资源的成本和价格等。

4. 生产计划编制流程

白酒生产计划编制流程如图1-3所示，具体操作如下：

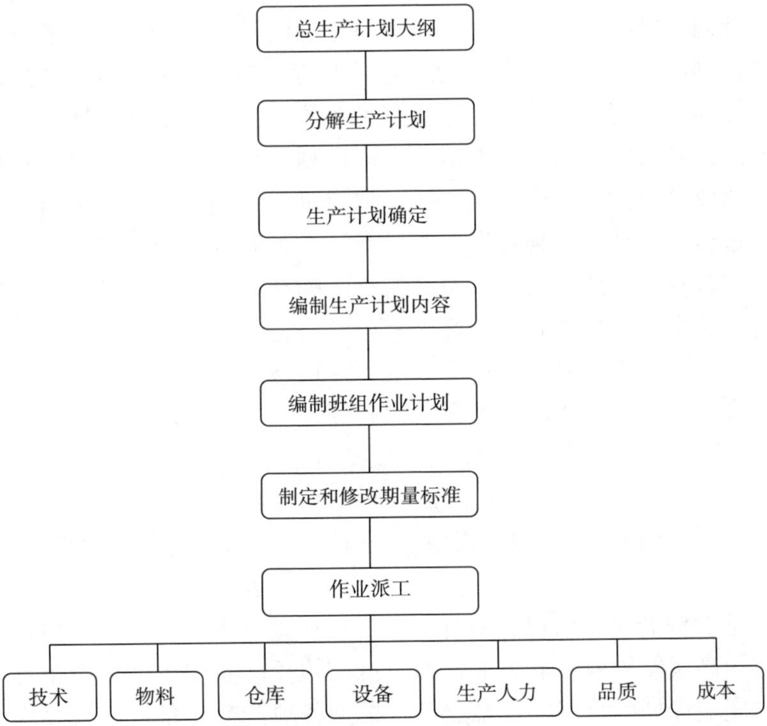

图1-3　生产计划编制流程

（1）首先要做大量的调查研究。制订整个企业的生产计划之前，要对企业经营内外部环境进行调查研究，充分扎实地收集各方面的信息资料，比如国内外市场资料、预测、上期的产品销售情况等。

（2）要提出初步的生产计划指标，做到每一步的统筹安排。初步拟定几套方案，即总的生产计划大纲，并从中选出一个最为满意的方案来照做，比如产量指标的优选和确定，产品生产进度等。

（3）要对各个产品的品种合理搭配生产，分解生产计划。将企业的生产指标分解到各个分厂、各个部门以及各个车间。采用绩效管理的模式，任务做到层层分解，实施检查核对结果和完成质量。

（4）生产计划综合平衡是保证企业现有生产技术条件和资源约束的条件下，正确处理生产经营过程中的各种比例关系，做到合理利用企业的人、财、物，克服薄弱环节，挖掘生产能力，取得最大的经济效果。在综合平衡技术、物料、仓库、设备、人力、成本、品质要求等因素之后，编制月生产计划。

生产计划的综合平衡包括以下几个方面。

①生产计划与需求的平衡：生产计划与需求的平衡是生产计划中的一个核心问题。处理生产计划与需求平衡的策略有追赶策略、均衡策略、混合策略等。

②生产计划与生产能力的平衡：生产计划必须建立在已有生产能力的基础上，生产计划才是有效的，超出生产能力之外的计划就是不可行的计划，因此制订生产计划时必须考虑与生产能力进行平衡。为此必须对企业的生产能力进行核算，加强生产能力的管理，保证有足够的生产能力完成企业的生产计划。

③生产计划与物资供应的平衡：生产计划要得以完成，需要物资供应的保证。如果物资供应没有保证，生产计划就有可能延期，导致失去市场机会，造成损失。进行生产计划与物资供应的平衡，必须做好物资的预测工作，根据生产任务确定各种物资的需求量，做好物资采购与库存管理工作，和供应商建立良好的合作关系，进行准时化采购。

④生产计划与成本财务的平衡：生产计划与成本财务的平衡是为了保证利润目标的实现，使生产所需的资金投入有保证。进行生产计划与成本财务的平衡，首先要根据企业的经营目标规定成本控制指标，把各种生产费用进行分解，采取措施降低费用，确定产品成本降低率与降低额。然后，根据成本制订企业资金计划、销售收入计划和财务支出计划，采取增收节支的措施，提高经济效益。

（5）通过综合平衡阶段，对计划做适当调整，正确制订出各项指标。并需要报送公司高层领导或者上级主管部门批准执行。其中包括生产指导思想、主要指标、完成计划的重点以及难点等。根据各项产前准备及客户要求，编制出预排计划、周计划、三天滚动计划以及日计划。经生产经理审批，组织各车间生产，生产部做好生产日报表的统计并及时反馈生产异常，合格品入仓库并登记，不合格品登记并做其他处理。物控部要根据生产计划与采购协商、跟踪，物料异常要及时反馈信息。

（6）生产计划要有效，必须建立信息反馈机制，增加与生产计划有关的部门的信息反馈，这种信息反馈包括计划和执行过程的信息反馈以及提供生产计划信息的各部门信息反馈。发现计划偏差立即采取纠偏措施，及时调整，为决策提供依据，不能让错的计划、错的任务影响整个企业对于生产的要求而降低生产标准。白酒生产控制详见任务三。

任务三　白酒生产控制与调度

一、白酒生产的控制

白酒生产计划能否顺利完成，除了生产计划要科学合理之外，白酒生产过程中的执行控制也是一个重要方面。生产计划和控制是生产管理的两个方面，它们之间形成一个闭合的回路。为了能进行有效的生产控制，各白酒厂家都必须制定生产控制的各种标准，通过检查分析获得偏差信息，并采取有效措施加以纠正，应把责任落实到人。生产管理者的首要职责就是保证生产计划能够一致性贯彻执行，这就是生产控制问题。白酒生产控制主要包括产前控制和生产过程控制。

1. 白酒生产的产前控制

白酒生产的产前控制就是以白酒生产作业计划为依据检查白酒生产前的各项准备工作，具体控制过程如下。

（1）订货控制　根据订单优先权的分配，产前控制首先是订货控制。根据订单需求与企业生产能力，决定白酒企业的综合生产计划与主生产计划，保持需求与综合生产能力的平衡（粗能力平衡）。订货控制属于企业高层决策问题。

（2）原料控制　当白酒企业主生产计划决定以后，接下来就是进行投料生产，即原料采购计划与加工的投入与出产进度安排。原料的控制主要是原料的预算、购买、跟踪与反馈，企业生产能力与生产计划的平衡（细能力平衡），保证产品能按需如期出厂。譬如，检查白酒生产所选原料、辅料和动力能源的供应情况，特别是保证水、电、汽等重要能源的落实。

（3）其他准备工作　譬如，检查白酒生产所需的各种器材、生产设备是否处于良好状态、各类工具是否配备齐全；检查劳动组织的配备和各类人员的出勤情况，并根据具体情况予以调整；检查白酒生产现场环境，要预防生产中各类事故的发生，严格执行安全文明生产的要求。

2. 白酒生产过程控制

白酒生产过程控制是指投产以后对白酒生产全过程的控制，也称为作业控制，是最底层的生产控制活动。主要任务是按照作业计划的要求进行具体的生产任务分配（计划执行），然后对白酒生产过程进行实时的监督与跟踪，把执行的信息反馈给相关部门，进行修正计划。它是白酒生产控制的核心环节，也是保证白酒生产按计划完成，取得良好生产秩序和经济效益的重要手段。白酒生产过程控制包括白酒生产工序控制、质量控制和生产成本控制。

（1）白酒生产工序控制　白酒生产工序控制就是对各工序的技术标准和岗位操作人员的控制。执行好各工序的技术标准是白酒生产稳定、高效的技术保证。在白酒生产过程中我们应牢固树立“预防为主”的质量意识，采用“抓因素促结果”的方法把影响白酒生产的关键工序和主导因素严格控制起来并设立工序控制点，如图1－4中的酿酒控制点、制曲控制点，使不合格品尽早消除在萌芽状态。

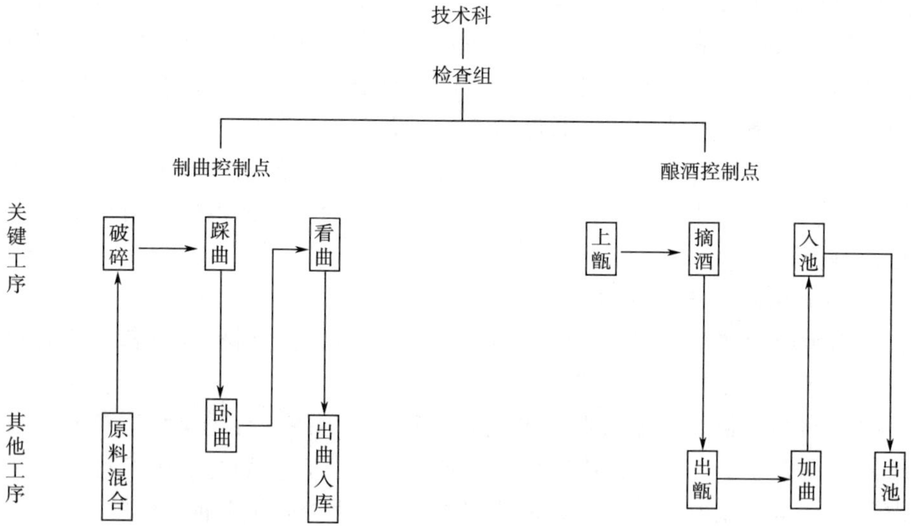

图1－4　白酒生产各工序设置图

因此白酒生产的各级领导都必须加强对白酒生产各工序控制点管理的认识，要挑选业务素质好、技术水平高、工作踏实、思想进步的人员坚守于这些岗位，以保证控制点技术标准的贯彻实施。另外对各工序控制点所在的岗位操作人员车间不得随意调换，并定期考核其业务水平的高低，对他们进行必要的业务培训，组织他们学习工艺技术文件、工艺操作规程，不断提高操作人员自身的业务水平。

白酒生产各工序控制点的管理主要采取“自查”和“抽查”相结合的管理方法，建立“自查”为主、“抽查”为辅的管理体系。这就要求各车间要自觉加强自检、自查工作并做到如下几点：

①各车间化验员、质管员要做到勤化验、勤检查，严格把关，防止不合格品进入下道工序并认真做好记录，及时反馈到班组，不断促进操作人员业务水平的提高。

②经检验不合格的产品要及时通知班组停止生产，同时做好不合格品的隔离工作，做好明显标记并及时分析原因，对属于人为因素造成的要及时汇报和处理。

③鉴于白酒生产的固有特点，对无法隔离的半成品化验员或质管员要及时上报车间由车间领导研究并采取一定的补救措施。

（2）白酒生产成本控制　生产成本是成本中用于生产的部分，它在总成本中所占的比重最大，对利润率水平有决定性的影响。生产成本发生在生产过程中各阶段、各环节。因此生产成本控制包括生产的全过程，即设计阶段的成本控制、计划编制阶段的成本控制、生产现场的成本控制、材料库、半成品库及成品库的成本控制。

白酒生产成本控制主要是指白酒生产现场的成本控制。即排除生产中各种“无效劳动”，提高设备利用率和生产效益，同时严格控制白酒生产现场原辅材料和水、电、汽等重要能源的消耗，依据既定的消耗定额和计划成本制订相应的奖惩措施，增强广大干部职工的成本意识。

安徽亳州古井贡酒厂近几年在经济效益高速发展的同时在生产成本控制方面建立了“一级抓一级、一级管一级、一级对一级负责”的分级责任制，实施严格的业绩考核和奖惩制度，并把成本作为年终评比的一项指标。在车间内部，车间领导把降低消耗、降低生产成本作为首要任务来抓。精耕细作、精打细算，在实际工作中从“精”上着眼，“细”上入手，“耕”和“作”上下功夫，“打”和“算”上做文章，成效显著。

白酒生产控制既要实现分步的层次性，同时也要实现统一管理的集成性。白酒生产控制的集成性反映了以下两个方面的含义。

①白酒企业生产系统本就是统一的系统，必须进行统一指挥调度，在统一指挥调度下，上下层计划的执行必须进行有效的沟通和信息的反馈，这是白酒生产控制的纵向集成问题。随着计算机技术在白酒生产管理中的应用，白酒生产控制的一体化技术逐步得到解决，为实现分步控制向一体化控制转变提供了条件，白酒生产控制集成化是生产控制发展的趋势。

②白酒生产过程控制有两种方式：一种是集中控制，另一种是分散控制。这是生产控制的横向集成问题，采用哪种控制方式应区别对待。在某些白酒生

产企业需要采用集中控制，如机械化程度高的白酒企业，其生产特点有利于实现集中控制。但是对于按照传统工艺进行手工操作的白酒企业，则应采用集中与分散控制相结合的方法。

二、白酒生产调度工作

白酒生产过程中会受到诸多因素的影响，如生产计划的调整、生产设备发生故障、临时停电停汽停水、工人缺勤等。这些情况不可能在制订生产计划时完全预料到。白酒生产调度工作是生产控制的重要环节。白酒生产调度工作，是以白酒生产作业计划为依据，为白酒正常生产服务。

白酒生产调度的主要任务有以下几个方面。

（1）检查白酒生产计划的执行情况，了解白酒生产动态，根据实际生产情况有效地组织日常生产，及时处理生产中出现的问题并制订相应的调整措施，以保证生产任务的完成。

（2）检查白酒生产作业的准备情况，督促和协调相关部门做好配合工作。

（3）根据白酒生产需要，合理地调配生产资源，包括物力、人力等资源，保证各生产环节、各车间按照计划生产。

（4）组织和召开厂级、车间级的生产调度会议，协调各车间的生产进度。

由于白酒企业的生产调度内容多、范围广、责任重大，为不断加强和改进白酒生产调度工作，各企业应采取如下措施。

1. 建立和健全生产调度系统

为了加强白酒生产的集中统一指挥，各企业应遵循统一领导、分级管理的原则，在厂长的领导下，建立健全生产调度系统。同时配备政治思想好、熟悉业务、作风正派、有组织能力的专业人员并赋予其必要的权力，建立健全以岗位责任制为中心的各项规章制度，组成一个上下贯穿、左右结合、各司其职的生产调度系统。

白酒行业的生产调度机构设置要根据各企业的具体情况而定。一般来说应设厂部、车间、班组三级调度。中小型企业可设置厂部、车间两级调度。厂部总调度室负责全厂白酒生产的调度工作，解决车间之间的协调配合，处理全厂生产中的重大问题。在轮班生产情况下每班应设值班调度员负责每班的生产调度工作。车间、班组调度是在厂部统一调度下，在不影响全厂计划完成的前提下，灵活处理和解决本单位的具体问题，保证生产计划的实施。

2. 建立和健全生产调度工作制度

（1）调度值班制度　在白酒企业的生产过程中，为保证生产正常进行，厂部和车间都应建立调度值班制度。调度员在值班期间要随时检查车间、班组的生产情况，及时处理生产中发生的问题，并如实填写调度值班记录表，做好详细记录，把遗留问题在交接班时必须向下一班调度员说明，以便研究和进一步处理。

（2）调度报告制度 为使企业各级的管理人员能及时地掌握生产情况，需建立调度报告制度。调度报告可以是口头的非正式报告，也可以是正式的书面报告。口头报告一般是在调度过程中随时进行的报告制度；而书面报告，需将生产情况进行汇总形成总结性报告，把存在的问题和解决措施或者建议一并形成报告，提交生产主管，最后汇报给厂长。

（3）生产调度会议制度 生产调度会议是解决白酒生产过程中问题的一种团队管理方法，开好调度会议是搞好调度工作的基础。根据白酒企业规模大小和生产情况，调度会议的频率和形式可以多样化。

①一种是临时召开的，如生产过程遇到问题且涉及全厂各部门，则需要召开全厂的生产协调调度会议，如白酒新品种的开发和研制、特殊产品的生产等。

②另一种是日常的生产调度会议，一般定期召开，厂级的生产调度会议一般每周举行召开一次，由主管生产的生产经理主持，解决全厂性的生产问题。车间级的调度会议根据实际召开，参会人员主要是车间主任、班组长、统计及相关人员，解决车间的生产进度及涉及车间具体的生产问题。

（4）现场调度制度 除了例行的调度会议，日常调度过程中要经常召开现场调度会议，解决现场突发性与临时性的问题。现场调度制度就是在生产现场讨论和解决问题。一般性的协调问题，可由调度员在现场处理，生产中急需解决的重大问题，应由领导、技术人员、调度人员和工人在现场共同研究解决。

（5）班前、班后会议制度 开好班前、班后会是班组进行生产调度工作的一个重要方法。班前会主要是布置本班应该完成的生产任务和一些注意事项；班后会主要是检查生产的完成情况，总结本班的经验和教训，表扬先进，激发生产员工的积极性。

3. 生产调度的工作原则

（1）计划性原则 以白酒生产计划为指导，灵活而又严格地按照计划准确地完成生产计划，是生产调度的最高目标。

（2）预见性原则 生产调度计划必须有预见性，根据准确的生产信息，及早地发现问题，既要准确地控制投入，也要控制产出；既要准确地控制当下的生产，也要规划好下一步的生产。

（3）集中性原则 白酒生产调度内容多、范围广、牵涉部门多，但是都继续集中统一指挥。

（4）关键点的原则 白酒生产过程中生产调度员要准确抓住生产的关键

点，把重点工作放在白酒生产的工序和薄弱环节。

（5）行动原则　生产调度过程中，当发现生产偏差时，要及时采取补救措施，并真正落实行动。

（6）效率原则　生产调度过程中，必须行动果断、效率高，不能延误时机，使整个生产线发生连锁反应，造成重大损失。

总之，在白酒生产调度中，一方面需要不断积累经验，总结经验，另一方面也需要加强企业管理者、员工学习和交流。点、线、面相结合是一种较好的生产调度工作方法。点，即解决白酒生产中重点问题、瓶颈问题；线，即对白酒生产全线的跟踪及反馈；面，即全面掌握白酒生产情况，进行全面的管理和调度。当然，由于白酒企业的特征不同，其调度工作也有所不同。调度工作可根据具体实际情况采取不同的方法。

三、白酒生产作业统计工作

白酒生产作业统计工作，主要是对白酒生产原始资料进行收集、整理和科学分析，从而肯定成绩，找出问题，探索规律，总结经验，包括生产方面、经济方面、技术方面等。

1. 白酒生产原始记录

白酒生产原始记录表（表1－3）是白酒生产活动的最初记载和客观反映，是未经加工整理的第一手材料。它包括白酒生产过程中各工序的操作情况，生产任务的完成情况及能源、原辅材料消耗等各方面的内容。它的内容设置必须适应白酒行业的生产特点，同时要与各企业的管理制度相结合。

表1－3　白酒生产原始记录表

组别：　　　　　　　　　　　　　　　　　　池号：

项目 母醅	投料	用糠	上甑	流酒	糊化	加曲	入窖	产量、质量	窖池的情况及处理措施
1									
2									
3									
能耗情况	耗水量/t：			耗电量/（kW·h）：			耗汽量/t：		

白酒生产原始记录是白酒生产管理中一项极为重要的基础工作，是收集白酒生产技术资料的主要来源，是建立统计台账进行科学分析的依据，它的重要作用表现为：

（1）白酒生产要实行科学管理，就要通过计划工作和各种制度将白酒生产的各个环节科学地组织起来。这就要求各车间应及时掌握生产情况，制订、调整、检查各项定额和计划，以指挥生产，采取各种有效措施解决发生的问题。所有这些都离不开生产原始记录，只有具备一整套健全的原始记录，才能全面、系统地反映白酒生产的具体情况，为实现科学化管理奠定基础。

（2）白酒生产原始记录是各种经济核算共同的资料来源，为统计工作提供了第一手资料，是取得基本统计资料和编制统计报表，进行经济核算的依据。

（3）白酒生产原始记录反映了各班组各项定额任务完成的情况，是评定和核算职工奖金的重要依据，同时又为各种奖惩制度的执行提供依据。

2. **白酒生产统计台账**

白酒生产统计台账就是对班组生产原始记录进行整理和汇总，反映整个车间的生产情况，以满足白酒生产管理工作和各项核算工作的需要。它的内容主要包括：白酒生产定额完成情况、质量完成情况、能源节约情况等。

白酒生产统计台账按其内容繁简不同，可以分为综合性台账和专业性台账两大类。综合性生产作业统计台账是将各项有关指标按时间顺序综合登记在一个表册上。这种台账可以从各项指标的联系及其发展变化中进行综合分析，发现问题，探索规律，及时满足生产指挥和指导生产的需要。专业性统计台账是把某一项指标按照时间顺序系统地登记在一个表册上，便于对白酒生产的某项生产、技术活动情况进行具体深入的分析，研究其发展变化的过程和原因。例如白酒产量、质量统计台账（表1－4）、能源消耗统计台账（表1－5）等。

表1－4　白酒产量、质量统计台账

年　月　日

项目／组别	当日完成产量/t			累计完成产量/t			名酒率/%
	计划	完成	正与负	计划	完成	正与负	

表 1－5 能源消耗统计台账

年 月 日

项目 组别	吨酒耗水量/t			吨酒耗电量/(kW·h)			吨酒耗汽量/t		
	计划	实耗	正与负	计划	实耗	正与负	计划	实耗	正与负

另外，白酒生产作业统计台账的管理要注意下列几点。

（1）建立白酒生产作业台账要目的明确，每种台账的指标范围、资料分组、计算方法、登记制度等根据不同的目的，要有不同的要求。

（2）建立白酒生产作业统计台账必须符合统计方法、制度的要求和企业管理的需要，表式和栏次要严密、简明清晰、科学合理，各项指标要相互衔接、可比。

（3）把白酒生产原始记录汇录到台账中去时，要仔细审核，填写时要注意数据的同质性。记录台账要及时、完整，以便及时汇总和分析。

（4）建立白酒生产作业统计台账要明确规定保管、使用和交接责任制。

3. 白酒生产统计报表的管理及统计分析

（1）白酒生产统计报表的管理　白酒生产统计报表必须由生产计划部门统一管理。生产计划部门要根据全厂管理工作和各种核算的需要，统一制订厂内定期计划报表，规定各种生产统计报表的实施范围、报表格式、指标计算方法和程度，经领导批准后执行。白酒生产统计报表的种类和各类报表的指标、项目，都要在满足需要的前提下，力求精简。指标内容和计算方法必须统一，相互衔接，并符合国家和上级主管部门的规定。同时，为避免资料供应的重复和混乱，各企业都必须建立科学的报送关系。车间职能人员只向企业主管职能部门报送资料，各职能部门之间采取分工合作的方法，相互提供所需资料。

另外，白酒生产统计报表必须确保数据的准确性，车间报送的数据必须经过认真审查，企业公布和使用的基本统计数字，要以统计部门的数字为准，对外提供的统计数字要经有关领导批准。

（2）白酒生产作业统计分析　白酒生产作业统计的目的，不仅是为了获得一些数据，掌握一下生产情况，更重要的是要根据已经经过科学整理后的数据，分析检查白酒生产作业计划的完成情况，找出完成计划好坏的根本原因，总结其中的经验和教训，及时改进有关方面的工作。

白酒生产作业统计分析就是运用数据、报表、图表等形式对白酒生产的计划完成情况进行定量分析，从而得出定性结果。白酒生产作业统计分析主要内容包括：产量分析、产品质量分析、白酒生产均衡性分析、能源消耗情况分析等。

①产量和质量分析：白酒的产量和质量是衡量白酒生产好坏的重要指标，也是核算各单位生产效益的重要依据。白酒产量分析主要通过计算实际产量占计划产量的完成率来表示；白酒的质量分析则是对优质酒率及质量级别的综合分析。

②白酒生产均衡性分析：即在白酒产量和质量分析的基础上，通过车间与车间、班组与班组之间的比较，找出先进与落后之间的差距，并结合当时的生产实际情况和各种生产原始记录，具体分析存在这些差距的关键因素，从而在今后的工作中，吸取经验和教训，彻底消除差班组，逐步实现白酒生产的高标准平衡。

③能源消耗情况分析：白酒生产离不开水、电、汽等重要能源，它们的消耗直接影响到白酒的生产成本。因此，各企业都必须根据自身的条件和实际情况，制订水、电、汽等的消耗定额，并制订相应的制度严格管理，在不影响白酒生产的前提下尽可能节约。能源消耗情况分析就是根据各企业制订的各种定额，结合各单位实际消耗的情况，综合分析各单位节约能源的情况及节超原因，为落实各项奖惩措施提供准确的数据材料。

任务四　白酒生产现场管理

现场管理是企业内部管理水平的综合表现，是一个企业整体素质的集中体现，是一种现代化的企业管理方法，它是企业的晴雨表。

一、白酒生产现场管理的内容

白酒生产现场管理，就是按照白酒生产过程组织的要求，根据各企业的具体条件，运用科学的管理制度、标准和方法，对投入生产过程的各生产要素，进行有效地组织和控制，以求优质、高效、低耗、安全地生产。

白酒生产现场管理是企业管理的重要组成部分，是各项基础管理和专业管理的综合反映。它的具体内容包括以下几个方面。

（1）白酒生产现场人员管理　即对白酒生产现场的管理者和操作者的管理，包括劳动组织管理、责任考核、岗位培训、现场管理教育、思想政治工作等。

（2）白酒生产现场物资管理　包括白酒生产的原辅材料、能源、工具等的管理。

（3）白酒生产现场设备管理　包括设备的运行状态管理、检修与保养。

（4）白酒生产现场环境管理　包括车间生产布局的管理、人和物流渠道的管理、文明生产和卫生清洁等管理。

（5）白酒生产现场生产管理　包括白酒生产组织和调度工艺执行、质量控制等管理。

二、白酒生产现场定置管理

白酒生产现场定置管理是根据白酒生产的实际需要，把人、物、场所作为一个系统对象来研究，从优化物流、信息流系统出发，对白酒生产现场进行科学整顿的一种科学管理方法。

白酒生产现场定置管理作为生产现场管理的一个重要组成部分，其主要任务是研究作为生产过程中主要要素的人、物、场所三者的相互关系，它是通过调整白酒生产现场的物品定置、定位，处理好人与物、人与场所、物与场所的关系，把生产现场所需要的物品放在规定的位置。这种规定的位置要科学合理，从而实现白酒生产现场的秩序化、文明化，降低生产成本，提高工作效率。

近几年，许多白酒厂家以规范现场管理标志、标牌、优化信息流为突破口，加强生产现场物品的定置、定位工作，理顺了生产现场物流，推动了生产现场管理总体水平的提高。

标志、标牌是一种信息媒介，对生产现场工作人员来说，它是规范其现场行为的参照物，起到信息传递和引导作用。其有效程度如何，将直接影响生产现场的人流、物流，也直接反映了一个企业的管理水平和形象。根据其作用不同，这些信息媒介可分为以下三种形式。

（1）以平面配置图或定置图的方式，形象地指示物的存放场所或区域位置，表明“该处在哪里”。

（2）在生产现场设置各种标准信息标志、标牌，来表示各种物品的存放位置，表明“这儿就是该处”。

（3）表示某一物品的信息标志，表明“此物就是该物”，如在各盛酒容器上标明容器中白酒的品种等。

另外，一些企业通过对生产现场定置管理工作的经验总结，又赋予定置管理两个新的概念：一是对被列为样板的单位，由厂部组织人员对其进行研究定置，根据场所、设备、工艺流程的科学测算，计算出一些数据，提出对人、原辅材料、半成品及设备的具体要求，使定置管理更完善，样板单位更具先进性。二是其他单位在通过向样板单位学习提高的基础上，学习推广定置管理的先进经验。这样既避免了工作安排上的“一刀切”做法，又根据不同的水平，提出不同的要求，并保持一定的先锋效应，使全厂各个层次都能不断提高，达到不断优化的目的。

三、白酒生产现场管理的诊断程序

白酒生产现场管理诊断，就是根据各个企业的具体要求，由专（兼）职人员深入生产现场，运用科学的方法，对白酒生产管理状况达到管理标准的程度进行调查分析、综合评价，找出白酒生产管理上存在的主要问题及其原因，为解决这些问题，找出切实可行的改进方案，并对改善方案的实施进行具体地指导，以改善白酒生产管理，提高生产管理的水平。

白酒生产现场管理诊断，按诊断主体不同，可分为企业自己诊断和外来诊断组诊断两种。下面主要介绍企业内部诊断的一般程序。

1. 建立白酒生产现场管理目标

白酒生产现场管理的首要任务是对白酒生产现场进行设计，即结合白酒生产特点和企业的要求，明确白酒生产现场要达到的现实性目标。如定置目标、安全目标、质量目标、环境目标等，从而形成白酒生产现场目标体系。

2. 白酒生产现场调查分析

按照白酒生产现场目标规定，制订调查计划，设立调查表格，有针对性地、全面深入地对白酒生产现场的工艺路线、设备布局、物流运转、人员组织、安全环保、作业环境等内容，进行实地、详尽地调查，经充分讨论和整理，找出当前白酒生产现场中存在的问题和导致这些问题的根本原因。

3. 提出改善方案，制订改进措施

针对白酒生产现场的现有生产空间和存在的问题，运用图示模型、运算模型等各种布局和运行方法，提出改善方案，并制订一整套相应的控制、检查、考评措施（行政、经济措施），以保证改善方案的贯彻实施。

4. 实施检查与指导

首先，要对企业有关人员（特别是管理人员）进行白酒生产现场管理知识培训，提高他们的现场管理意识，并组建白酒生产现场管理检查小组，定期检查各单位的改进情况，形成书面材料，通报各有关单位，按既定的措施奖励先进，鞭策后进。

5. 巩固成果，不断提高

企业对实际运行的白酒生产现场要进行标准化，并达到制度化的效果。即应用工艺流程规定生产作业方式，用生产操作规程规定物流的方向和速度，用规章制度规定人的行为，用信息沟通控制白酒生产活动状态，使白酒生产现场管理日趋规范化、标准化，并逐步形成白酒生产现场系列标准。

但是，白酒生产现场管理诊断，绝不是一劳永逸的工作，它是“发现问题→分析、解决问题→再发现问题”，这样一个不断循环往复的过程，它必须经多次不断地诊断和改善，才能使企业不断地向前发展。

四、加强白酒生产现场管理的方法

现场管理是一项新型的现代化管理方式，由于在我国推行的时间尚短，这方面的资料至今还较少。因而其管理思想和工作方法还未得到普及，广大职工还缺乏现场管理的理性认识。安徽亳州古井贡酒厂近几年现场管理工作成效显著，1994 年曾获全国轻工业企业管理现代化成果一等奖。该厂领导通过采用“两手抓”的方针，即一手抓市场，一手抓现场，用市场的发展促进企业内部管理，用现场管理保证市场需要，取得了一定的宝贵经验。

（1）强化现场意识，建立组织保证　加强宣传教育，增强广大干部、职工的现场管理意识，是做好现场管理工作的先导。各部门领导非常重视现场管理的宣传工作，始终把提高职工素质当成一项长期的战略任务抓紧抓好，并利用各种会议向职工广泛宣传现场管理的思想、方法和意义，使职工自觉用现场管理的思想来规范自身的行为。各单位宣传人员还利用各种信息传播媒介，广泛宣传开展现场管理给职工精神面貌带来的新变化，给单位带来的新成效，大力宣传现场管理工作的成绩及涌现的先进典型，为全厂各现场创造一个良好的工作氛围。厂部经常采取闭卷考试或开展知识竞赛等方式，向职工进行宣传普及，力求早日将这种理论推广，实现提高职工素质的最终目的。

建立现场管理网络是实施现场管理工作的组织保证。厂部成立了现场管理领导小组，设立现场管理办公室为专职工作机构，各部门、各单位成立兼职工作小组，由各部门、各单位一把手任组长，并对本单位全面负责。该厂还制订了现场管理工作范围，颁发了实施细则，建立了管理制度，设立现场管理奖励，实行百分制。每月定期或不定期进行检查，及时兑现，奖优罚劣，奖勤罚懒，使全厂现场管理处在一定的法制范围内。

（2）建立管理标准，注重管理效果　科学严管的管理理念，是企业管理的灵魂。在“向生产要质量，向管理要效益”的基础上，该厂又提出“严管出人才，严管出效益”的口号，推出了“十四字现场管理标准”，扩大了严管的内容，提高了严管的标准。

十四字现场管理标准是：“一严、二细、三洁、四无、五不准、六统一”。

一严：严格执行厂规厂纪（劳动纪律、工艺纪律、操作规程……）。

二细：定置细、操作细。

三洁：环境清洁、设备清洁、器具清洁。

四无：原料无变质、设备无故障、安全无事故、卫生无死角。

五不准：班前喝酒不准上班，上班期间不准会客，室内不准吸烟，不准任意更改生产工艺，不准出现跑、冒、撒、漏和长明灯、长流水现象。

六统一：统一布局、统一规程、统一色标、统一标牌、统一纪律、统一理念。

抓现场、练内功、保市场、增效益是古井贡酒厂领导们的重大决策。为了保证这一决策的贯彻实施，该厂努力建立有效的委派系统，充分发挥人的积极性和创造性，管理上只注重效果而不拘于形式，使现场管理形成了自己的特色。红黄旗的运用就是其中一例。一些分厂、车间根据厂部制订的标准、细则，主动细化自己的实施细则，创造性地打出红黄两面旗帜。红旗代表现场管理好的班组，黄旗则表示这个班组最差。车间每周检评两次，给好的班组插上红旗，奖金上浮 0.5%；连续 3 次得红旗，奖金就倍增；对差的班组插上黄旗以示警告，奖金下浮 0.5%，连续 3 次，撤销该班组长职务，同时取消一定的待遇。此举大大调动了职工的积极性，增强了责任心和荣誉感，班组落后面貌得到改善，车间出现了你争我赶、争当先进的喜人局面。

（3）实施色标管理，完善定制标准。

（4）实行动态管理，促进管理到位。

（5）搞好两个结合，实现整体优化。切实做好现场管理同基础管理结合，做好现场管理同专业管理结合，实现企业管理的整体优化。

任务五　白酒生产过程的安全管理

随着白酒生产的不断发展，生产规模的日益扩大，现代化程度的不断提高，安全生产已日益成为生产管理中的重点工作。现将某名酒厂的经验介绍如下，供参考。

一、白酒生产过程中的主要危害及安全防护

在以淀粉为原料，发酵法白酒生产酿造过程中，原料要经过破碎、拌料蒸煮、糖化、酒母发酵和蒸馏等多道工序，要经过许多物理变化和复杂的生物化学变化。既有复杂的工艺设备、机械装置、蒸汽动力装置和电气设施，又有许多有害人体健康的粉尘等。甚至有些工序是易燃、易爆场所，发酵过程中产生大量的有腐蚀性的水汽等，会不同程度地损害工人的安全和健康，损害国家的财产安全。

1. 机械粉碎造成的粉尘危害和防护

在原料加工、机械粉碎过程中，会产生较长时间悬浮于空气中的固体颗粒

（粉尘），操作者如果长期吸入就会使肺组织发生纤维性病变，硬化，导致尘肺，这是一种严重的职业病，将会严重影响职工的健康和生命，极大地破坏生产力。另外，淀粉粉尘在一定的浓度下，在外界高温、摩擦、振动、碰撞及放电火花作用下，还会引起爆炸。因此，在原料加工破碎过程中，粉尘应作为一大危害予以重视。应采取如下防护措施：

（1）改革工艺　通过改革工艺操作方法，使原料加工破碎实现机械化和自动化，消除尘源和减少粉尘飞扬。

（2）湿式作业　在生产工艺允许的条件下，在车间内适当喷雾洒水，增大作业场所的空气湿度，也可以有效地降低粉尘飞扬。

（3）密闭尘源　当生产工艺不允许采用湿式作业时，须对尘源采取密闭措施，防止粉尘飞逸，使操作者与粉尘脱离接触。

（4）通风除尘　采用与密闭措施相适应的局部通风除尘设备，集中收集尘杂，单独处理。

（5）操作者加强个人防护　操作者应采取适当的劳动保护用品（如口罩），尽可能减少职业性危害。

（6）为防止静电火花引起的爆炸，要限制和减少粉尘输送速度，增加湿度，输送管道要平滑，减少积尘，并定期清理集尘箱（袋）。

（7）粉碎设备检修时要严控动火，清理粉尘，防止粉尘爆炸事故的发生。

（8）定期检测粉尘的浓度，对操作者进行定期体检，防止职业病的发生，保护操作者的身体健康。

2. 电气设施造成的危害及防护措施

白酒生产制造过程中，要接触到大量的水汽及其他腐蚀性物质，作业环境潮湿，电气设备和电源线等易出现老化破裂现象，常常造成电气伤害、伤亡及起火爆炸事故。应采取如下防护措施：

（1）应加强对生产过程中电气设备的接地、接零保护，并进行定期检测，确保接地良好。从安全技术上减少和杜绝伤害、伤亡事故的发生。

（2）加强对坑、台、高空作业岗位人员的管理工作，严格按照有坑必有盖，有台必有栏的原则，完善坑、台等的安全防护，对高空作业（2m 或 2m 以上高空作业）岗位要设置必要的安全防护栏，以防止高空作业时，人、物坠落造成的伤害和伤亡事故。

（3）所用的电气设施（电器设备及电线），其绝缘性要绝对可靠，电器设备和作业场所要保持干燥，通风要良好。禁火区所用的电器设备要采取防爆型，电气线路要外穿铁管或用铠装电缆，架设要牢固、整齐，不得随意拖拉。车间照明要良好，工作行灯要采用安全电压。

（4）加强动火审批制度。严禁在烟火禁区域内动火施工等，确因工作需要动火的，要严格执行审批制度，并加强动火点监护，采取必要的防护措施，防止火灾和爆炸事故的发生。

（5）起重设备和行车要严格操作规程，操作人员要经过培训，持证上岗，并定期检查和复训，确保设备的正常运行。

3. 白酒生产过程中的消防管理

白酒生产过程中，原材料、辅助材料、半成品、成品、包装材料均是易燃易爆物品。同时，各种材料的种类多、数量大、存放分散、危险性高，因此，消防管理工作难度大，尤其白酒贮存库，更是白酒生产过程中的消防安全工作的重点和难点。应采取如下防护措施：

（1）有条件的要设专职的消防机构，配备必要的专职消防人员和消防设施，也可以成立厂义务消防队，并定期进行模拟演练，确保在出现情况时忙而不乱，能迅速形成战斗力。

（2）重大消防重点部位（如白酒库和原辅材料库）要重点做好消防工作，特别是库房的周围道路要畅通无阻，不得堆放其他物品和停放车辆。否则出现火情时，消防人员及消防车辆无法靠近火灾现场，贻误战机。

（3）出现火情时要立即切断电源，关闭一切汽管、酒管和油管，再视火情采取不同的灭火措施。不论什么情况，都要坚持先控制、后灭火的原则，将火情控制在一定范围内进行灭火。对于较大和较为严重的火情，要立即向当地消防部门报警，请求灭火。

4. 其他方面的危害及防护技术措施

（1）对所有设备和管道包扎好保温隔热层，减少能量消耗，改善工作条件，不需包扎保温材料的设备，管路走向位置要合理，并有防护措施，以防烫伤操作者。

（2）加强厂内各种机动车辆的管理工作，车辆驾驶员要持证上岗。厂区道路要挂出限速标志和停车标牌，防止厂区内道路交通事故的发生。

（3）要逐步改善白酒生产条件，加强生产管理和设备管理工作，消除跑、冒、滴、漏现象的发生，使生产向机械化、自动化发展，为作业人员创造良好的工作环境。

（4）白酒包装要由手工灌装逐步向机械化发展。作业人员必须加强个人防护，戴好护目镜和有关护具，要及时清理破碎的玻璃碎片，经常冲洗作业场所，保持作业现场的整洁。

（5）化验人员和培菌人员，要严格按照操作规程操作，正确使用各种仪器和药品，加强作业场所的通风，严禁违章作业。

二、白酒生产过程中事故的处理

白酒生产过程中，劳动力密集，工作环境潮湿，电气设备使用的频率高。严格的安全管理措施和完善的安全管理制度，只能相对地、有限度地减少伤亡事故及其设备、电器事故的发生。然而事故的发生有其必然性，发生了事故就要采取有效的处理措施。

（1）生产过程中的事故调查和处理原则　在劳动生产过程中发生了事故，就要进行调查分析，目的是掌握情况，查明原因，分清责任，拟定改革措施，防止事故的重复发生。事故的调查分析与处理要切实做到“三不放过”，即事故原因分析不清不放过，事故责任者和周围群众不受到教育不放过，没有采取有效的防范措施不放过。

同时在事故调查处理中应建立坚强的领导，坚持实事求是的原则，具备科学的行动方案和手段。

（2）事故发生后的反思　要认真从事故中吸取教训，防止同类事故的重复发生，同时要坚持杜绝“三违”（违章作业、违章指挥、违反劳动纪律）现象。要严格各项规章制度的执行，强化“危险作业审批手续”，对查出的事故隐患要限期整改，并确保整改质量。

（3）生产过程中的各类事故的应急处理　事故发生后的应急处理措施一般有以下几个方面：

①事故发生后应该首先救护受伤害者。

②采取措施制止事故的蔓延扩大，防止二次灾害。

③设立警戒线，所有无关人员迅速撤离，并禁止入内，在可燃气体、液体泄漏挥发场所，还要断绝通道。

④认真保护事故现场，保护与事故有关的物体、痕迹、状态等不被破坏，以利于事故的及时调查处理。

⑤按事故的性质和程度，及时向有关方面报告。

随着我国国民经济的发展和技术进步，白酒生产已由过去的手工生产，逐步转向机械化和电气化生产，先进的科学生产工艺和科学管理方法将会代替传统的生产和管理，安全管理工作也会随之同步发展。只有不断地改进和加强安全管理工作，才能促进白酒工业的发展，改善白酒生产的发展环境。

项目二　白酒企业质量管理

项目描述

白酒作为一种特殊的食品，其质量直接关系到消费者的健康与安全，因此白酒企业提升自身的质量管理尤为重要。质量管理已成为现代白酒生产、营销关注的焦点，也是企业管理不断探索的重要课题。

知识目标

（1）掌握全面质量管理的内容、流程。

（2）掌握白酒企业良好规范的内容。

（3）掌握白酒企业质量管理循环体系。

能力素质目标

（1）能够按照质量管理体系，明确质量目标和责任分工，会制订相应的标准和文件。

（2）培养良好的交际能力、团队协作能力。

（3）养成吃苦耐劳、敢拼敢搏的精神。

案例导入

“茅台啤酒”的发展

茅台啤酒公司坐落于历史文化名城遵义市经济技术开发区，隶属中国贵州茅台酒厂有限责任公司控股企业。“茅台”牌系列啤酒是由优级澳大利亚麦芽和优级进口酒花浸膏、质地良好的优质糯米和具有喀斯特地貌的深山泉水、独特的配方和酿制工艺精制而成。酒体清亮透明，色泽呈淡黄带绿色，风味纯正爽口、谐调柔和，酒花芳香突出，泡沫洁白细腻，挂杯持久，口味独特，深受消费者喜爱。在中国食品工业协会和中食协啤酒专业委员会联合举办的全国第五届啤酒评选活动中，经国家级啤酒评委品评和国家权威检测机构检测，“飞天”和“五星”牌茅台啤酒获得评比总分第一，并分别被授予“中国啤酒著名创新产品”和“中国啤酒优秀创新产品”的殊荣。公司自成立以来，始终不懈地坚持“我爱茅台，为国争光”的企业精神，恪守“人才是根本，质量是生命，管理出效益，诚信出市场”的企业方针。一方面从适应市场、拓展市场、实现与国际惯例接轨，推动企业快速健康发展的需要为出发点，积极开展 ISO 9000、ISO 14000 和 OHSAS 18000 认证工作，强化内部质量、环境、职业健康安全管理，并于 2003 年元月，在同行业中率先通过三项整合认证，成为同行业首家一次性通过三项整合认证的企业，实现了内部管理的体系化、程序化和规范化；另一方面以“茅台啤酒，酿造高品位的生活”为经营宗旨，以市场为中心，以顾客为关注焦点，坚持“顾客至上，服务一流”的经营理念，坚持科技创新，努力开发出适合东、南、西、北、中各种口味的系列啤酒，按照高起点，高标准的要求，全力打造“茅台啤酒，啤酒中的茅台”，实现品牌与品质的提升。

任务一　白酒质量管理的发展

白酒生产的质量管理是把白酒企业内部各个部门在质量发展、质量保证和改进等方面的努力结合起来的一个有效体系，以便使白酒生产达到最佳经济水平并生产出消费者满意的产品的工作。

根据质量管理的发展，大致可以按时间顺序或由低级到高级的质量管理层次分为三个阶段：单纯的质量检验阶段、统计质量控制阶段和全面质量管理阶段。但我国的白酒企业基本上只经历了第一和第三这两个质量管理阶段而较少经过统计质量控制阶段这个过程。

一、单纯的质量检验阶段

在这阶段，人们对质量管理的理解还只限于质量的检验，即通过严格的检验来控制和保证转入下道工序的产品质量。早期的白酒酿造，产品的质量检验主要依靠手工操作者的手艺和经验，对产品质量进行鉴别、把关，由操作者自身进行管理或者由工段长进行管理，完全是手工作坊式的管理方式。后来，随着白酒企业的发展，企业规模逐步壮大，这职能又转移到了专职的检验人员，用一定的检测手段负责全厂的产品检验工作，人们称为检验员的质量管理。这种质量管理的特点是单纯靠检测找出不合格产品，以保证产品质量。其方法是全数检验或抽样检验，其作用只能是事后把关，不让不合格产品出厂，而不能在生产中起到预防控制作用。在全面质量管理在我国白酒企业推行之前或现在，我国为数不少的中小型白酒企业的质量管理基本上还处在这一管理阶段，即传统的质量管理阶段，甚至现在一些小型白酒企业的质量管理还处在单纯质量检验的初步阶段。因此，提高质量管理水平是白酒企业的当务之急。

二、统计质量控制阶段

这一阶段白酒质量管理的特点是利用数理统计原理在生产工序间进行质量控制，预防产生不合格品并检验产品质量，它由专业的质量控制工程师和技术人员负责，这标志着由事后检验的观念转变为预测质量事故发生并预先加以预防的观念。但由于过于强调质量控制的统计方法，因而注定在一定程度上限制了它的普及推广。这一质量管理方法在 20 世纪 60—70 年代，曾在我国一些大中型军工企业推广应用过，由于白酒企业那时规模还普遍较小，故因此没有被应用。但这并不是说这一质量管理方法在现在或今后的白酒企业中没有或不会被采用。它的管理特点和方法还是容易被没有推行全面质量管理及偏重质量管理统计的白酒企业在自觉或不自觉地采纳着。

三、全面质量管理阶段

全面质量管理是在统计质量管理基础上进一步发展起来的，在 ISO 8402：1994《质量管理与质量保证术语》中指出，全面质量管理是一个组织以质量为中心，以全员参与为基础，目的在于通过让顾客满意使本组织所有成员及社会效益达到长期的管理途径。它的一个显著特点是重视人的因素，强调企业全员参与，全过程的各项工作都要进行质量管理。它运用系统的观点，综合而全面地分析研究白酒生产中的质量问题，它的管理方法手段更加丰富完善，从而能把产品质量真正管理起来，产生更高的经济效益。我国的一些大中型白酒企业 20 世纪 80 年代已普遍推行全面质量管理。90 年代又进一步向国际管理水平看齐，相继依据国际通用质量管理标准 ISO 9000 系列进行白酒的质量管理，取得了显著的效果。

任务二　全面质量管理的内容

一、全面质量管理的概述

全面质量管理（Total Quality Management，TQM）就是一个组织以质量为中心，以全员参与为基础，目的在于通过让顾客满意和本组织所有成员及社会受益而达到长期成功的管理途径。

20 世纪 50 年代末，美国通用电气公司的费根堡姆和质量管理专家朱兰提出了“全面质量管理”的概念，认为“全面质量管理是为了能够在最经济的水平上，并考虑到充分满足客户要求的条件下进行生产和提供服务，把企业各部门在研制质量、维持质量和提高质量的活动中构成为一体的一种有效体系”。60 年代初，美国一些企业根据行为管理科学的理论，在企业的质量管理中开展了依靠职工“自我控制”的“无缺陷运动”（Zero Defects），日本在工业企业中开展质量管理小组（Q. C. Circle/Quality Control Circle）活动行，使全面质量管理活动迅速发展起来。

全面质量管理的基本方法，一个过程、四个阶段、八个步骤的数理统计方法。

一个过程，即企业管理是一个过程。企业在不同时间内，应完成不同的工作任务。企业的每项生产经营活动，都有一个产生、形成、实施和验证的过程。

四个阶段，根据管理是一个过程的理论，美国的戴明博士把它运用到质量管理中来，总结出“计划（plan）—执行（do）—检查（check）—处理（act）”四阶段的循环方式，简称 PDCA 循环，又称“戴明循环”。

八个步骤，为了解决和改进质量问题，PDCA 循环中的四个阶段还可以具体划分为八个步骤。

（1）计划阶段　分析现状，找出存在的质量问题；分析产生质量问题的各种原因或影响因素；找出影响质量的主要因素；针对影响质量的主要因素，提出计划，制订措施。

（2）执行阶段　执行计划，落实措施。

（3）检查阶段　检查计划的实施情况。

（4）处理阶段　总结经验，巩固成绩，工作结果标准化；提出尚未解决的问题，转入下一个循环。

在应用 PDCA 四个循环阶段、八个步骤来解决质量问题时，需要收集和整理大量的书籍资料，并用科学的方法进行系统的分析。最常用的七种统计方法，分别是排列图、因果图、直方图、分层法、相关图、控制图及统计分析表。这套方法是以数理统计为理论基础，不仅科学可靠，而且比较直观。

二、全面质量管理的内涵

全面质量管理的核心内容为三个“全”：全面质量概念、全员参与、全过程。

1. 全员参加的质量管理

影响白酒产品质量有多方面的因素，因此质量管理工作不仅仅是某个人、某个环节、某个部门的责任，而是需要企业全体员工的参与并培训，严格实行质量责任制，广泛开展群众性的质量管理小组活动。只有建立在扎实的群众基础上全面质量管理才能不断提高产品质量。

2. 全过程的质量管理

全面质量管理贯彻“防检结合，预防为主”的指导思想，从检验在后转变为控制在前，将不合格的产品消灭在形成过程中。另外，全过程质量管理要求从仅仅控制生产工序到控制整个产品的全部生命周期，即从前期市场调查开始，到最后为用户服务的整个环节，形成产品不断上升、不断提高这样一个周而复始的过程。

3. 全面质量管理的概念

全面质量管理的“质量”不再是狭义的产品质量，还包括白酒产品生产过程的设计质量、生产质量、服务质量等，即不仅要管物，还要管人（把控提高人员质量意识与质量控制技能）与生产过程，提高工作质量和产品质量。

三、全面质量管理的原理

（1）在“质量控制”（Quality Control）这一短语中，“质量”一词并不具有绝对意义上的“最好”的一般含义。质量是指“最适合于一定顾客的要求”。这些要求是：①产品的实际用途；②产品的售价。

（2）在“质量控制”这一短语中，“控制”一词表示一种管理手段，包括四个步骤：①制订质量标准；②评价标准的执行情况；③偏离标准时采取了纠正措施；④安排改善标准的计划。

（3）影响产品质量的因素可以划分为两大类：①技术方面的，即机器、材料和工艺；②人方面的，即操作者、班组长和公司的其他人员。在这两类因素中，人的因素重要得多。

（4）全面质量管理是提供优质产品所永远需要的优良的产品设计、加工方法以及认真的产品维修服务等活动的一种重要手段。

（5）质量管理的基本原理适用于任何制造过程，由于企业行业、规模的不同，方法的使用上略有不同，但基本原理仍然是相同的。方法上的差别可概括为：在大量生产中，质量管理的重点在产品，在单件小批生产中，重点在控制工序。

（6）质量管理贯穿在工业生产过程的所有阶段。首先是向用户发送产品，并且进行安装和现场维修服务。

（7）要有效地控制影响产品质量的因素，就必须在生产或服务过程的所有主要阶段加以控制。这些控制就称为质量管理工作，按其性质可分为四类：①新设计控制；②进厂材料控制；③产品控制；④专题研究。

（8）建立质量体系是开展质量管理工作的一种最有效的方法与手段。

（9）质量成本是衡量和优化全面质量管理活动的一种手段。

（10）在组织方面，全面质量管理是上层管理部门的工具，用来委派产品质量方面的职权和职责，以达到既可免除上层管理部门的琐事，又可保留上层管理部门确保质量成果令人满意的手段的目的。

（11）原则上，总经理应当成为公司质量管理工作的“总设计师”，同时，他和公司其他主要职能部门还应促进公司在效率、现代化、质量控制等方面的发挥。

（12）从人际关系的观点来看，质量管理组织包括两个方面：①为有关的全体人员和部门提供产品的质量信息和沟通渠道；②为有关的雇员和部门参与整个质量管理工作提供手段。

（13）质量管理工作必须有上层管理部门的全力支持。如果上层管理部门的支持不够热情，那么，向公司内其他人宣传得再多也不可能取得真正的效果。

（14）在全面质量管理工作中，无论何时、何处都会用到数理统计方法，但是，数理统计方法只是全面质量管理中的一个内容，它不等于全面质量管理。

（15）应该认真地在公司的范围内逐步开展全面质量管理活动。明智的做法是，选择一两个质量课题加以解决并取得成功，然后按这种方式一步一步地实施质量管理计划。

（16）全面质量管理工作的一个重要特征是，从根源处控制质量。例如，通过由操作者自己衡量成绩来促进和树立他对产品质量的责任感和关心，就是全面质量管理工作的积极成果。

四、全面质量管理的流程

现行有效是企业推行全面质量管理常用的 PDCA 循环工作流程。“PDCA 循环”流程的基本内容是在做某事前先制订计划然后按照计划去执行，并在执行过程中进行检查和调整，在计划执行完成时进行总结处理。美国人戴明把这一规律总结为“PDCA 循环”，见图 2－1。PDCA 代表英文的计划（Plan）、执行（Do）、检查（Check）、处理（Action）四个单词，它反映了质量管理必须遵循的四个阶段。

P 阶段：发现适应用户的要求，并以取得最经济的效果为目标，通过调查、设计、试制、制订技术经济指标、质量目标、管理项目以及达到这些目标的具体措施和方法。这是计划阶段。

D 阶段：就是按照所制订的计划和措施去付诸实施。这是执行阶段。

C 阶段：就是对照计划，检查执行的情况和效果，及时发现计划实施过程中的经验和问题。这是检查阶段。

A 阶段：就是根据检查的结果采取措施、巩固成绩、吸取教训、以利再战。这是总结处理阶段。

这四个阶段大体可分为八个步骤（图 2－1）。

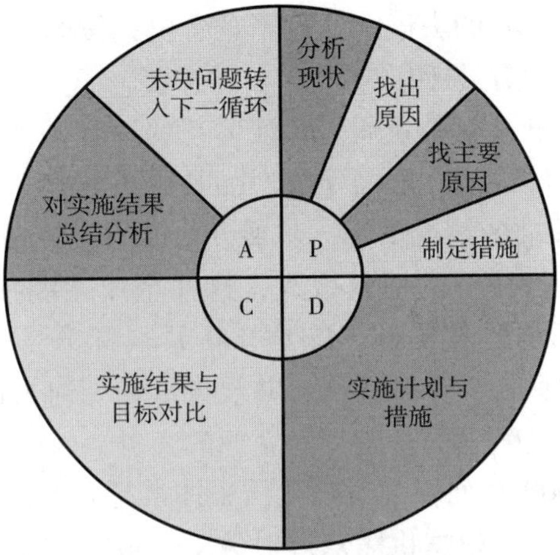

图 2－1　全面质量管理的流程

PDCA 循环管理的特点：

（1）PDCA 循环工作程序的四个阶段，顺序进行，组成一个大圈。

（2）每个部门、小组都有自己的 PDCA 循环，并都成为企业大循环中的小循环。

（3）阶梯式上升，循环前进，即不断根据处理情况或利用新信息重新开始循环改进过程。

（4）任何提高质量和生产率的努力要想成功都离不开员工的参与。

五、全面质量管理在实际中应用

1. ISO 9000 系列标准

全面质量管理是指一个组织开展以质量为中心，以本组织全体成员参与为基础的一种管理方式。它的目标是通过顾客满意和该组织全体成员和社会受益，以达到长远成功。开展全面质量管理必须要建立一个质量体系。一般地说，一个组织能够为社会提供产品或者服务，该组织应具备一个质量体系，但这个质量体系通常都是不完善的，存在这样或那样的问题。要健全这个体系，我们可以充分地利用 ISO 9000 系列标准，从而为企业有效地进行全面质量管理提供保证。

ISO 9000 系列标准是人们长期以来在管理活动中的经验总结，为企业的生产提供了依据。企业在生产中有两种质量不易被协调。一种是目标质量，即在未考虑生产操作条件的情况下确定的质量；一种是标准质量，即按照设计的要求，充分考虑生产技术条件，并以现有技术在生产制造过程中应该达到的质量。质量标准会尽量向目标标准靠拢，因此制订目标标准是进行全面质量管理的首要任务，而 ISO 9000 系列标准则为目标标准的制订提供了一个合理的依据，让企业减少了不应有的失误。从这不难看出，贯彻 ISO 9000 系列标准是开展全面质量管理的一个有效手段。

ISO 9000 系列标准是对企业质量保证体系的一个基本要求，取得认证是产品进入市场的前提条件，但并不能保证产品具有市场竞争力。因此企业应该在贯彻 ISO 9000 系列标准的情况下进一步展开全面质量管理，以市场用户需求为上，全员参与管理进行持续的质量改进，这样企业才能在市场上具有竞争力。质量管理的本质特征是质量改进，ISO 9000 系列标准是依据标准进行质量控制，是被动式的，它只告诉你做什么，并没告诉你如何去做。达到 ISO 9000 系列标准是实施全面质量管理的基础，是企业的义务。

认真贯彻 ISO 9000 系列标准对强化质量体系是必要的。它为企业提供了多种质量保证模式，企业可根据供需双方对风险、成本和利益进行全面的考虑和平衡，系统地考虑产品设计的复杂性、设计成熟程度、制造复杂性、技术性、安全性和经济性等因素，从中选择一个合适的质量保证模式，以便实现全面质量管理。它要求有完整的文件化质量体系，是对全面质量管理的规范化，是全面质量管理的基础工作，对技术和管理提供补充，是产品出口的必要条件。

综上所述，ISO 9000 系列标准推动了全面质量管理在企业中的应用，为企业抢占市场打下了坚实的基础。企业只要以贯彻标准为基础，以实施全面质量管理为根本，坚持“始于教育，终于教育”的贯标思想，把贯标有效、合理地应用到全面质量管理中去，一定能够让企业实现高效益运作。

2. 建立有效的质量体系

质量体系是指为实施质量管理所需的组织结构程序、过程和资源。企业为实现其所规定的质量方针和质量目标，就需要分解其产品质量形成过程，设置必要的组织机构，明确责任制度，配备必要的设备和人员，并采取适当的控制办法，使影响产品质量的技术、管理和人员的各项因素都得到控制，以减少、清除、特别是预防质量缺陷的产生，所有这些项目的总和就是质量体系，或者说质量体系是所有这些项目的有机综合体。从图 2 - 2 可以看出建立质量体系是全面质量管理的核心任务，离开质量体系，全面质量管理就成了一个空壳。由此看来，企业建立全面质量体系是必须的，是实现全面质量管理的根本保证。

质量管理的中心任务就是以质量为中心，以标准化建设为重点，建立和实施质量保证体系。那么如何才能建立一个好的质量体系，从而实现企业的全面

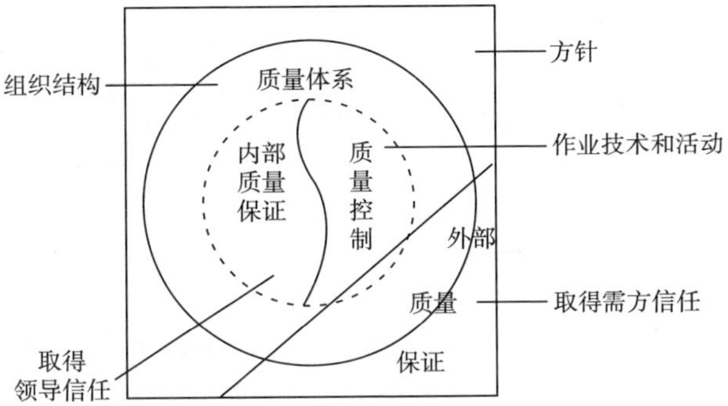

图 2-2　全面质量管理因素图

质量管理。应主要从以下几个方面加以重视。

首先，企业必须保证质量体系建立过程的完善。一个完整的建立程序是建立有效质量体系的基本保证，质量体系是在一个动态的环境中稳定存在的，没有严格的制订程序作为保障是很难产生这样的体系的，全面质量管理也就无从谈起。在实践中，质量体系的建立通常有以下几个步骤。

（1）分析质量环　质量环就是指在质量形成过程中影响产品质量的各个环节，它是质量体系建立的基础。在这一阶段中必须明确各环节的质量职能，为全面质量管理在实施过程中确立目标，实现产品质量的全程目标管理。

（2）研究具体组织结构　在第一步的基础上，企业结合自己的实际情况，进一步明确各环节的质量要求、采用的具体措施、设备的配备以及人员的安置。这是质量体系建立过程中最为重要的一步，它关系到全面质量管理在企业中应用的程度和实施效果。

（3）形成文件　质量体系必须是一个文件体系，这样才能使质量管理达到全员参与的目的。

（4）全员培训　最高管理者有力而持久的领导和组织全体成员的教育及培训对于全面质量管理的成功是非常重要的，在质量体系的建立中这一步也是不容忽视的。

（5）质量体系审核　没有严格的审核，就没有质量体系的有效运作。监督审核是判断质量体系文件被贯彻执行好坏的有效途径，是质量体系建立过程中不可或缺的一步。

（6）质量体系复审　质量体系的建立和应用是一个不断完善的过程。因此必须通过不断地复审、反馈信息，以达到质量体系的不断改进，更好地贯彻全面质量管理思想。

以上质量体系建立过程可通过图 2-3 清晰地了解。

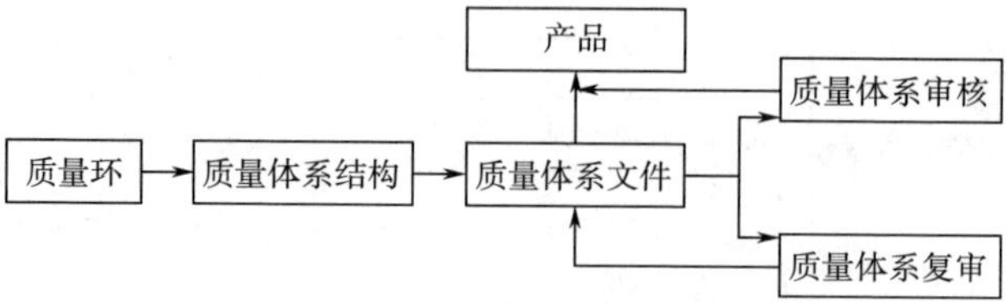

图2-3　质量体系建立流程图

其次，企业要抓住质量体系的特征，保证质量体系设立的合理性，使全面质量管理有效地发挥作用。质量体系的特性主要有以下几点：①全面性；②唯一性；③适用性；④相容性；⑤经济性。只有紧紧地围绕这几点展开的质量体系，才能让企业处于健康稳定的发展状态，让全面质量管理的效果得以展现。

最后，要保证质量体系在实际生产中得到有效的实施。再好的质量体系如果得不到应用，等于没有建立。质量体系实施的关键在于：①领导的高度重视，为全员参与做好表率作用；②加强审核，从制度上来保证全员参与和质量目标的实现；③持之以恒，全面质量管理是一个长期的方针，只有长期稳定地运行质量体系才能让企业在市场竞争中处于不败之地，从而不断地发展壮大。

六、推行全面质量管理的意义

（1）提高产品质量。
（2）改善产品设计。
（3）加速生产流程。
（4）鼓舞员工的士气和增强质量意识。
（5）改进产品售后服务。
（6）提高市场的接受程度。
（7）降低经营质量成本。
（8）减少经营亏损。
（9）降低现场维修成本。
（10）减少责任事故。

任务三　白酒企业质量管理手段

重视全面质量管理工作，亲自主抓，并注重从基础工作做起，一方面开展技术培训工作，另一方面开展质量管理常识的普及宣传教育工作，让每位员工都认识到质量管理的重要性。

通过各种渠道参加培训，培养骨干，以点带面，从而使职工队伍整体素质和技术（业务）水平得到了提高，增强了员工质量意识，真正树立起质量第一、用户至上的经营理念。职工把做好本职工作、提高技能、保证产品质量作为自觉行动，在生产经营过程中，形成人人讲质量，严把质量关的良好氛围。

加强教育培训的同时，建立健全质量保证体系。在组织机构上，设立了全面质量管理委员会，总经理任主任，负责质量方针的制订与实施，下设质量管理领导小组；由副总经理任组长，负责质量管理工作的组织、协调、监督、检查与指导，对各部门的质量职能进行管理，严格执行操作规程，落实质量责任制，改进工艺，完善质量检测手段，强化售后服务。在加强全面质量管理的基础上，进一步开展完善质量体系文件的工作。首先对现行的技术标准、管理标准、工作标准进行了清理，剔除过期的和不适用的标准和文件，对于适用的技术标准进行整理和备案。

一是分析和了解产品质量产生的全过程，掌握与产品质量有关的且相互作用的全部质量活动。明确并能适用质量体系要求的组织结构，各类人员的质量职责和职权，生产过程和工作程序，以及相互衔接与协调措施。

白酒生产企业常见组织机构设置见图 2－4。

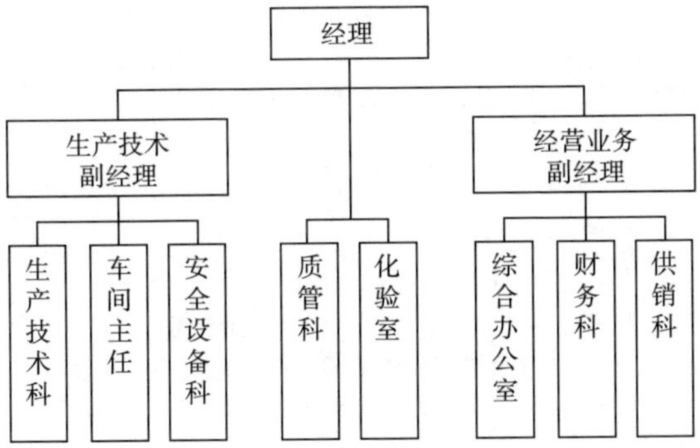

图 2－4 白酒企业组织机构图

二是密切结合酒类企业特点、酒类产品特点、生产经营特点和企业规模，市场情况、消费者需求。

三是质量手册和质量方针必须符合现行的质量法规、法令和法律，不得违背。

质量方针及目标分解图见表 2－1。

表 2－1 质量方针及目标分解图

质量方针	质量第一，信誉至上，做到质量精益求精，服务尽善尽美							
质量目标	目标分解	保证措施	责任人	责任部门				考核部门
				生产技术部	质检部	供应部	销售部	
(1) 产品合格率 100%	(1) 原辅材料合格率 100%	(1) 原辅材料由供应部统一采购 (2) 原辅材料必须符合质量标准，应有检验合格证 (3) 原辅材料由质检部验收合格后才允许入库 (4) 原辅材料入库保管必须符合规定要求 (5) 严禁使用变质和不合格原辅材料	供应部经理	○	○	△		质量管理委员会
	(2) 制酒合格率 100%	(1) 保持设备正常运转 (2) 工作人员必须严格执行操作规程和工艺标准 (3) 工作人员保持个人卫生	生产部经理	△	○			质量管理委员会
	(3) 勾兑酒合格率 100%	(1) 严格执行操作规程 (2) 遵守国家及企业白酒标准，感官及各项理化指标达标 (3) 所用设备、器具，保持洁净，无污染 (4) 勾兑人员保持个人健康卫生	质检部经理	○	△			质量管理委员会
	(4) 灌装合格率 100%	(1) 严格执行操作规程和工艺标准 (2) 保持灌装设备洁净完好 (3) 工作人员保持健康卫生	生产部经理	△	○	○		质量管理委员会
(2) 用户满意率 100%	(5) 售后服务确保客户满意率 100%	(1) 文明用语，礼貌待客，诚实守信 (2) 广泛征求客户的意见，了解市场信息，及时反馈，不断提高服务质量 (3) 发生问题，热情对待，及时处理，维护消费者利益，让用户满意，树立良好的企业形象	销售部经理	○	○	○	△	质量管理委员会
备注	△为主要责任部门			○为相关责任部门				

任务四 白酒企业质量管理体系

企业质量管理是一个系统工程，白酒企业质量管理主要涉及质量管理体系的建立，质量管理体系的实施、生产过程管理、品质管理和品牌管理等关键环节。

一、质量管理体系的建立

质量管理体系是指运用系统的原理和方法，以保证和提高产品质量为目标，把企业各部门、各环节生产经营活动密切地组织起来，规定它们在质量管理方面的责任、权利和义务，并建立统一协调这些工作的组织机构，在企业内部形成一个完整的质量管理工作系统。白酒企业在建立白酒安全、卫生、质量一体化管理模型时应吸纳ISO 9000质量管理体系的管理理念、体系框架和过程方法，在ISO 9000质量管理体系的框架下，建立良好的操作规范（GMP）和科学的卫生标准操作程序（SSOP）平台，用危害分析和关键控制点（HACCP）手段对整个白酒加工的环境、人员、设备及从初始生产到最终消费的整个过程加以管理。ISO 9000是一个国际化的管理类标准，它是以质量管理为中心，吸取了全面质量管理的优点，具有科学性、系统性、严密性以及具有统一评价度、内外监督机制和便于贯彻实施等优点，更由于ISO 9000标准的世界通用性，有利于打破国际贸易壁垒，与国际经济接轨，在加强企业质量工作中显得更加有效、实用。GMP对规范生产操作，保证产品质量具有很好的指导性，SSOP和HACCP体系由于它对食品企业的独特性，更能发挥控制食品安全效果显著的优点，在满足质量要求的同时，确保白酒的卫生和安全。

二、质量管理体系的实施

在建立企业质量管理体系的基础上，健全相应的组织结构，由企业最高领导层直接管理，因为最高管理者在质量管理中起着关键性作用。按照质量管理体系，对采购部、生产部、质检部、销售部等主要部门明确质量目标和责任分工，制订相应的标准和文件，文件可包括质量手册、程序文件、作业文件和记录，由专人负责实施。

在实施质量管理时，要贯彻全面管理和全员参与的理念，全员参与是成功的基本保证，因为质量管理体系的执行者是人，因此必须加强员工培训，在广大员工中持之以恒地开展质量管理教育，推广全面质量管理方法及群众性的质量管理活动，牢固树立和凝聚企业共同的质量价值观念，并贯穿于每个员工、每道生产工序、每一管理环节，使公司的质量管理、企业管理成为一个统一的整体，在运行过程中互相补充和促进，把各项现行的质量管理体系由“人为管理”变为“群体意识管理”，形成独具特色的质量文化管理体系。

在质量体系实施、运行过程中，企业还应逐步建立起一种长期有效的信息反馈系统，对审核中发现的问题，应及时采取纠正措施，建立起一种自我改进和完善的机制。PDCA 循环法对于提高质量管理体系运行的效果十分重要，而且可适用于所有过程，对每个科室、整个企业均适用，可参照使用。PDCA 循环法最早是由美国质量管理专家戴明博士提出，是全面质量管理的工作方法。它的主要思想是将全面质量管理看成是一个周而复始的螺旋上升过程，每个活动按照计划（Plan）、计划实施（Do）、检查实施结果及处置检查结果（Check）、采取相应的行动（Action）四个过程进行循环往复，螺旋上升。每一次循环，质量获得一次提高，这样就会朝着“零缺陷”的方向向上滚动，如图 2－5 所示。

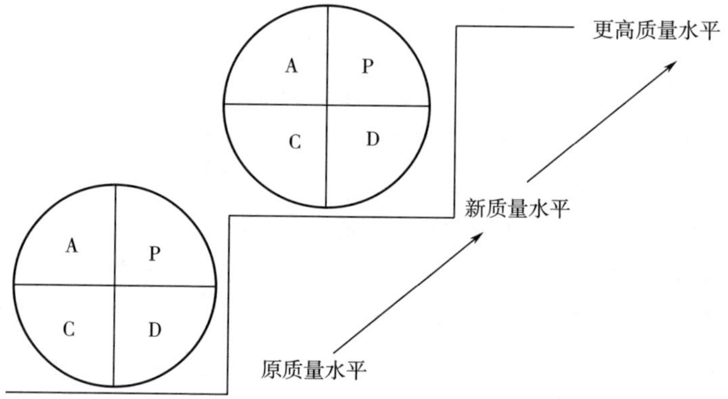

图 2－5　质量管理循环过程

以上几个管理体系均由国际引入，各体系在质量管理方面侧重点不同，但许多方面有重叠交叉，因此，企业必须根据自身情况，有选择、有机结合使用，切忌重复操作，降低效率。

三、过程管理

过程管理是白酒企业保证产品质量的主要环节，可通过 GMP、SSOP 和 HACCP 体系进行管理控制。目前，我国白酒企业 GMP（GB/T 23544—2009）的国家标准已经建立，主要是对原辅材料采购、运输、贮存环节、设备和用具、个人的卫生健康要求、白酒生产的具体过程（制曲、发酵、勾兑、贮酒过程）、质量检验过程的具体操作规程，按照相关标准、法规提出要求并规范统一。SSOP 是企业为了保证达到 GMP 所规定要求，确保加工过程中消除不良的因素，使其加工的食品符合卫生要求而制订的，用于指导食品生产加工过程中如何实施清洗、消毒和卫生保持。SSOP 的正确制订和有效执行，对白酒生产过程中控制危害是非常有价值的。白酒生产企业 SSOP 至少包括 8 项内容：生产用水的安全，对白酒生产接触的表面，交叉污染的预防，洗手、手消毒和卫生间设施的维护，防止白酒被污染物污染，有毒化学物质的标记、贮存和使用，员工的健康与卫生控制，原料虫害的防治。对照GMP要求，看其是否全面和完善，然后加以整理和充实，以保证所有的操作和设施均符合强制性的良好操作规范（GMP）的要求。在实施GMP、SSOP的过程中，有机地结合运用HACCP原理，确定好关键控制点（CCP），白酒生产过程关键控制点为原辅料选择、蒸煮、酿造用水、发酵、蒸馏，控制关键限值和操作限值，以有效控制酒中卫生指标物质含量（如甲醇、杂醇油、铅等重金属及其他有毒有害物质）。

四、品质管理

随着科学技术的发展，白酒产品的质量在不断提高，但长期以来，白酒和其他酒种相比，存在装备水平低，技术进步缓慢的现象。不少白酒企业设备老化，检验手段不齐全，在品质方面片面强调口味，而对其理化指标重视不够，在卫生条件上还未达到发达国家的要求，加上其原料的多样性，给质量控制带来了很大的难度。另外，有不少白酒生产企业，只重视市场开拓，不注重质量管理，出现了产品质量不稳定的现象。白酒品质的提高潜力很大。

中国白酒发展的真正动力是科学技术的进步，白酒业是传统的生物技术产业，其技术创新是社会经济快速发展和进入国际市场要求，也是行业自身发展的必经之路。随着生物工程新技术的快速发展，细胞技术、酶技术、发酵技术和基因工程等高新技术将会有效地促进白酒品质的提高，如有关特色高效菌种分离、窖泥微生物、酯化酶、酿酒发酵机理的研究，生产工艺的改革与创新，贮存、制曲的专业化等都将极大地推动行业的进步和发展。

许多先进仪器设备如色谱分析、原子力显微镜和激光共聚焦显微镜等，用于白酒成分和结构分析，为工艺改革、勾调理论、污染残毒等提供了科学依据，将有助于去除白酒中有害物质，保留有益物质，减少其对人体的伤害。积极应用现代科学技术，改造白酒各个生产单元的传统作坊模式，也将会给行业带来质的飞跃，提高产品品质，保证质量的稳定。

此外，结合营养保健学的理论改进白酒也是白酒行业发展的一大趋势。酒本身有舒筋活血、解除疲劳、祛除风湿等作用，很早以前就有许多治疗跌打损伤、开胃健脾和风湿止痛的药酒。以白酒为基酒，添加一些具有保健功能的原料，如人参、灵芝、丹参等研制成的保健酒是白酒发展的趋势之一。

品质管理涉及多方面，应从产品的设计开发，酒体、包装、防伪等方面考虑，需要以科技与创新的思维，准确的定位，并与企业战略发展方向、市场需求和技术成熟程度相适应，要把它真正当作一项关乎行业可持续发展的系统创新工程和企业的核心竞争力，认真对待。

五、品牌管理

品牌不仅是一种标识，代表产品的特色属性和文化，更是一种品质的标志。酒类企业唯一拥有市场优势的途径就是拥有品牌，白酒市场的竞争就是品牌的竞争，因而有些公司甚至将其品牌的价值反映到了资产负债表中。许多企业针对不同的消费者，提供以主力品牌为主，辅助品牌、细分市场品牌为成员的品牌体系，实施多品牌战略，不仅可以有效吸引那些有求新好奇心理的消费者，可大大提高节假日市场占有率，还能促进企业内部各个产品部门和产品经理之间的竞争，提高企业整体效益。

但在品牌管理中，目前白酒企业存在问题较多，如品牌太多、太乱，定位不清，有的企业多达 20 多个品牌，品牌之间没有明确的定位和品质差别，甚至主次不分，只盲目追求销售额，对品牌没有很好地管理和建设，这样对企业的长远发展不利，因此在品牌竞争的时代，企业要对自己的产品进行长远和科学的品牌管理和建设。正确的品牌定位是品牌规划的核心，是品牌获得成功的保证，企业相关人员根据市场调查和需求以及发展趋势，从战略的角度定位不同消费市场，建立相应的不同品牌，并组织专门人员负责管理品牌的维护和建设，使品牌做大做强。科学的品牌规划是企业品牌获得成功的前提；科学的品牌推广规划是品牌成功的关键。

中国白酒的历史文化价值和工艺价值共同构成的核心竞争力与独特文化力，是其竞争法宝和魅力之源，只有将其与品牌有机结合，才能形成无可替代的优势和地位。做好产业链体系，做大做强龙头企业，形成品牌企业。充分发挥原酒企业、经销商的各自优势，争取政府、行业管理、媒体及相关人士的支持和配合，使中国白酒业真正得以健康而且高水平的发展。

企业必须要树立全新的质量理念，按照质量管理体系的细则，从市场预测、产品设计、生产制造、售后服务等全过程实行全面质量管理；建立用户至上、市场导向、质量效益等广义的质量观念，始终坚持以质量求生存、以质量争市场、以质量促发展的方针，在实践中不断探索新的企业质量管理方法，使企业在竞争中立于不败之地。

任务五　白酒企业良好规范

一、白酒企业良好规范

1. 厂区环境

（1）工厂应建在水源充足，无有害气体、烟雾、沙尘等污染物和其他危及白酒生产安全卫生的地区。

（2）厂区环境应随时保持清洁，厂区道路应铺设硬化路面，空地应绿化。

（3）厂区内应无不良气味、有害（毒）气体或其他有碍卫生的设施，否则应有相应的控制措施。

（4）厂区内禁止饲养与携带禽畜及其他宠物（守护用犬除外，应严格管理，不得进入生产区域或接触物料）。

（5）厂区应具备与生产能力相匹配的供、排水系统，排水道应通畅，不应有严重积水、淤泥、污秽、破损。

（6）生活区应与生产区域隔离。

2. 厂房与设施

（1）厂房与场地

①厂房建筑、设备应按照白酒生产工艺过程合理布局，满足生产工艺、生产管理、设备维修的需求，人流、物流设置合理，避免交叉污染。

②厂房和设施应有足够空间，以便有秩序地放置设备和物料。厂房内设备与设备之间或设备与墙壁之间应留有适当的距离，便于员工通行和维修。

③厂房设计和设施应符合国家消防法规要求，配备有消防设施。

④电源应有接地线和漏、断电防护系统，不同电压的电源应明显标示。

⑤原酒贮存、灌装及成品酒贮存区域，应严禁烟火，设置明显的警示标志，并采用防爆型机电和照明设施。

（2）卫生设施与控制

①根据洁净　程度要求，对厂区内的生产车间和公共场所实行分级卫生管理。

②物料管道和生产车间地面应有适当的排水坡度及排水系统，车间污水应遵循从高清洁区向低清洁区排放的原则。

③生产车间及贮存场所应保持通风良好，必要时配备换气设施。

④灌装车间地面应使用易清洗、消毒的材料铺设，墙壁和天花板应有防霉措施，防止霉菌生长。

⑤厕所应设于较方便的地点，并与生产场所保持一定距离，其数量应能满足员工使用。厕所门窗不应直接开向生产车间，应采用冲水式厕所。厕所采光、排气良好。

⑥所有区域都应提供充足的照明或自然光，以便于操作及维护。

⑦企业应注重环境保护，有“三废”处理措施，“三废”的排放应符合国家或地方排放标准，鼓励白酒企业对酒糟进行综合利用。

3. 设备与工器具

①生产企业应具备基本的白酒生产设备和分析检测设备。

②设备和工器具应符合生产要求，易于清洗，必要时可消毒或灭菌，便于生产操作、维修和保养，并能减少污染。

③凡与原辅料、半成品和成品直接接触的机械设备、容器、管道和工具器等，均应采用无毒、易清洗、无异味及不与其起化学反应的材料制作。

④设备所用的润滑剂、冷却剂等不得对料液或容器造成污染。与设备连接的主要固定管道应标明管内物料名称及流向。

⑤用于生产及检验、试验的仪器、装置、仪表量具、衡器等，其适用范围和精密度应符合生产和检验要求，有明显的合格标志。

⑥生产设备应定期维修、保养和验证，维修、保养的措施不得影响产品质量，应有使用、维修、保养、校验记录，并由专人管理。

⑦应保存现有设备及其布置的图纸。

4. 人员管理与培训

（1）总体要求

①从事白酒生产的人员应身体健康，须持有有效健康证。

②企业应根据岗位需要配备与企业规模相适应的专业人员。

（2）卫生管理

①应保持良好的个人卫生，防止污染。

②进入灌装车间前，应穿着整洁工作服，并保持双手洁净。

③工作期间不得有抽烟、饮食、饮酒或其他有碍生产操作的行为。

④生产车间不得带入或存放个人生活用品。

⑤制定参观人员卫生管理制度，设立参观设施，若进入生产场所应符合相应的卫生要求。

5. 教育与培训

（1）企业应建立各级人员的培训制度，以确保员工具备相应岗位所需技能水平。

（2）新进人员应进行岗前培训，合格后方可上岗工作。

（3）应定期对员工进行白酒生产和安全理论知识培训，并对培训内容和培训效果进行评估。

（4）培训应有记录，并存档。

6. 物料控制与管理

（1）物料采购与安全控制

①与生产相关的原辅料加工助剂、添加剂及包装材料等应满足生产工艺技术要求，并符合国家有关标准法规的要求，国家和行业标准未涵盖到的，应建立企业内控标准。

②应选择有资质、信誉好的供应商采购原辅材料，建立对物料供货商的定

期评价及追踪管理制度，制定原辅料验收标准和检验方法，并确保实施。

③每批物料需向供应商索证，经质量检验部门检验、验证合格后，方可进厂使用。粮食原料应符合《食品安全国家标准　粮食》GB 2715—2016 的规定。

④检验合格的原料应以“先进先用”为原则，如经长期贮存，使用前应重新检验。

⑤酿造用水应符合 GB 5749—2006 的有关规定，每年至少一次委托有资质的检测机构对水质进行检验。应制订物料的接收、检验贮存、运输以及文件化的不合格处理程序。

（2）物料贮存　根据物料的物理、化学特性，选择合适的储存条件分别贮存，并对物料的品种和质量状态做出标识。仓库应通风良好，具备防潮、防鼠、防虫等装置。

7. 加工过程控制

（1）总体要求

①应制订生产和卫生操作规程，由专人负责管理。生产过程应做好记录，并规定记录存留时间，负责人需定期对记录进行审核。

②与原料、半成品和成品接触的仪器设备、容器、管道、接口、阀门等应保持清洁卫生，并采取有效的防污染措施。

（2）配料

①生产酒及制曲用的原辅料，投产前应经过检验筛选，严禁使用变质、受污染的原辅料。

②原辅料配比应按生产工艺要求进行，实际操作应作书面记录。

（3）制曲

①应建立制曲工艺规程和操作规范，并严格执行。

②制曲车间的设备、墙壁及地面应符合制曲工艺要求；原料拌和前的场地、踩曲场及曲模等应打扫冲洗干净，以减少有害杂菌的侵染。

③在制曲和曲块贮存过程中应采取相应措施，防止再次发酵、霉变和减轻酒曲害虫。

（4）酿酒

①酿酒过程应符合工艺规程要求，对发酵过程关键指标进行有效监控，防止发酵异常或遭受污染。

②酿酒的发酵窖、池、缸、桶以及设备、工器具应根据特定工艺技术要求进行清理，去除不应有的残留物后，方可进行白酒发酵。液态法酿酒发酵容器，须清洗消毒，防止发酵污染。

③白酒蒸馏应严格掌握量质摘酒，并采取适当的蒸馏排杂措施，产品应符

合 GB 2757—2012 卫生要求。

④液态法白酒使用的食用酒精应符合 GB 10343—2008 的要求。

（5）原酒贮存

①半成品、原酒的贮存条件应符合相关工艺要求和消防要求。

②原酒贮存过程中，应对每罐（缸）原酒进行明码编号，对入库酒的生产日期、批次、入库时间、入库量、酒精度、酒质以及提取此罐（缸）原酒的时间、数量、勾兑成品酒的批次等有关操作做详细记录，以确保原酒信息的可追溯性。

③原酒应按等级分别贮存，并记录原酒名称、酒精度、等级、生产日期等详细信息。

④酒库应经常清理查看，保持安全、整洁。

（6）过滤、勾兑

①滤酒车间的墙壁地面以及设备、工器具、管道应保持清洁。

②助滤剂应符合相关标准要求，妥善保管，防止污染。

③加浆用水应符合 GB 5749—2006 的要求。

8. 灌装

（1）制订灌装工序操作规程，对实际操作进行记录，由生产负责人审核。

（2）包装容器使用前应进行检验，合格后方可使用。

（3）灌装前应对包装容器进行彻底清洗。清洗后的容器应及时使用，以免受污染。

（4）灌装好的半成品酒应在规定时间内及时压盖（封装），封装质量应符合有关标准要求。

（5）灌装后的瓶酒应进行灯光检测，灯检人员工作一定时间后应调换工种或休息一 段时间。

（6）保持灌装区域的洁净，使之符合生产规定要求。

（7）应定时对灌装机进行清洗、检验、维护，防止污染。

9. 质量管理

（1）总体要求

①企业应有相应的质量管理机构和人员进行全面质量管理。

②应制订质量管理标准，质量管理标准应涉及：人员要求、设备使用、物料采购、生产过程控制、生产环境要求、产品分析检测等方面的内容，经质量管理机构确认后实施。

（2）检测与质量控制

①生产企业应设有与生产能力相适应的卫生、质量检验室，配备经专业培训、考核合格的检验人员。

②应具备一定的检验设备对物料、半成品和成品进行检测。检验设备的精

确度和灵敏度符合有关检验要求。

③企业的质量管理部门负责白酒生产全过程的质量管理和检验，独立行使质量检测权和合格判定权。

（3）生产过程质量控制

①应找出生产过程中的关键控制点，并制订相应控制措施，包括：检验项目、检验标准、抽样及检验方法等，并做好执行记录。

②应检查设备使用前是否保持清洁，并处于正常状态。

③生产过程中质量管理结果若发现异常现象时，应迅速追查原因并及时处置。不合格品应按不合格程序处置，并如实记录。

（4）成品质量管理

①应按照国家、行业或企业产品质量标准的要求，制订成品检验项目、检验标准抽样及检验方法。

②应制订成品留样保存计划，每批成品应留样，并规定留样保存时间。

③每批产品应经质量部门检验，白酒成品应符合相应的产品标准规定，不合格品不得出厂

（5）仪器与设备校准

①依据国家或行业相关计量规定对检测仪器进行定期校准并做好记录。

②在没有国家或行业测量设备校准方法时，企业可制订校准检验规程，以企业标准形式发布和实施，以满足测量设备检修的需要。

10. 卫生管理

（1）总体要求

①企业应设置专门的卫生管理机构及配备经培训合格的专职卫生管理人员。

②制订企业卫生管理制度，宣传和贯彻企业卫生规章，监督、检查实际执行情况，组织卫生宣传教育工作，培训有关人员，定期组织本企业人员的健康检查和管理，确保白酒企业生产卫生质量安全。

（2）维修、保养　应建立设备、工具和卫生设施维修保养制度，定期检查、维修，杜绝隐患。

（3）清洗

①应制定有效的清洗制度，以确保生产场所、设备管路清洁卫生，防止污染。

② 使用清洗剂时，应采取防护措施，防止人身伤害和白酒污染。

（4）除虫、灭害　厂区应制订病虫害防治计划，包括防治方法、防治区域等，定期或在必要时进行除虫灭害工作，防止鼠、蚊、蝇、昆虫等的聚集和孳生。

（5）化学药品管理

①清洗剂、消毒剂以及其他有机化学品，均应有固定包装，并在明显处标

示“危害品”字样，储存于专门库房或橱柜内：对“剧毒品”加锁并由专人负责保管、发放、回收，建立严格的管理制度。

②化学品应由经培训的人员按照说明进行使用，防止使用过程中环境污染和人身中毒。

③除卫生和工艺需要，均不应在生产车间使用和存放可能污染产品的化学品。

（6）卫生设施管理　更衣室、厕所等卫生设施，应有人员管理，并保持良好状态。

（7）工作服管理

①根据不同工序配备工作服（包括工作衣、裤、发帽、鞋、靴等），必要时还应为某些工序（种）配备口罩、围裙、套袖等卫生防护用品。

②工作服应有清洗保洁制度。工作服应定期更换，保持整洁。

11. 成品的贮存和运输

（1）成品（预包装产品）的贮存环境和运输应避免日光直射，雨淋、冰冻和撞击。

（2）成品应按生产日次、品名、包装形式及批号分别码放，加以适当标示，并做记录。

（3）为确保成品质量和贮存、运输过程安全，应按照相关标准规定贮存和运输，应定期查看，如有异常，及早处理。

（4）每批产品应经检验，符合产品质量标准后，方可出库，并遵循“先进先出”的原则。

（5）成品的贮存应有记录，成品应做出库记录，内容应包括批号、出库时间地点、对象、数量等，便于质量追踪。

（6）装卸时应轻拿轻放，禁止与有腐蚀性、有毒、有害的物品一起放置。

12. 文件和记录

（1）总体要求　企业应保证所有文件和记录及时归档，记录信息真实、准确、详细。

（2）生产管理、质量管理的各项制度和记录

①应有厂房、设施和设备的使用、维护、保养检修等制度和记录。

②应有物料验收、生产操作、检验、发放、成品销售和用户投诉等制度和记录。

③应有不合格品管理、物料退库和报废、紧急情况处理等制度和记录。

④应有环境、厂房、设备、人员等卫生管理制度和记录。

⑤应有本标准和专业技术培训等制度和记录。

（3）生产管理文件

①应有文件化的工艺文件及操作规程。

②应有批生产记录，内容包括产品名称、生产批号、生产日期、生产班组、检验员编号和复核者的签名、有关操作与设备、相关生产阶段的产品数量、物料平衡的计算、生产过程的控制记录及特殊问题记录。

（4）质量管理文件

①应有物料、中间产品和成品质量标准及其检验操作规程。

②应有批检验记录。

（5）文件的起草、修订、审批、保管　应建立文件的起草、修订、审批及保管的管理制度，分发、使用的文件应为批准的现行版本，已撤销和过时的文件除留档备案外，不应在工作现场出现。

（6）生产管理文件和质量管理文件的编制

①文件的标题应能清楚地说明文件的性质。

②各类文件应有便于识别其文本、类别的系统编码和日期。

③文件使用的语言应确切、易懂。

④填写数据时应有足够的空格，

⑤文件制订、审查和批准的责任应明确并有责任人签名。

13. 投诉处理与产品召回

（1）每批成品均应有销售记录。根据销售记录追溯每批白酒售出情况，必要时应能及时全部追回。

（2）销售记录应保存至酒有效期后一年。未规定有效期的酒销售记录至少应保存三年。

（3）企业应建立不良反应监察报告制度，对用户的质量投诉和不良反应应详细记录和调查处理，若出现质量安全问题时，应及时向当地质量监督管理部门报告。

（4）应有书面文件规定何种情况下应考虑召回产品，并根据危害程度，建立召回产品分类、处置及报告制度。

（5）召回程序应规定参与评估的人员、启动召回的方法、召回通知的对象以及召回后产品的处理。

（6）应定期进行模拟召回训练，并记录存档。

（7）鼓励企业建立产品信息化管理程序，确保产品质量安全信息管理。

14. 产品信息与产品宣传

（1）产品信息　所有白酒产品都应具有或提供充分的产品信息，预包装产品标签应符合 GB 7718—2011 的有关规定，以便经营者或消费者能够安全、正确地对产品进行处理、展示、储存、使用和溯源。

（2）对消费者的宣传引导　加强健康教育应包括产品安全常识，应能使消费者认识到白酒产品信息的重要性，并能够按照产品说明健康消费。

任务六　食品安全管理体系——白酒生产企业要求

为提高白酒产品安全水平、保障人民身体健康、增强我国白酒企业市场竞争力，白酒生产企业要求从我国白酒食品安全存在的关键问题入手，采取自主创新和积极引进并重的原则，结合白酒产品企业生产特点，针对企业卫生安全生产环境和条件、关键过程控制、产品检验等，提出了建立我国白酒企业食品安全管理体系的专项技术要求。

鉴于白酒产品生产企业在生产加工过程方面的差异，为确保食品安全，除在高风险食品控制中所必须关注的一些通用要求外，还特别提出了针对本类产品特点的“关键过程控制”要求。主要包括原辅料控制，与产品直接接触内包装材料的控制、食品添加剂的控制，强调组织在生产加工过程中的化学和生物危害控制、成品包装过程的控制要求，突出合理制定工艺与技术，加强生产过程监测及环境卫生的控制对于食品安全的重要性，确保消费者食用安全。

一、人力资源

1. 食品安全小组

（1）食品安全小组的组成应满足白酒企业专业覆盖范围的要求，应由多专业的人员组成，包括从事原辅料采购和验收、工艺制订、设备维护、卫生质量控制、生产加工、检验、储运管理、销售等方面的人员，必要时可聘请专家。

（2）食品安全小组应理解 HACCP 原理和食品安全管理体系的标准。

（3）应具有满足需要的熟悉白酒生产基本知识及加工工艺的人员。

2. 人员能力、意识与培训

（1）影响食品安全活动的人员必须具备相应的能力和技能。

（2）从事白酒工艺制订、卫生质量控制、检验工作的人员应具备相关知识。

（3）从事白酒品评鉴定的人员，需具备相应的资质和授权。

（4）生产人员熟悉人员卫生要求，遵守前提方案的相关规定。

3. 人员健康与卫生要求

（1）直接从事白酒生产、检验和管理的人员应符合相应法律法规的卫生要求和健康检查规定。健康检查应每年进行一次，必要时做临时健康检查，体检合格后方可上岗，企业应建立员工健康档案，凡患有影响食品卫生疾病者，应调离本岗位。

（2）生产、检验、维修及质量管理人员应保持个人卫生清洁，工作时不得戴首饰、手表，不得化妆。进入车间的人员应穿戴本厂规定的工作服、工作帽、工作鞋，头发不得外露，必要时加戴发套，调配室的工作人员有必要时还要戴口罩。进入车间时应先洗手、消毒。不得将与生产无关的物品带入车间，不准穿工作服、工作鞋进卫生间或离开加工场所。在更衣室、车间以及设置在车间内的休息室内不得吃食品、吸烟。

4. 前提方案

从事白酒生产的企业，应根据 GB 8951—2016 等的要求建立前提方案。

（1）基础设施与维护

①厂区环境和布局

a. 厂房总体布局要求

Ⅰ. 应具有与产品加工能力相适应的原料处理车间、制酒车间、贮酒车间（酒库）、包装车间、成品仓库等场所。

Ⅱ. 污水排放应符合国家有关标准的规定，生产车间内、外排水阴沟应封闭。垃圾存放应使用封闭装置。

b. 原料处理车间：原料处理车间的设计与设施应能满足去除杂物（杂质、泥土等）、破碎、防尘的工艺技术要求。处理干燥的原料应满足防尘要求；需要浸泡清洗的原料，应满足排水的工艺要求。

c. 制酒车间

Ⅰ. 制酒车间的设计与设施应能满足润料、配料、摊晾（扬楂）、出（入）窖、发酵或蒸馏等处理的工艺要求。地面应坚硬、防滑、排水设施良好，还需满足防火、防爆措施要求。

Ⅱ. 根据白酒固态和液态不同发酵方法配置相应适宜的设备。

d. 贮酒车间（酒库）：应有防火、防爆设施和防尘、防虫、防鼠设施，库内环境应满足生产白酒的贮存要求。

e. 包装车间：包装车间进口处应设有鞋靴消毒设施，洗手设施应为非手动式。包装车间应与洗瓶间隔离，能防尘、防虫、防鼠，卫生良好。

f. 成品仓库：库内应阴凉、干燥，有防鼠、防虫、防火设施。

②生产设备、工具、管道等的要求

a. 所有接触或可能接触产品的设备、工具、管道和容器等，必须用无毒、无异味、耐腐蚀、易清洗、不会与产品产生化学反应或污染产品的材料制作，表面应平滑、无裂缝、易于清洗、消毒。

b. 各车间、仓库（包括酒库）应根据产品及其生产工艺的要求，必要时配备温度计、湿度计、酒精计等。

c. 贮酒车间、制酒车间、成品库应使用防爆灯具、防爆开关和防爆泵；灯具应配有安全防护罩。

（2）其他前提方案　至少应包括以下几个方面。

①接触原料、半成品、成品或与产品有接触的物品的水应当符合安全卫生要求。

②接触产品的器具、手套和内外包装材料等应清洁、卫生和安全。

③确保食品免受交叉污染。

④保证与产品接触操作人员手的清洗消毒，保持卫生间设施的清洁。

⑤防止润滑剂、燃料、清洗消毒用品、冷凝水及其他化学、物理和生物等污染物对食品造成安全危害。

⑥正确标注、存放和使用各类有毒化学物质。

⑦保证与食品接触的员工的身体健康和卫生。

⑧对鼠害、虫害实施有效控制。

⑨控制包装、储运卫生。

5. 关键过程控制

（1）原辅料控制

①生产用原料、辅料应符合 GB 2715—2016 等国家标准、行业标准和国家相关的规定以及进口国卫生要求，避免有毒、有害物质的污染。如使用的原辅料为实施生产许可证管理的产品，必须选用获证企业生产的产品；采购的原辅料必须经检验或验证合格后方可投入生产，超过保质期的原料、辅料不得用于白酒生产。

②原辅料贮存场所应有有效的防治有害生物孳生、繁殖的措施，并能够防止受潮、发霉、变质。贮存过程有温度、湿度要求的应严格控制贮存温度、湿度。

③使用的食品添加剂应符合 GB 2760—2014、相应的质量标准及进口国有关食品卫生的规定。

④工艺用水应符合 GB 5749—2006 或进口国的规定。

⑤外购基酒应符合 GB 2757—2012 的规定。

⑥外购酒精应符合 GB 10343—2008 的规定。

（2）清洗消毒

①应定期对场地、生产设备、工具、容器、泵、管道及其附件等进行清洗，必要时进行消毒，并定期对清洗消毒效果进行检测。使用的清洗剂、消毒剂应符合有关食品卫生要求规定。

②原料处理、酒液调配、过滤、灌装、封盖、包装等工序，应按照规定严格清洗消毒，避免造成交叉污染。

③应确保灌装白酒的空瓶、瓶盖清洁干净。应制订洗瓶和清理瓶盖的工艺操作规程，规定洗涤液的种类和浓度、温度和浸泡时间，并定时检查。洗净的

空瓶（罐）应有专人负责检瓶，并经过最短的距离输送到灌装机。

④过滤器应定期更换滤膜、滤棒、滤芯等。封盖机定期彻底清洗轧头、卷轮、托罐盘等易受污染的部位。

（3）包装的要求

①包装材料应符合相应标准和进口国的规定。预包装容器回收使用时，应经过严格挑选、清洗、检验合格后方可再次使用。

②产品包装（灌装）应在专用的包装间进行，包装（灌装）间及其设施应满足不同产品需要，并同时满足对包装环境温度、湿度的要求。产品包装应严密，整齐，无破损。

③应设专人检查封口的密闭性，对封口工序应进行严格监控，防止由于瓶口尺寸或设备等原因造成瓶口出现破碎，碎瓶渣落入瓶中，对消费者产生危害；防止因开启问题造成消费者划伤等危害。

④灌装后的产品，其卫生指标均应符合相应的国家卫生标准的规定。

⑤产品标签应符合 GB 7718—2011 和进口国的相关要求。

6. 检验

（1）企业应设有与检验检测工作相适应的安全卫生检验机构，包括与工作需要相适应的实验室、设备、人员、检测标准、检测方法、各种记录。

（2）实验室应有独立的、与实际工作相符合的文件化的实验室管理程序。

（3）实验室检验人员的资格、培训应能满足要求。

（4）实验室所用化学药品、仪器、设备应有合格的采购渠道、存放地点，必备的出厂检验设备至少应符合《白酒生产许可证审查细则》的相关要求。

（5）检验仪器的检定或校准应符合 GB/T 22000—2006 中 8.3 的要求。

（6）检验项目至少应符合《白酒生产许可证审查细则》的相关要求。

（7）委托社会实验室承担白酒生产企业卫生质量检验工作时，受委托的社会实验室应当具有相应的资质，具备完成委托检验项目的实际检测能力。

7. 产品追溯与撤回

（1）企业应建立并实施可追溯性系统，确保能够识别终产品所使用原料的直接供方及终产品初次分销的途径。

（2）企业应建立产品撤回程序，规定撤回的方法、范围，并进行演练。

（3）对反映产品卫生质量情况的有关记录，应制订其标记、收集、编目、归档、存储、保管和处理的程序，并贯彻执行；所有质量记录应真实、准确、规范。记录保存期限应符合相关要求。

8. 常见危害

（1）物理危害　瓶盖性能不当，造成开启瓶口时将手划伤；瓶内有碎玻璃造成误食。

（2）化学危害　使用不良的酿酒原料，造成甲醛和甲醇等有害成分超标；使用不良的贮酒容器，造成不良成分溶解至酒中；购买的基酒和酒精中醛类、甲醇等超标造成的危害；使用的香精等不合格造成的危害；回收瓶洗涤不净造成的危害等。

（3）勾兑用水应符合国家标准要求，当地水质不合格时应采用反渗透等方式进行处理以达到相应要求。

拓展阅读

白酒生产全过程及质量控制记录表

表 1　供应商评价表

<table>
<tr><td>供应商名称</td><td></td><td>联系人</td><td></td></tr>
<tr><td>地址</td><td></td><td>联系电话</td><td></td></tr>
<tr><td>产品名称</td><td></td><td>采购物资分类</td><td>A 类□　　B 类 □</td></tr>
<tr><td>评价内容</td><td colspan="3">（1）年检有效的营业执照　有 □　没有 □
（2）有效期内生产（流通）许可证　有 □　没有 □
（3）近期监督抽查或第三方检测报告　有 □　没有 □
（4）样品评价　合格 □　不合格 □
说明：
（5）质量稳定性　好 □　不好 □
说明：
（6）交付及时性　好 □　不好 □
说明：
（7）服务情况　好 □　不好 □
说明：</td></tr>
<tr><td>结论</td><td colspan="3">（1）合格供应商 □　建议列入合格供应商名录 □
（2）不合格供应商 □　暂不列入合格供应商名录 □</td></tr>
<tr><td>评价人</td><td colspan="3">姓名：　职务：　日期：</td></tr>
<tr><td>审批</td><td colspan="3">姓名：　职务：　日期：</td></tr>
</table>

注：食用农产品的合格供应商应有近半年内由有检验资质的第三方出具的产品质量合格检验报告，其他原辅料的合格供应商还应持有有效的营业执照和生产（流通）许可证（生产许可证仅针对已纳入生产许可证管理产品），否则不得列为合格供应商。

表 2 合格供应商汇总表

序号	产品名称	供应商名称	生产（流通）许可证号	供应商地址	联系人	联系电话	备注

表 3 到货通知单

到货日期：　　年　月　日

产品名称	供方名称	生产单位	规格型号	批次（生产日期）	计量单位	数量	质量证明材料

注：

仓管员：　　　　填报日期：

表4 采购物资检验/验证结果通知单

编号：

<table>
<tr><td>产品名称</td><td></td><td>生产单位</td><td colspan="3"></td></tr>
<tr><td>规格型号</td><td></td><td>批次（生产日期）</td><td></td><td>到货数量</td><td></td></tr>
<tr><td colspan="6">（1）产品合格证明文件验证情况
验证人员：　　　　　　　　　　日期：　　年　　月　　日</td></tr>
<tr><td colspan="6">（2）检验项目及检验结果
检验人员：　　　　　　　　　　日期：　　年　　月　　日</td></tr>
<tr><td colspan="6">判定：
合格，同意入库□　　　　不合格□（建议：退货□　　让步接收□）
质量负责人批准：　　　　　　　日期：　　年　　月　　日</td></tr>
<tr><td colspan="6">不合格品处理情况：
处理人员：　　　　　　　　　　日期：　　年　　月　　日
确认人员：　　　　　　　　　　日期：　　年　　月　　日</td></tr>
</table>

注：①产品合格证明文件主要包括出厂检验合格证和质量检验合格报告两类。企业采购的物资须有出厂检验合格证或质量检验合格报告。

②对无法提供合格证明文件的采购物资，应当依照食品安全标准进行检验。

③对有产品合格证明文件的采购物资，企业可根据管理要求进行必要的检验。

表 5　采购物资出入库台账

产品名称/代号：

包装规格：

入库信息				出库信息				结存
批次（生产日期）	入库日期	生产单位	入库数量	批次（生产日期）	领用量	出库时间	领用人签名	

记录：

审核：

注：本表用于单一采购物资的管理。

表 6　进货台账

产品名称	进货日期	进货数量	规格型号	批次（生产日期）	生产单位	联系人	联系电话	备注

注：本表用于所有采购原辅材料的登记管理。

表 7　领　料　单

产品名称	批次（生产日期）	规格型号	计量单位	数量	备注

领料单位：　　　　　　　　　　　　　　　　　　　　年　　月　　日

领料：　　　　　　　　　　审批：　　　　　　　　发料：

年　　月　　日　　　　　　年　月　　日　　　　　年　月　　日

（共三联，第一联：存根，第二联：仓库，第三联：领料单位）

表 8　白酒酿造生产过程监控记录

记录编号：

品　名		批号		生产批量		商标	
开始　年　月　日	结束　年　月　日						
检查人							
检查开始时间（　日） （　时　分）							
检查结束时间（　时　分）							

检查项目		检查标准	检验数值	判定	存在问题	处理结果
标准文件执行情况		执行正确，不得有误				
工艺卫生	生产现场	洁净，人员、物料流动合理				
	操作人员	工装、鞋、帽整齐、洁净				
	设备容器	洁净、定置、定位				
生产操作	物料	有检验报告单				
	领料复核	领料准确、抽检双人复核				
	原料粉碎	通过 20 孔筛者占 60% 以上				
	配料	淀粉浓度、醅料的酸度和疏松程度适当				
	蒸煮糊化	外观蒸透，熟而不黏，内无生心				
	冷却	气温在 5 ~ 10℃ 时，品温应降至 30 ~ 32℃，若气温在 10 ~ 15℃ 时，品温应降至 25 ~ 28℃				
	拌　醅	酒曲的用量合理，酒母用量一般为总投料量的 4% ~ 6%（水分含量为 58% ~ 62%）				
	入窖发酵	入醅料品温应在 18 ~ 20℃，松紧合适				
	蒸酒	提取完全，杂质去除合理				
清场清洁		无异物、洁净				
批记录		真实、正确、完整、规范				
备注						

表 9　配料、粉碎过程控制记录

项目	Ⅰ	Ⅱ	Ⅲ	Ⅳ	Ⅴ
原料名称					
原料配比量/%					
原料贮存时间/d					
原料质量要求	颗粒完整	色泽正常	无虫蛀	无霉变	淀粉含量高
原料验收					
清选出杂质量/%					
粉碎时间					
粉碎均匀度≥90%					
润料加水量 50% ~60%		加水温度		堆心温度	
操作人员		粉碎温度		质量验收	

表 10　蒸料过程控制记录

项目		Ⅰ	Ⅱ	Ⅲ	Ⅳ
蒸料时间≥20min					
蒸料温度/℃					
蒸料量/kg					
操作人员		蒸粮次数		质量验收	

表 11　发酵过程控制记录

入窖重量		入窖时间		封窖时间	
封窖厚度		发酵时间		清窖时间	
清窖验收结果		开窖时间		滴　　窖	
发酵过程控制					
测量时间					
窖池温度					
酒精体积分数/%		操作人员		质量验收	

表 12　入池酒醅化验报告

时间

序号	班次	酸度	水分	淀粉	温度
1					
2					
3					
4					
5					
6					
7					
8					
9					
备注	记录人				

表 13　甑酒过程控制记录

入酒醅时间		入酒醅量		穿汽盖盘时间	
蒸汽压力			流酒温度		
感官品尝判断酒质			流酒速度		
酒头重量			酒尾重量		
基础酒分级					
优质酒重量		一等酒重量		二等酒重量	
记录人		记录时间		班次	

表 14　勾调过程控制记录

勾调时间		勾调酒精体积分数		贮罐编号	
原酒量		酒精量		调味酒量	
加浆量		搅拌时间 1		净化过滤 1	
食品添加剂名称	添加量/L	食品添加剂名称	添加量/L	食品添加剂名称	添加量/L
乳酸乙酯					
乳酸					
乙酸乙酯					
丁酸乙酯					
丁酸					
己酸乙酯					
己酸					
冰乙酸					
搅拌时间 2		品评 1		净化过滤 2	
静止时间		品评 2		勾调人员	

注："1"表示第一次过程记录；"2"表示第二次过程记录。

表 15　原酒贮存原始记录表

贮酒罐编号：		原酒入罐时间		入罐重量		贮存时间	
时间							
感官品评	色						
	香						
	味						
	风格						
感官品评结论							
色谱分析结果							
时间							
感官品评	色						
	香						
	味						
	风格						
感官品评结论							
色谱分析结果							
记录人员			感官品评人员		色谱测试人员		日期

表 16　总酯出厂检验原始记录

检验项目	公式表示意义		高度	低度
总酯/(g/L)	X——酒样中总酯的质量浓度（以乙酸乙酯计）/（g/L）			
	c——硫酸标准滴定溶液的实际浓度/（mol/L）			
	V_0——空白实验样品消耗硫酸标准滴定溶液的体积/mL			
	V_1——样品消耗硫酸标准滴定溶液的体积/mL			
	88——乙酸乙酯的摩尔质量的数值/（g/mol）			
	50.0——取样体积/mL			
计算公式	$X=\frac{c\times(V_1-V_0)\times 88}{50.0}$ 小数点后保留两位		检验结果	
标准判定	（以乙酸乙酯计）/（g/L）　≥		0.60	0.35
执行标准	GB/T 10345—2007	检验员：	检验日期	

表 17　总酸出厂检验原始记录

<table>
<tr><td>检验项目</td><td colspan="2">公式表示意义</td><td>高度</td><td>低度</td></tr>
<tr><td rowspan="5">总酸/
(g/L)</td><td colspan="2">X——样品中总酸的质量浓度（以乙酸计）/（g/L）</td><td></td><td></td></tr>
<tr><td colspan="2">c——氢氧化钠标准滴定溶液的实际浓度/（mol/L）</td><td></td><td></td></tr>
<tr><td colspan="2">V——测定时消耗氢氧化钠标准滴定溶液的体积/mL</td><td></td><td></td></tr>
<tr><td colspan="2">60——乙酸的摩尔质量的数值/（g/mol）</td><td></td><td></td></tr>
<tr><td colspan="2">50.0——取样体积/mL</td><td></td><td></td></tr>
<tr><td>计算公式</td><td colspan="2">$X = \frac{C \times V \times 60}{50.0}$
小数点后保留两位</td><td>检验结果</td><td></td></tr>
<tr><td>标准判定</td><td colspan="2">（以乙酸计）/（g/L）　　≥</td><td>0.30</td><td>0.25</td></tr>
<tr><td>执行标准</td><td>GB/T 10345—2007</td><td>检验员：</td><td>检验日期</td><td></td></tr>
</table>

表 18　酒精度出厂检验原始记录

<table>
<tr><td rowspan="2">项目名称</td><td colspan="2" rowspan="2">20℃乙醇的体积分数（%vol）</td><td colspan="2">酒精体积分数</td></tr>
<tr><td>高度</td><td>低度</td></tr>
<tr><td rowspan="4">酒精体积分数</td><td colspan="2"></td><td></td><td></td></tr>
<tr><td colspan="2"></td><td></td><td></td></tr>
<tr><td colspan="2"></td><td></td><td></td></tr>
<tr><td colspan="2"></td><td></td><td></td></tr>
<tr><td>检验设备</td><td colspan="2">精密酒精计，分度值为 0.1%；
同一样品两次测定值之差，不得超过 5%，保留一位小数</td><td>检验结果</td><td></td></tr>
<tr><td>标准判定</td><td colspan="2">酒精度/（%vol）　±1% vol</td><td>41～60</td><td>18～40</td></tr>
<tr><td>执行标准</td><td>GB/T 10345—2007</td><td>检验员：</td><td>检验日期</td><td></td></tr>
</table>

表 19　己酸乙酯出厂检验原始记录

检验项目	公式表示意义		高度	低度
己酸乙酯/（g/L）	X——样品中己酸乙酯的质量浓度/（g/L）			
	f——己酸乙酯的相对校正因子			
	A_3——酒样中己酸乙酯的峰面积			
	A_4——添加于酒样中内标的峰面积			
	0. 352——酒样中添加内标的量/（g/L）			
	50. 0——取样体积/mL			
计算公式	$X=f\times\frac{A_3}{A_4}\times0.352$ 同一样品两次测定值之差，不得超过5%，保留两位小数		检验结果	
标准判定	己酸乙酯/（g/L）	优级	1. 20 ~ 2. 80	0. 70 ~ 2. 20
		一级	0. 60 ~ 2. 50	0. 40 ~ 2. 20
执行标准	GB/T 10345—2007	检验员：	检验日期	

表 20　白酒固形物出厂检验原始记录

检验项目	公式表示意义		高度	低度
固形物/（g/L）	X——样品中固形物的质量浓度/（g/L）			
	m——固形物和蒸发皿的质量/g			
	m_1——蒸发皿的质量/g			
	50. 0——吸取样品的体积/mL			
计算公式	$X=\frac{m-m_1}{50.0}\times1000$ 同一样品两次测定值之差，不得超过平均值的2%，保留两位小数		检验结果	
标准判定	固形物/（g/L）≤		0. 40	0. 70
执行标准	GB/T 10345—2007	检验员：	检验日期	

表 21　白酒成品化验报告单

填报单位____________　　　　　　　　　　　　编号____________

结果 \ 品名					
理化指标（项目）	酒精体积分数（*V*/*V*）				
	总酸/（g/L）				
	总酯/（g/L）				
	己酸乙酯/（g/L）				
	固形物/（g/L）				
卫生指标（按 60% 酒折算）	甲醇/（g/L）				
	杂醇油/（g/L）				
	铅/（mg/L）				
	锰/（mg/L）				
取样时间					
完成时间					
化验员					
备注					

表 22　气相色谱分析报告单

单位：g/L　　　　　　　　　　　　编号______________________

项目 \ 结果 \ 其他	样品名称		采样地点		备注
	采样时间		完成时间		
甲醇					
正丙醇					
仲丁醇					
异丁醇					
正丁醇					
异戊醇					
正己醇					
乙酸乙酯					
丁酸乙酯					
乳酸乙酯					
己酸乙酯					
戊酸乙酯					
乙醛					
乙缩醛					
化验员					

表 23　成品出入库台账

产品名称/代号：　　　　　　　　　　　　　　　　包装规格：

入库信息			出库信息			结存	备注
批次（生产日期）	入库日期	入库数量	批次（生产日期）	出库日期	出库数量		

仓管员：

表 24　白酒灌装生产过程监控记录

记录编号：

品　名		批号		生产批量		商标	
开始　年　月　日	结束　年　月　日						
检查人							
检查开始时间（　日） （　时　分）							
检查结束时间（　时　分）							

检查项目		检查标准	检验数值	判 定	存在问题	处理结果
标准文件执行情况		执行正确，不得有误				
工艺卫生	生产现场	洁净，人员、物料流动合理				
	操作人员	工装、鞋、帽整齐、洁净				
	设备容器	洁净、定置、定位				
状态标志	生产现场	齐全、准确、无遗漏				
	操作人员	填写、使用正确，无遗漏				
	设备容器	齐全、准确、无遗漏				
生产操作	领料复核	领料准确、抽检双人复核				
	白酒酒精体积分数	符合质量标准				
	容量质量	装量准确				
	热封	封口严密、粘合牢固				
	打批号	准确无误，清楚整洁				
	装盒	数准、口严、签正、数量准确				
	标识	三号齐全、准确无误、清晰				
	封箱	数量准确、封条整洁、牢固				
	合格证	名物相符，贴正贴平，贴实				
	入中转库	分区、离地码放，标示明确				
清场清洁		无异物、洁净				
批记录		真实、正确、完整、规范				
备注：						

表 25　场所清洁消毒记录表

场所名称：

日期	清洁（消毒）方式	操作时间	操作人员	确认人员	备注

注：清洗消毒方式包括清扫、冲洗、杀虫、消毒等。

表 26　内部学习培训记录

学习内容：__________学习方式：__________授课人：__________

日　　期：______年______月______日　　　　课　时：__________

序号	部门	签名	备注

表 27　外出学习情况登记表

序号	姓名	学习 组织单位	学习内容	日期	课时	学习成绩	备注

表 28　从业人员健康检查档案

序号	姓名	体检单位	体检日期	体检 结论	工作岗位	健康证号

表 29　不合格品处置记录

编号：

<table>
<tr><td>产品名称</td><td></td><td>规格
型号</td><td></td><td>质量等级</td><td></td></tr>
<tr><td>批次
（生产日期）</td><td></td><td>批量</td><td></td><td>不合格项目</td><td></td></tr>
<tr><td>处置意见</td><td colspan="5">评定人员：　　　日期：　年　月　日</td></tr>
<tr><td>处置记录</td><td colspan="5">处置人员：　　　日期：　年　月　日</td></tr>
<tr><td>不合格原因
分析及建议</td><td colspan="5">评审人员：　　　日期：　年　月　日</td></tr>
<tr><td>纠正/预防
措施</td><td colspan="5">责任部门/人员　　　日期：　年　月　日</td></tr>
</table>

表30 产品销售台账

产品名称	规格	数量	批次（生产日期）	检验报告编号	销售日期	购货者名称	联系人	联系电话	联系地址	备注

表31 抽检产品留样记录

序号	产品名称	规格型号	批次（生产日期）	留样数量	留样日期	备注

保管人：

注：本表仅适用于有对出厂产品进行留样管理的企业。

表 32　委托出厂检验登记表

时间：____________年

产品名称	规格/等级	批次（生产日期）	承检单位	检验项目	检验结果	报告日期	检验报告单编号

登记人：

注：本表适用于对出厂产品进行全项目或部分项目委托检验的企业。

表 33　成品检验报告单

报告日期：　　年　　月　　日　　　　　　　　　　编号：

<table>
<tr><td>产品名称</td><td></td><td>规格/等级</td><td></td><td>执行标准</td><td></td></tr>
<tr><td>生产日期</td><td></td><td>批量</td><td></td><td>生产批次</td><td></td></tr>
<tr><td>抽样量</td><td></td><td>检验日期</td><td colspan="3"></td></tr>
<tr><td>检验类型</td><td>检验项目</td><td>标准要求</td><td>检验结果</td><td>判定</td><td>原始记录编号</td></tr>
<tr><td rowspan="7">自行检验</td><td></td><td></td><td></td><td></td><td></td></tr>
<tr><td></td><td></td><td></td><td></td><td></td></tr>
<tr><td></td><td></td><td></td><td></td><td></td></tr>
<tr><td></td><td></td><td></td><td></td><td></td></tr>
<tr><td></td><td></td><td></td><td></td><td></td></tr>
<tr><td></td><td></td><td></td><td></td><td></td></tr>
<tr><td></td><td></td><td></td><td></td><td></td></tr>
<tr><td rowspan="3">委托检验</td><td></td><td></td><td></td><td></td><td></td></tr>
<tr><td></td><td></td><td></td><td></td><td></td></tr>
<tr><td></td><td></td><td></td><td></td><td></td></tr>
<tr><td>综合判定</td><td colspan="5"></td></tr>
</table>

检验员：　　　　　　　　　　审核：

表 34　食品安全风险分析记录表

<table>
<tr><th>产品名称</th><th>产品批次</th><th>销售区域</th><th>存在问题</th><th>食品安全风险分析情况</th><th>处理建议</th><th>分析人员签名</th></tr>
<tr><td></td><td></td><td></td><td></td><td></td><td></td><td>日期：</td></tr>
<tr><td colspan="7">企业品管部负责人处理意见：
企业品管部负责人（签名）　　　　日期：</td></tr>
<tr><td colspan="7">企业负责人处理意见：
企业负责人（签名）　　　　日期：</td></tr>
</table>

表 35　不合格品销毁记录表

企业名称：

<table>
<tr><th rowspan="3">时间</th><th rowspan="3">地点</th><th rowspan="3">销毁品名称</th><th rowspan="3">批次（生产日期）</th><th rowspan="3">数量</th><th rowspan="3">规格型号</th><th rowspan="3">销毁原因</th><th rowspan="3">销毁方式</th><th colspan="4">在场人员签名</th><th rowspan="3">备注</th></tr>
<tr><th colspan="2">生产企业</th><th colspan="2">相关监管部门</th></tr>
<tr><th>签名</th><th>部门</th><th>签名</th><th>单位</th></tr>
<tr><td></td><td></td><td></td><td></td><td></td><td></td><td></td><td></td><td></td><td></td><td></td><td></td><td></td></tr>
</table>

表 36 召回措施报告

企业名称：
地址： 联系电话：

一、本公司（人）已于__________停止生产召回食品______________________________。

二、于____年____月____日以__________的方式通知生产经营者______________________________

____

停止生产经营召回食品（名称、批次、数量）______________________________，生

产经营者现____。

三、于____年____月____日以______________________________的方式通知消费

者停止消费召回白酒。

四、经调查确认发现，该白酒应当召回，产生的原因为______________________________

____

____

____

__________________；可能受影响的人群有______________________________

____________________。

五、阶段计划（实施部门、时间、方法、计划召回量、预期效果）：__________________

____

六、召回终结预期（时间、计划召回量、效果）：______________________________

____

____

七、召回食品后的处理措施：____

____

____

企业（签章）

年 月 日

注：本报告一式两份，一份交质监部门，一份企业留存。

表 37　白酒召回阶段性进展报告

______________：

根据《食品召回管理规定》的有关规定，现将我单位本阶段（______________年______________月______________日至______________年______________月______________日）开展的对

____

__________________________________召回行动的进展情况报告如下：

一、召回通知书已发布情况

□生产经营者_______户；□消费者约_______人；

通知方式____________________；通知时间____________________。

二、白酒召回情况

（一）本阶段已召回数量______________；涉及批次______________，其中：

□生产经营者_______户，数量______________；

□消费者_______户，数量______________；

（二）生产总量______________；已销售总量______________；

该阶段计划召回量______________；计划召回总量______________；

累计召回量与计划召回总量的比例______________；

累计召回量与已销售总量的比例______________。

三、与原计划不同之处以及改变后实施情况

____

____

____

四、拟采取的进一步措施

____

____

____

五、其他情况

____

____

____

企业（签章）

年　　月　　日

注：本报告一式两份，一份交质监部门，一份企业留存。

表 38　白酒召回总结报告

____________________：

根据《食品召回管理规定》的有关规定，现就____

____________________（召回食品描述）召回行动的总体情况报告如下：

召回通知书已发布情况

□生产经营者________户；□消费者________人；

通知方式____；

通知时间____。

实践训练

白酒工序控制关键点分析

选择当地一家白酒企业，对该白酒厂的生产过程进行跟踪，记录该酒厂的关键工序数据于下表，并对其质量控制措施进行分析。

白酒工序控制关键点分析

序号	工序关键点名称	参数	控制措施
生产班次：			
生产酒厂：			

项目三　人力资源管理

项目描述

白酒企业人力资源管理通过进行人力资源规划、优化企业薪酬制度、增加企业员工福利、注重企业人才培养等对策，能够提高白酒企业的人力资源管理水平，推动企业的发展。

知识目标

（1）掌握白酒人力规划的方法，并熟悉员工的聘用的途径、渠道和方法。

（2）掌握绩效考核的常见几种方法。

（3）熟悉员工培训和开发、企业福利、劳动关系管理等内容。

能力素质目标

（1）能够根据白酒企业的具体情况，制订一份人力规划，并能够确定员工如何招聘、培训、待遇等内容。

（2）养成团结协作、积极向上、互助友爱的精神。

案例导入

伊利集团的人力资源管理

伊利集团人力资源管理的“一总则”：以德取才，以能用才，以需育才，以信留才。

伊利集团人力资源管理的“二基点”：既要用人之力，更要用人之智。

伊利集团人力资源管理的“三部曲”：信任、约束、成长。信任是前提，约束是保障，成长是归宿。

选人：以德为先，以才为上。

用人：汰弱留强，以能用人；发现人才，知人善用，人尽其才，才尽其用；能者上，平者让，庸者下。

育人：内修外朴，以需育才；人人受培训，人人培训人。

绩效考评：以绩论效，公平透明。

薪酬激励：以岗定薪，激发潜能。

任务一　人力资源管理概述

一、人力资源管理的概念

人力资源管理，广义的概念是指运用现代化的科学方法，对与一定物力相结合的人力进行合理的组织、培训和调配，使人力、物力经常保持最佳比例，同时对人的思想、心理和行为进行恰当的诱导、控制和协调，充分发挥人的主观能动性，使人尽其才、事得其人、人事相宜，以实现组织的目标。狭义的概念是指各种社会组织对员工的招募、录取、培训、使用、升迁、调动直至退休的一系列管理活动的总称。

二、人力资源管理的作用

企业要想在市场经济条件下生存和发展，就要重视人的因素，特别是要重视加强企业人力资源开发与管理。

1. 人力资源管理能够使企业运作流畅

企业第一资源要素是人力资源，它是产生核心竞争力的关键。只有人力、物力和财力充分结合，形成最优的配置，才能使企业运作有条不紊地进行下去，才能使企业运转流畅。

2. 人力资源管理提高工作效率，节省工作时间

人是生产力的第一要素，是改革和生产力的主体，是科技创新的支柱，是一个企业为实现企业目标，提高工作效率的关键。只要满足员工一定的需求，他们才会努力工作，才会积极主动地把自己的聪明才智发挥出来，使企业少走弯路，缩短工作时间，节约生产成本，为企业创造出更有效的生产经营成果。因此，企业必须处理好与员工的关系，使员工有一个饱满的热情和良好的心态去挖掘自己的潜能，并投入工作当中，从而提高工作效率，为企业发展做出更

多的贡献。

3. 人力资源管理有利于现代企业制度的建立

现代企业制度的基本特征是：所有者、经营者、生产者之间，通过公司的决策机构、执行机构、监督机构，形成各自独立、责权分明、相互制约的关系，并以国家相关的法律法规和公司章程加以确立和实现。由此而言，人是贯穿其中的关键和根本。而作为知识和技能“承载者”的人力资源，代表了企业所拥有的专门知识、技能和能力的总和。建立现代人力资源管理制度已成为决定企业成败的关键因素。对企业来说，有效的人力资源管理机制的建立将有助于企业保留、吸引和激励人才，从而推动企业发展战略实现。因而，注重和加强对企业人力资源的开发和利用，做好员工培训工作，是企业实现由传统管理向科学管理转变而不可或缺的一部分。

4. 人力资源管理有利于提高企业效益

人的能动性发挥的好坏，直接关系到企业的生产经营状况和发展目标。合理、科学地对人力资源进行配置，能够促使企业提高劳动效益，取得较大的经济成果。在市场经济条件下，企业利润最大化，价值最大化，这就需要企业要明确人力资源战略，加强人力资源管理，运用科学、有效的方法提高企业效益。

5. 人力资源管理建立健全企业文化

企业是企业文化、企业精神的载体。优秀的企业文化是领先于竞争对手的有力保障，而这一切归结于人力资源，因为人是最为重要的资本。企业文化的实质是以人为本。企业文化通过人的塑造来影响企业，而员工在积极向上的企业中不断提升自己，塑造自己的人生道路。优秀的企业文化可以增进企业员工的团结和友爱，提升管理能力，提升人力资源的优势，从而提高企业的核心竞争力，创造企业的竞争优势。

三、人力资源管理的主要内容

1. 员工的聘用

招一名员工简单，可聘用一名适合的员工并不是一件易事。一名员工可能在这个岗位上不能胜任，而在其他岗位上能游刃有余。所以企业在招聘时要把岗位职能和招聘人员进行分析，比如从应聘者的性格、工作经历、爱好、家庭环境等因素进行分析，看他是否能在岗位上充分发挥才能，施展自己的才华，不遗余力地为企业着想，为企业拼搏。

2. 绩效考核

俗话说：没有压力就没有动力，一个企业员工众多，彼此相互推诿、攀比，使工作无法顺利完成甚至于影响到整个企业的总体利益，那事情就相当严重了。所以企业要对员工在一定时间内工作中取得的成绩进行考核和评价，及时做出反馈，奖惩分明，把它作为员工培训、晋升、计酬等人事决策的一个依据。当然，绩效考核不是最终目的，目的是要让员工在此过程中得以锻炼，真正使员工能融入企业这个大家庭。

3. 薪酬体系建立

建立一个科学、有效的薪酬体系更有助于激发员工工作的积极性。包括对基本工资、绩效工资、奖金、津贴以及福利等的管理。这一体系的建立和完善，有助于激励员工更好地工作，更大限度地为企业付出自己的才华。

4. 员工激励

每个人都是有惰性的，在实际工作中员工也难免有懒散的状态。这就要求企业采取有效的应对措施，用激励的方法对员工的需求给予一定程度的满足，使员工心理状况发生一定的变化，从而激发员工向企业所期望的目标而努力。只有这样才有利于调动员工的积极性，使员工目标与企业目标相吻合，企业也才能吸纳和留住人才。

5. 培训与发展

培训是提高员工素质、技能的必要手段，企业进行培训需求分析，制订培训计划，通过培训进一步提高员工的智力能力，以增强人力资源的贡献率，为企业发展创造良好的条件。

6. 人力资源规划

如何将员工的职业生涯目标与企业的目标相结合，这就需要根据企业发展战略要求，鼓励和关心员工的个人发展，根据他们的自身状况和实际情况制订他们的发展规划和宏伟目标，以进一步激发员工的积极性和创造性，确保企业在需要时能够及时获得所需要的人才。

7. 员工关系管理

员工关系是一切管理的基础。只有协调和改善好企业与员工之间的劳动关系，才能营造和谐、良好的工作氛围，保障企业经营活动的正常开展，才能使人力资源管理有效实施。

总之，企业要把人才培养列入战略经营和长远投资计划，加大人才开发的力度，把人力资源管理的各个层面与企业竞争优势获取有机地联系在一起，使其成为浑然一体的核心竞争力模式，就要把招聘、培训与发展、员工激励、绩效考核、员工关系、薪金等都结合在一起，充分调动员工的积极性，从根本上改变人力资源管理不足、不规范的状况，建立科学、高效、严谨的人力资源体系，从而使企业在竞争中立于不败之地。

任务二　人力资源规划

一、概述

人力资源规划是指根据企业总体战略规划，通过对企业未来的人力资源需求和现在人力资源供给状况进行分析与预测，对可能的人力资源进出途径进行系统安排的过程。即人力资源规划就是确定出企业在何时需要人、需要多少、需要什么样的人。

二、人力资源规划的内容

1. 组织各种人力资源需求与配置的整体规划（图 3－1）

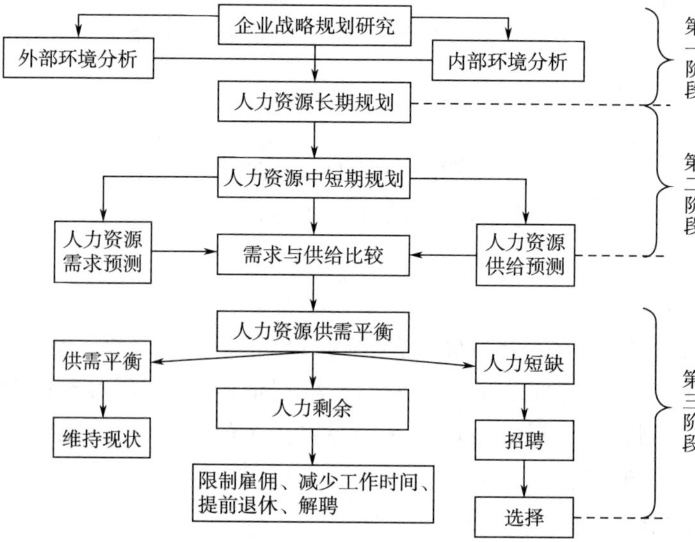

图 3－1　人力资源规划的模型

2. 专项业务规划

（1）获取规划　获取规划是指根据外部劳动力市场和内部岗位空缺能力和资源情况，制定人员补充计划，包括确定企业合适的人员规模、空缺人数、招聘计划、甄选测试流程以及对其进行的预算。

（2）人员接替与提升计划　人员接替与提升计划是指人才的数量保持，以及提升人才结构的计划。

（3）培训与开发计划　培训与开发计划是指企业通过有计划地对员工进行

培训，引导员工的技能发展与企业的发展目标相适应的策略方案。

(4) 员工职业规划 员工职业规划是指通过帮助员工进行职业生涯规划，把员工的职业发展与组织需要结合起来，从而有效地留住人才，稳定企业的员工队伍。

(5) 绩效计划 绩效计划是指被评估者和评估者双方对员工应该实现的工作绩效进行沟通的过程，并将沟通的结果落实为订立正式书面协议，即绩效计划和评估表。它是双方在明晰责、权、利的基础上签订的一个内部协议。绩效计划的设计从公司最高层开始，将绩效目标层层分解到各级子公司及部门，最终落实到个人。对各子公司而言，这个步骤就是经营业绩计划过程，而对员工而言，则为绩效计划过程。

(6) 薪酬激励计划 薪酬激励计划是指企业在预测企业发展的基础上，对未来的薪酬总额进行预测，并设计、制订、实施未来一段时间的激励措施，以充分调动员工的积极性。

(7) 劳动关系计划 劳动关系计划是指关于如何减少和预防劳动争议、改进劳动关系、增进员工保护的计划。

任务三 员工招聘

一、招聘流程

招聘是指根据企业人力资源规划（人员编制），将符合岗位需求的人员录用到企业内进行工作的过程。具体招聘工作流程见图3－2。

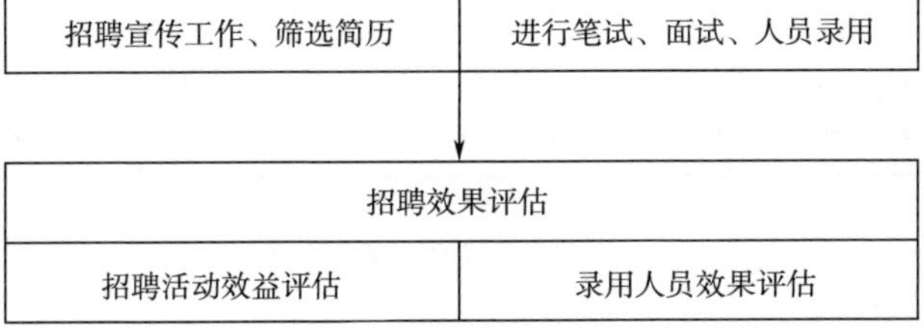

图3－2 招聘工作流程

1. 制订招聘计划

白酒企业招聘计划的制订，应由组织人事部牵头，根据白酒企业人力资源规划、人员编制情况和职位要求制订。主要包括企业招聘的岗位及要求、招聘团队组成、招聘渠道、招聘信息的发布、招聘方式、费用预算、招聘时间安排等，见图3－3。

一、白酒企业简介 略 二、招聘岗位及要求 1. 白酒检验员：3名 食品及酿酒专业大专学历以上，要求熟悉白酒常规项目的检查、熟悉气相色谱仪的使用；有良好的沟通能力；能独立完成工作；态度积极、有责任心和团队意识。 2. 白酒酿造工：10名 男性，学历不限，本地户口，居住地附近优先考虑；吃苦耐劳，诚实守信，务实。 三、招聘团队组成 组长：________（人力资源部部长） 副组长：________（人力资源部副部长）	四、招聘信息发布渠道 1. 本公司网站，网址： 2. 某市人才网，网址： 五、招聘方式 校园招聘、人才市场招聘。 六、费用预算 本次招聘需要经费共____元，其中广告费___元， 招聘人员出差补助、餐费、住宿___元， 会议费用____元。 七、招聘时间安排 ____月____日：撰写招聘广告 ____月____日：招聘宣讲及刊登 ____月____日：面试、筛选 ____月____日：通知面试通过者，进行笔试 ____月____日：通知拟录用者体检
成员：_____（销售部）_____（生产部）_____（行政科）代表	____月____日：公示 ____月____日：录用并通知上班时间

图3－3 招聘计划实例

2. 招聘宣传

招聘宣传的主要内容为撰写招聘广告，并发布招聘信息或进行招聘宣讲。通常包括内部招聘和外部招聘，内部招聘常常在公司内部网站、布告栏、内部会议发布，外部招聘主要采用报纸、电视、网络、人才招聘会、校园招聘或猎头公司等形式。另外，微招聘是近几年来的新的招聘方式，利用微博社交平台，通过运用大数据技术，根据招聘单位和求职者的要求进行精准匹配，并推荐。

3. 筛选简历

企业收到求职者简历后按照职位要求进行初步筛选，筛选出符合条件的简历并交考核求职人员。

4. 笔试和面试

为保证招聘的公平和有效性，通常会进行笔试和面试环节。笔试可以在面试之前，也可在面试之后。面试人员的数量一般要求不低于实际录用人员数量，例如，某市人事局要求面试比例不能低于3∶1，即录用1人至少要有3人面试。除了面试之外，白酒企业还可以根据岗位要求的实际情况要求进行技能操作、心理测试等考核求职者。

5. 人员录用

经笔试和面试通过，考核合格的人员进入录用阶段，包括体检、背景调查、录用决策、录用手续的办理、签订劳动合同。

二、招聘渠道及方法

根据应聘者的来源可以将招聘分为内部招聘和外部招聘，内部招聘是从组织内部选拔和录用所需人员，外部招聘是从组织外部招聘和录用人员，两者各有其优缺点（表3－1），白酒企业可结合岗位要求，内部招聘和外部招聘相结合的方式吸纳人才。

表3－1　内部招聘和外部招聘的比较

招聘来源	优点	缺点
内部招聘	鼓舞晋升者的士气，激励员工，提高工作业绩	“近亲繁殖”可能打击未晋升者的士气
	对应聘者了解全面，更好的评估其能力，选人更准确	增加派系的争斗
	成本较低	容易出现思维定式，缺乏创新性
	组织培训投资得到回报	来源局限，水平有限
	晋升工作具有连续性	
	只需对外招聘初级职务	
	能更快适应工作	

续表

招聘来源	优点	缺点
外部招聘	新鲜血液能带来新的观念、思想和方法	可能招聘不到合适的人选
	不会引起内部争斗，缓和内部矛盾	新员工适应时间长
	可以以新的视野审视行业	有为工作群体不接受的可能
	来源广，选择余地大	降低企业内部晋升的士气

1. 内部招聘

（1）招聘渠道　提升、工作轮换、工作调换、返聘。

（2）招聘方法　企业数据库（人才储备法）、工作岗位布告、晋升和岗位轮换、内部员工推荐、返聘。

2. 外部招聘

（1）招聘渠道　熟人介绍、求职者、失业者、其他公司竞争者、就业机构（职业介绍机构）、学校、人才市场。

（2）招聘方法

①员工举荐：也称熟人介绍，最常见的招聘方式。

②招聘广告：利用各种宣传媒体发布招聘信息，也是常用的方法，常用于发布招聘信息的媒介有报纸、杂志、广播电视、宣传资料、互联网等。

③校园招聘：企业直接到高校、中职等学校进行校园招聘的活动，也是企业常用的招聘方法。校园招聘的方式有张贴招聘信息、开招聘会、毕业实习、学校就业处推荐等。

④职业介绍机构：职业介绍机构一般分为三类，一类为劳动保障部门开办的；二类为县级以上劳动保障部门批准的政府部门、社会团队和企事业单位开办的；三类是经县级以上部门批准的个人开办的职业介绍机构。

⑤网络招聘：网络招聘最常用的是用人单位网站和求职网站，用人单位网站是指企业利用自己的网站，在网站上专门设立招聘网页或专栏，发布招聘信息，还可以将公司的网站链接在一些知名的招聘网站点或行业专业人士经常浏览的网站上。求职网站招聘是指企业利用第三方专业招聘网站，使用简历数据库或者搜索引擎等工具完成招聘，比如智联招聘网、前程无忧、中华英才网、卓博人才网、领英网、应届生求职网、IT 人才招聘网、广东人才网、北京人才热线等网站。

三、员工甄选

员工甄选是运用心理学、管理学、人才学等理论，对求职者的任职资格和工作的胜任程度进行系统、客观的评价和判读，从而做出录用决策。

1. 员工甄选的内容

（1）知识 包括专业知识和普通知识，专业知识占主要地位。普通知识是指常识，专业知识是指针对应聘的岗位所要求的特定知识，通常可以用学历和专业证书证明掌握知识的广度和深度。当然，员工甄选时不能只依据学历等判断求职者的知识程度，还应结合笔试和测试等多种方式。

（2）能力 包括普通能力和专业能力。一般能力是指在不同活动中表现出的一些共同能力。特殊能力是指在特殊工作中所表现出来的能力。

（3）个性 是指个人在不同的情况下表现出的行为，每个人为人处事的风格。比如性格急躁的人不适合做需要耐心和精细工作，性格内向、不擅言谈的人不适合做销售和公关工作。

（4）职业动力因素 是指促使员工努力工作的动力。企业员工工作动力是来自于企业的激励系统，还有个人的价值观，这些都决定着员工是否足够努力地做好工作。

2. 员工甄选方法

（1）筛选简历和求职申请书 对求职者最初的筛选除了通过筛选简历来完成，有越来越多的企业也会采用让求职者填写企业自制的求职申请表进行筛选。在筛选过程中有几个问题要注意：判断求职者的态度、关注与职业相关的问题、分析其求职动机。

（2）笔试 主要用于测试基本知识、专业知识、综合分析能力、文字表达能力等，是一种基本的甄选方法。

（3）心理测试 主要包括智商测试、能力测试、人格测试、职业兴趣测试。

（4）工作技能和实践操作测试 这种测试可以测试运动技能和语言技能，运动技能是指实际操作与工作相关的各种设备，语言技能是处理问题的技巧和说话技巧。除此之外，还有可塑性测试，通过培训者示范如何完成一项任务，然后由求职者来完成，观察求职者的完成情况。

3. 面试

面试是人事招聘最常用的甄选员工的方法，包括结构化面试与非结构化面试、情景化面试与工作相关化面试、压力面试、系列化面试与小组面试。

（1）结构化面试与非结构化面试 结构化面试是指事先按照设计好面试表格中问题的提问次序，非结构化面试是指在面试过程中随机进行提问，提问内容可以随意展开，不需要像结构化面试事前设计好提问的问题和提问的顺序。

（2）情景化面试与工作相关化面试 情景化面试是指事先设计好结构化问题，在某一特定的情景内提问，通过求职者回答的问题考察其能力。工作相关化面试是指评估求职者与工作相关的过去的行为。

（3）压力面试　在压力面试中，面试人员故意设计一系列令人难以接受的问题，将求职者置于尴尬的境地，甚至激怒求职者，观察求职者的反应能力，心理承受能力、人际处理能力等。

（4）系列化面试与小组面试　系列化面试，是指许多位面试人员对一个求职者进行面试，然后综合各个面试人员对求职者的看法。小组面试，是指面试人员与所有求职者同时一起面试，每个面试人员均可向多个求职者提问，一个求职者也可同时接受多个面试人员的提问，最后综合考核。

四、录用程序

（1）做出录用决策　企业根据岗位要求，经过甄选评价之后，对求职者的胜任能力进行评估和比较，做出初步录用决策。在决策时应注意：招聘的指导思想为招聘最合适的，不是最优秀的，最全面的；不同的岗位侧重点不同，突出重点。

（2）背景调查　包括学历学位、工作经验、过往不良记录。

（3）体检　一般委托当地县级以上的医院进行。企业应先让应聘者参加体检，体检合格之后再发出录用通知书。这样，企业可以根据体检报告录用员工，又不会引起就业歧视，引发劳动争议。

（4）拟录用人员审批　经过笔试、面试、甄选、体检等环节，对于确定的录用者，需经过逐级上报进行审批，并由人力资源管理部门备案，公示拟录用人员，公示结束之后正式录用。

（5）人员录用　通知人员录用，办理入职手续，签订聘用或劳动合同。对于未被录用的人员，发函或电话致谢。需注意，在致谢或发函过程中没必要说明未被录用的原因。劳动合同要符合《中华人民共和国劳动法》和《中华人民共和国劳动合同法》的规定。

任务四　绩效管理

绩效管理体系是一套有机整合的流程和系统，专注于建立、收集、处理和监控绩效数据。它既能增强企业的决策能力，又能通过一系列综合平衡的测量指标来帮助企业实现策略目标和经营计划。绩效管理是管理者与员工之间在目标与如何实现目标上所达成共识的过程，以及增强员工成功地达到目标的管理方法以及促进员工取得优异绩效的管理过程。高效的绩效管理体系是企业实现运营目标的重要的工具。

绩效管理体系是以实现企业最终目标为驱动力，以关键绩效指标和工作目标设定为载体，通过绩效管理的三个环节来实现对全公司各层各类人员工作绩效的客观衡量、及时监督、有效指导、科学奖惩，从而调动全员积极性并发挥各岗位优势以提高公司绩效，实现企业的整体目标的管理体系。绩效管理的三个环节为：制定绩效计划及其衡量标准；进行日常和定期的绩效指导；最终评估、考核绩效并以此为基础确定个人回报。

目前有很多绩效管理的方法如常用的 MBO（目标管理）、KPI（关键绩效指标）、360 度评价法、敏捷绩效管理等。由于财务指标的局限性，美国学者 Robert S. Kaplan 和 David P. Norton 提出了平衡计分卡的业绩考核新方法。

一、绩效管理的作用

1. 绩效管理是企业发展战略实施的重要工具

绩效管理是实现企业战略目标培养核心竞争力的重要手段，是企业战略管理落实的重要过程。因此，企业的绩效管理必须要以企业战略目标的实现作为依据，即建立基于战略为导向的绩效管理系统，绩效管理才能通过提升企业核心竞争力来实现企业的可持续发展。

2. 绩效管理可以促进质量管理

企业绩效可以表现为数量和质量两个方面。因为绩效管理可以为管理者提供全面质量管理（TQM）的技能和工具，使管理者能够将 TQM 看成企业文化的一个重要组成部分，所以绩效管理过程可以加强全面质量管理。

3. 绩效管理有助于适应组织结构的调整和变化

多数组织结构调整都是对经济和社会环境变化的一种动态反应，组织结构调整后，管理思想和风格也要相应地改变，例如，给员工更多的自主权，而这些都必须通过建立相应的绩效管理系统才能得以实现。给员工更多的参与管理的机会，给员工更多的支持和指导等，而这些都必须通过建立绩效管理才能实现。

4. 绩效管理能够有效地避免冲突

有关绩效的讨论不应仅仅局限于经理评判员工，还应该鼓励员工自我评价以及相互交流双方对绩效的看法。经理的角色是通过观察发现问题，去帮助他们评价、改进自己的工作，如果员工知道自己的工作职责范围并在工作绩效方面与领导者取得一致的认同，那么在工作中会较少冲突，并能更好地发挥自己的智慧和潜力，取得更好的工作绩效。

5. 绩效管理可以节约管理者的时间成本

绩效管理可以使员工明确自己的工作任务和目标，帮助员工找到解决工作错误和低效率的手段，以免日后付出更大的代价。领导可以从各种具体而繁琐事务中解脱出来，从而节省时间去做更重要的管理事务。

6. 绩效管理可以促进员工的发展

通过绩效管理，员工对自己的工作目标确定了效价，也了解自己取得一定的绩效后会得到什么样的奖酬。这样，他就会努力提高自己的期望值，比如学习新知识、新技能，以提高自己的工作胜任力，取得理想的绩效并促进个人进步和发展。

二、绩效管理体系的原则

为了建立科学有效的绩效管理体系，在设计绩效管理体系时应遵循以下原则。

1. 公开原则

绩效管理所有标准及流程以制度的形式明文规定，在公司内部形成确定的组织、时间、方法和标准，便于考核人与被考核人按照规范化的程序进行操作，以保证程序公平。

2. 差异性原则

对不同部门、不同岗位进行绩效考核时，要根据不同的工作内容制订贴切的衡量标准，评估的结果要适当拉开差距，不搞平均主义。

3. 全员参与原则

绩效管理要科学、有效地开展，必须依靠全体员工的共同参与和努力。在制订绩效目标时，只有通过员工和管理人员的充分沟通，达成的目标才会得到员工的认同。在绩效实施过程中，员工是主体，而在绩效考核中，员工的参与将提高绩效考核的公正性，绩效考核结果的运用和绩效的改善都离不开全体员工的共同参与。

4. 常规性原则

各级管理者要将绩效管理作为自己的日常工作职责，对下属做出正确的评估是管理者重要的管理工作内容，绩效管理必须成为公司每一位管理者的常规性的管理工作。

5. 持续沟通原则

持续沟通是现代绩效管理体系区别于传统绩效考核的重要标志，也是绩效管理得以实施的前提。从绩效目标的制订、绩效计划的形成、绩效实施过程中的绩效目标调整，绩效考核、绩效改进计划的制订以及员工培训的制订，都需要管理者和员工通过反复的沟通来完成。

三、绩效管理体系的理论依据

1. 以关键绩效指标（KPI）为核心的绩效管理理论

关键绩效指标，简称 KPI。KPI 法的核心思想是：企业业绩指标的设置必须与企业战略挂钩，企业应当只评价与其战略目标实现关系最密切的少数关键绩效指标。

在对关键绩效指标进行确定时，一般要遵守SMART原则。S代表Specific，意思是具体的，指绩效指标应切中目标，不能笼统，同时要将指标适度细化，并随情境变化而适时变化，具有可考查性；M代表Measurable，意思是可度量的，指绩效指标应该数量化或者行为化，需收集的绩效指标的数据和标准是可以获得的；A代表Attainable，意思是可实现的，指绩效指标和标准在付出努力的情况下，在适度的时限内是可以实现的，避免设立过高或过低的目标；R代表Realistic，意思是现实性的，指绩效指标是实实在在的，可以证明和观察的；T代表Time－bound，意思是有时限的，注重完成绩效指标的特定期限，关注效率。

KPI法是一种能将战略目标分解为可运作的远景目标和量化指标的有效工具。另外，这种方法自企业的战略目标出发，通过分析企业的价值链，确定企业关键成果领域和关键绩效指标，并层层分解，直至形成企业、部门和岗位三级关键绩效指标体系。

2. 平衡计分卡理论

目前，传统的以财务指标为主的绩效考核体系已越来越不能满足现代企业管理发展的要求，因为传统单一的过去的业绩，并不能对企业未来的发展前景与获利能力做出评价；另一方面，这些信息只反映出了结果而没有反映出导致结果的驱动因素。更为重要的是，不能实现组织的战略目标与管理手段的有机融合。鉴于此，企业界和学术界也一直在研究和探索全方位的、包括财务指标和非财务指标相结合的策略性评价指标体系，其中“平衡计分卡（BSC）”是较为典型的一种，该方法被提出后迅速在美国乃至整个发达国家的企业和政府应用。近几年，BSC在我国的一些企业中，也得到了不同程度的应用。

平衡计分卡是美国的管理大师罗伯特．卡普兰和戴维·诺顿在总结了十二家大型企业的业绩评价体系的成功经验基础上提出的具有划时代意义的战略管理业绩评价工具。

平衡计分卡以企业的战略为基础，并将各种衡量方法整合为一个有机整体，它既包含了财务指标，又通过顾客满意度、内部流程、学习和成长的业务指标来补充说明财务指标，反映了财务与非财务衡量方法之间的平衡、长期目标和短期目标之间的平衡、外部和内部的平衡、结果和过程的平衡、管理业绩和经营业绩的平衡等多个方面。

平衡计分卡的核心思想是通过财务、客户、内部经营过程、学习与成长四个方面指标之间相互驱动的因果关系实现绩效考核、绩效改进、战略实施以及战略修正的目标。在平衡计分卡四个指标中，内部业务是基础，学习与成长是核心，客户是关键，财务是最终目的。平衡计分卡将结果与原因联系在一起，是以因果关系为纽带的战略实施系统，也是推动企业可持续发展的绩效评价系统。因此，平衡计分法是一种长期的、可持续发展的绩效管理制度，有助于衡量、培植和提升企业核心能力。

3. 360 度反馈评价体系

360 度反馈评价体系，也称全景式反馈或多元评价，是一个组织或企业中各个级别的、了解和熟悉被评价对象的人员（如直接上级、同事及下属等），以及与其经常打交道的内部顾客和外部顾客对其绩效、重要的工作能力和特定的工作行为和技巧等提供客观、真实的反馈信息，并帮助其找出组织及个人在这些方面的优势与发展需求的过程。

360 度反馈评价体系的目的在于通过获得和使用高质量的反馈信息，支持与鼓励员工不断改进与提高自己的工作能力、工作行为和绩效，以使组织最终达到管理或发展的目的。

360 度反馈评价体系较单一评价来源的评价方式更为公正、真实、客观、准确、可信。同时，通过这种评价方式，人们可以客观地了解自己在职业发展中所存在的不足，可以激励他们更有效地发展自己的工作能力，赢得更多的发展机会。就一个组织和企业而言，只有从不同角度、不同来源获得所有的反馈信息，并客观地分析和使用这些信息，才能使其克服错误的自我观念、盲目与偏见，做出正确的评价与决策。

四、绩效管理体系建立

1. 职位分析

职位分析是绩效管理实施的基础。绩效管理中，绩效目标的设定，绩效档案的记录，绩效沟通的持续不断进行，以及绩效考评，这些都离不开员工的职位，时刻都要以职位说明书作为依据。

2. 设定绩效目标

目标是绩效管理的标的，绩效管理的活动都依赖于目标的落实。所以，在一开始，经理就应该和员工共同设定一个共识的绩效目标，为绩效管理做最充分的准备。

3. 业绩辅导

目标设定之后，经理的职责就更加地明确：辅导。经理应在员工实现目标的过程中不断与之沟通，尽其所能地与员工保持密切联系，不断为员工提供资源支持，为之清除前进道路上的障碍，一切为目标的实现而工作。

4. 记录员工的业绩档案

没有意外是绩效管理的一个重要的原则。这里的“没有意外”是指在年终绩效考评当中，经理和员工对绩效考评的结果不会意外，一切都在意料之中，员工不会因绩效考评的结果和经理争论，无争论正是绩效管理所倡导和追求的。为了不出现意外，经理就必须在日常的工作中多加观察，并做必要的记录，形成员工的绩效档案，为以后的绩效考评准备更加充足的材料。

5. 绩效考评

绩效考评是绩效管理的必经阶段，绩效管理的目的不是为了考评，但考评的目的是为了使绩效管理更加优秀，通过考评发现问题，并改进问题，使绩效考评成为经理和员工共同的机会。

6. 绩效管理体系的诊断和提高

没有绝对完美的绩效管理体系，任何企业的绩效管理都需要不断地完善。所以，在考评结束之后，企业应组织有效的诊断，从而发现问题并解决问题，使企业的绩效管理体系在下一个循环当中发挥更大作用。

7. 角色定位阶段

流程是由人来执行的，只明确流程不明确责任人显然还不够，接下来的工作就是角色定位了。通常，一个企业有四个层面的角色。

（1）企业老总　绩效管理体系是否能够获得成功，老总是 VIP。企业老总当然是全面负责，业界给老总的定位是支持和推动。首先在态度上要支持，然后在行动上对绩效管理体系的开展进行推动，促进绩效管理不断向深入发展。

（2）人力资源（HR）经理　HR 经理就是那个经常被冤枉的人，通常，企业寄全部希望于 HR 经理身上，千斤重担都让 HR 经理一肩挑，现在看来，这显然不现实。

作为 HR 经理，他的角色定位应该是咨询师，是绩效管理的绝对专家，为企业绩效管理体系的建设提供方案支持，提供工具，提供各种问题的咨询。

（3）直线经理　直线经理是绩效管理实施的中坚，因为再好的方案也得经过他们有力的执行才能产生效果，所以他们的角色定位应该是执行，当然在绩效管理体系的诊断中，他们也是当然的“议案”提交人。

（4）员工　员工是绩效管理的终端，业界给员工的定位是绩效的主人，他们是绩效的拥有者，拥有并产生绩效。

五、考评结果的使用

考评结果除了用来帮助员工提高业绩之外，在人力资源管理中还有许多人事决策用途，比如晋升、加薪、培训、解雇等。

作为一个完善的绩效管理体系，这些也应得到充分的考虑，在企业的绩效管理方案中加以明确。

通过以上步骤，一个有效的绩效管理体系就基本搭建完成了，至于绩效管理体系是不是有效，会产生什么样的效果，那还有待实践的检验。

任务五　薪酬管理

一、薪酬的构成

薪酬是企业根据员工为企业所做贡献（包括他们的业绩、付出的努力、时间、学识、技能、经验与创造）的大小而支付给员工的相应回报。薪酬一般泛指员工实际拿到或雇主支付的劳动报酬，它是人们对工资的一种形象化称谓。

根据薪酬的不同功能可将其分为四大类，即基本薪酬、奖励薪酬、附加薪酬和福利。

（1）基本薪酬　是以员工的劳动强度、劳动熟练程度、工作复杂程度以及责任大小为基准，根据员工完成定额任务（或法定时间）的实际劳动消耗而计付的薪酬。基本薪酬是企业员工劳动收入的主体部分，也是确定其他劳动报酬和福利待遇的基础。

（2）奖励薪酬（奖金）　是企业对员工超额完成任务以及出色的工作或成绩而计付的薪酬，其作用在于鼓励人员提高劳动生产率和工作质量。与基本薪酬相比，奖金具有非常规性、浮动性和非普遍性等特点。奖金是将报酬与绩效直接挂钩的薪酬成分，因此具有极强的导向功能。奖金既可以与员工个人的绩效挂钩，也可以与企业成本节约、产量、质量标准、收益、投资回报或者利润增长等绩效目标挂钩。奖金具有极强的灵活性，是一只看得见的手，引导员工为企业的目标而努力。

（3）附加薪酬（津贴）　是为了补偿和鼓励员工在恶劣的工作环境下工作而计付的薪酬，主要形式包括补偿员工特殊或额外的劳动消耗的津贴、补偿额外生活费用支出的津贴和地区差异津贴等。

（4）福利　是为了吸引员工到企业工作或维持企业骨干人员的稳定而支付的一种补充性薪酬，包括法定社会保险、带薪休假、优惠购房、免费或折价工作餐、生活用品的发放等。不同的行业，福利会有所偏重，比如高科技行业更偏重激励性福利，而制造业提供更多的则是保障性福利。例如，某白酒公司各部门员工的薪酬结构如表 3 -2 所示。

表 3-2　某白酒公司各部门员工的薪酬结构

部门	薪酬结构
包装车间	岗位工资 + 技能工资 + 补贴 + 出勤奖 + 吨酒计件（超产奖）
酿造、大曲车间	岗位工资 + 技能工资 + 补贴 + 出勤奖 + 超产奖 + 质量奖
科勾中心	岗位工资 + 技能工资 + 补贴 + 出勤奖 + 吨酒计件提成
销售部	底薪（部分人员没有） + 销售费用提成
机关、动力车间等	岗位工资 + 技能工资 + 补贴 + 出勤奖

二、薪酬管理及管理体系

1. 薪酬管理

白酒企业的薪酬管理就是白酒企业在战略思维的基础上，根据员工提供的劳动或服务，对本企业员工薪酬的支付标准、发放水平、要素结构等进行确定、分配和调整的过程，或者说，就是对工资、奖金、佣金和利润分成等薪酬要素的确定和调整的过程。正是在这些具体的管理过程中，体现出企业的战略方向、管理者的决策意图和企业对不同员工群体的行为引导。

薪酬管理主要包括以下三个方面的内容：一是根据企业战略制订企业的薪酬战略和薪酬策略；二是设计制订企业的薪酬制度；三是全面实施薪酬管理。

薪酬管理必须以企业战略为出发点，以激励（包括负激励）为手段，引导、塑造员工行为。在一定的薪酬预算范围内，做到吸引、激励和保留企业员工。

2. 薪酬管理体系

（1）职位薪酬体系　职位薪酬体系是在工作分析和时间研究的基础上，按照员工在工作中的职位来确定薪酬等级和薪酬标准。

（2）技能薪酬体系　技能薪酬体系是按照员工所达到的技术等级标准确定薪酬等级，并按照确定的薪酬等级标准计付劳动报酬的一种制度。这种薪酬体系通常适用于所从事的工作比较具体而且能够被界定出来的操作人员、技术人员以及办公室工作人员。

（3）绩效薪酬体系　基于绩效水平的薪酬体系是依据不同人员的贡献、能力、责任，并结合企业当期经济效益及未来可持续发展状况，决定不同的薪酬水平，使所有员工都能够一同分享企业发展所带来的收益，把短期收益、中期收益与长期收益有效结合起来。从广义上理解，绩效薪酬体系是将个人、团队或企业的业绩与薪酬明确联系，薪酬依据个人、团队和企业业绩的变化而具有灵活的弹性；从狭义上理解，是员工个人的行为和业绩与薪酬的联系，薪酬根据员工的行为表现和业绩进行相应的变化。员工自身的业绩和行为在较大程度上受自己控制，因此，员工可以控制他们自己薪酬总量水平的高低，从而达到薪酬对员工业绩调控的目的。

三、企业中典型的薪酬管理模式

1. 基层员工的薪酬模式

（1）等级工资制　等级工资制是工资的基本制度。等级工资制是根据劳动的复杂程度、繁重程度和工作责任的大小等因素，将各类劳动划分成不同的等级，并按等级规定工资标准的制度。

（2）计时或计件工资制　计时工资制是按照员工的技术熟练程度、劳动繁重程度和工作时间长短来计算和支付工资的一种分配形式。它由两个因素决定：工资标准和实际工作时间。

计件工资制是按照工人生产的合格产品的数量或完成的一定的作业量，根据一定的计价单价计算劳动报酬的一种工资形式。它由工作物等级、劳动定额和计件单价所组成。它是计时工资的转化形式。比如，计件工资制适用于各车间大班长（不含）以下岗位。

计件工资总额 = 标准工资（岗位工资 + 计件工资） + 工龄工资 + 年度奖金
+ 辅助工资（特殊岗位的补贴、薪酬测算时并不计入）

（3）超时或超工作量补贴（津贴）　超时补贴或津贴是指员工工作时间超过正常工作或法定工作时间后，企业给予员工一定数额或经过工会谈判获得的超时加班补贴或津贴。超工作量补贴或津贴是指员工超过职位要求的正常工作或法定工作后，企业给予员工一定数额的超工作量补贴或津贴。

（4）利润或成本分享计划　利润分享计划又称利润分红或劳动分红制，是指企业每年年终时，首先按比例提取一部分企业总利润构成“分红基金”，然后根据员工的业绩状况确定分配数额，最后以红利形式发放的劳动收入。

成本分享计划是指企业将员工节约的成本按照一定的比例奖励参与该计划的全体员工或部门。该模式的基本框架如下：首先，确定成本分享计划的对象，包括部门、人员、时间、范围和其他相关概念；其次，确定成本分享计划的总体方案，如成本分享的启动线在哪里、分享比例、分享成本后的使用权与使用方向，以及持续发展中的成本分享启动线的变化率等。最后，确定成本分享计划与职位或部门薪酬之间的关系。

利润分享计划则与成本分享计划恰好对应于中国经营哲学中的一个基本原则，即“开源节流”；利润分享计划为“开源”的激励模式，成本分享计划为“节流”的激励模式。然而，无论是利润分享还是成本分享，它们在模式设计中都存在或多或少的缺陷，即如何确定分享比例和分享启动基数的问题。这需要针对不同的企业状况和行业特征进行研究和分析后，才能够做出判断和确定。

2. 管理层的薪酬模式

（1）年薪制　年薪制是以年度为考核周期，把经营者的工资收入与企业经营业绩挂钩的一种工资分配方式，通常包括基本收入（基薪）和效益收入（风险收入）两部分。员工薪酬收入中的很大一部分是和本人的努力及企业经营好坏情况相挂钩的，因此具有较大的风险和不确定性。例如，适用于某白酒企业的高层和关键部门中层管理人员，除市场营销部经理。年薪总额＝标准年薪（基本年薪＋绩效年薪）＋特殊奖励（特殊奖励在年薪测算时并不计入）。

（2）承包制　承包制是在委托人与代理人之间信息非对称状况相当显著，委托人面临较高市场的不确定性风险，代理人收入水平有待迅速提高等条件下较好的激励机制模式。承包制的基本框架：承包人向上级主管部门上缴一定数额的利润，扣除应缴各种税费款后，其他经营所得按照一定比例归个人所有。随着改革进程的深入，承包制的弊端日益显现出来。最主要的缺陷就是承包者行为的短期化，他们往往将企业未来的资源在聘任期内就提前消耗完毕，或者不注重企业的长期发展后劲，如新产品研究与开发、对战略市场和人才的培育等。

（3）管理层收购　管理层收购是指公司的经理层利用借贷所融资本或股权交易收购本公司的一种行为，从而引起公司所有权、控制权、剩余索取权、资产等变化，以改变公司所有制结构。通过收购使公司的经营者变成了公司的所有者。由于管理层收购在激励内部人员积极性、降低代理成本、改善公司经营状况等方面起到了积极的作用，因而它成为20世纪70～80年代流行于欧美国家的一种公司收购方式。国际上对管理层收购目标公司设立的条件是：公司具有比较强且稳定的现金流生产能力，公司经营管理层在公司管理岗位上工作年限较长、经验丰富，公司债务比较低，公司具有较大的成本下降、提高经营利润的潜力空间和能力。

（4）构筑利益共同体　不少民营企业家在实际工作中都有意识地在企业内部建立某个圈子的核心管理层，并将这种做法称为“建立企业的利益共同体”。企业利益共同体的激励模式包括：给核心圈子的成员悄悄地发年终大红包，或者发放高额的奖励酬金等。这种做法对核心圈子内的成员有一定的激励作用，但负面影响也相当明显，比如可能使没有进入圈子的员工或有能力但不愿意“折腰”的员工感到事业发展无望而离开企业。

3. 无定向的薪酬模式

（1）员工持股计划　员工持股计划属于一种特殊的报酬计划，是指为了吸引、保留和激励公司员工，通过让员工特有股票，使员工享有剩余索取权的利益分享机制和拥有经营决策权的参与机制或工作年限等因素分配本公司股票。员工持股计划本质上是一种福利计划，适用于公司所有员工，由公司根据工资级别或工作年限等因素分配本公司的股票。

（2）股票期权　以签订合同时约定股票期权一般是指经理股票期权，即公司在与经理人签订合同时，授予经理人未来以签订合同时约定的价格购买一定数量公司普通股的选择权，经理人有权在一定时期后出售这些股票，获得股票市价和行权价之间的差价，但在合同期内，期权不可转让，也不能得到股息。在这种情况下，经理人的个人利益就同公司股价表现紧密地联系起来。股票期权制度是上市公司的股东以股票期权方式来激励公司经理人实现预定经营目标的一套制度。

（3）仿真股票期权　仿真股票期权是股票期权的一种变异，它借鉴了股票期权的一些特性与操作方式，是针对上市公司和非上市公司都能适用的一种改进型的股票期权计划，是一种纯激励的方式。仿真股票期权是公司决策机构赋予期权持有人一种选择的权利，持有该种权利的人，可以在特定时期内行权，在行权时，如果企业经济增加值（EVA）上升，持有人就获得差价收益，放弃行权则没有任何收益。

（4）延期支付计划　延期支付计划是指公司将管理层的部分薪酬，特别是年度奖金、股权激励收入等按当日公司股票市场价格折算成股票数量，存入公司为管理层人员单独设立的延期支付账户，在既定的期限后或在该高级管理人员退休以后，再以公司的股票形式或根据期满时股票的市场价格以现金的方式支付给激励对象。激励对象通过延期支付计划获得的收入来自于既定期限内公司股票的市场价格上升，即计划执行时与激励对象行权时的股票价差收入。如果折算后存入延期支付账户的股票市价在行权时上升，则激励对象就可以获得收益。但如果该股票市价不升反跌，激励对象的利益就会遭受损失。延期支付模式比较适合那些业绩稳定的上市公司及集团公司、子公司。

（5）分成制或效益计提制　效益计提制一般分为两种：一是固定效益计提制，即从部门或企业税前利润中按照一定比例提成奖励给个人，无论税前利润是多少，提成按比例都固定不变。二是判别效益计提制，效益计提比例随着税前利润档次的提高，或者降低，或者提高。

分成制或效益计提制更多地重视对个人的激励，它无论是对基层业务员或销售人员，还是对中高层管理者都具有较为明显的激励效果。

薪酬模式具体实例见表3－3。

表 3－3　某酒企薪酬结构表

薪酬结构	年薪			标准工资				工龄工资	年度奖金	辅助工资			
	标准年薪		特殊奖励	固定	浮动								
薪酬类型	基本年薪	绩效年薪		岗位工资	绩效工资	计件工资	提成工资			加班工资	法定保险	差旅费、通话费、过节费	晚班费、工种补贴、高温补贴
年薪制	★	★	★								★	★	
结构工资制				★	★			★	★	★	★	★	★
计件工资制				★		★		★	★	★	★	★	★
提成工资制				★			★	★	★		★	★	
协议工资制	协议												

四、 员工福利

1. 员工福利的类型

企业或组织中员工福利的类型归纳起来主要有以下几种。

（1）法定福利　该福利是指国家法律规定的一些福利项目，主要有医疗保险、失业保险、养老保险、工伤保险、生育保险等。

（2）员工福利　它是指企业根据自身的发展需要和员工的需要选择提供的福利项目，主要有：

①向员工提供福利性的服务事业，解决员工个人难以解决的生活困难，例如，建立幼儿园、学校、浴室、食堂、员工医院等。

②提供集体福利设施，例如，兴建文化宫、俱乐部、图书馆、影剧院、体育场所等文化娱乐设施。

③建立员工生活困难补助制度。

④建立福利补贴制度，以减轻员工因特殊需要而增加的额外经济负担。例如，上下班交通补贴；工作午餐，即企业为员工提供的免费或低价的午餐，或一定数额的工作午餐补助费；员工宿舍冬季取暖补贴；员工探亲补贴等。

⑤建立住房津贴制度。住房津贴是指企业为了使员工有一个较好的居住环境而提供给员工的一种福利，主要包括：根据岗位不同，每月提供住房公积金；企业购买或建造住房后，免费或低价租给、卖给员工居住；为员工的住所提供免费或低价装修：为员工购买住房提供免息或低息贷款，全额或部分报销员工租房费用。

⑥带薪假期制度。它是指员工在有报酬的前提下，不来上班工作时的一类福利项目。公休是主要的带薪假期形式，是指员工根据企业的规章制度，在一

段时间内不来上班工作，但仍享有相应工资的一种福利项目。企业一般都规定了其员工每年都有一定时间的公休、探亲假、国家法定的节假日。

2. 员工福利的管理

福利管理主要涉及以下几个方面，福利的目标、福利的成本核算、福利沟通、福利调查以及福利的实施等。

（1）福利的目标　主要包括：员工的报酬政策，要符合企业长远目标，满足员工的需求，符合企业及当地政府的政策法规。员工眼前需要和长远需要，能激励大部分员工，企业能担负得起。

（2）福利的成本核算　成本核算是福利管理中的重要部分，管理者需要在这方面花费较多的时间与精力。

福利的成本核算主要涉及：①通过销量或利润计算出公司最高的可能支付的福利总费用，与外部福利标准进行比较，尤其是与竞争对手的福利标准进行比较；②做出主要福利项目的预算，确定每一个员工福利项目的成本，制定相应的福利项目成本计划；③尽可能在满足福利目标的前提下降低成本。

（3）福利沟通　要使福利项目最大限度地满足员工需要，福利沟通至关重要。研究显示：并非福利投入金额越多，员工越满意。员工对福利的满意程度与对工作的满意程度正相关。

（4）福利调查　福利调查对福利管理来说十分必要，主要涉及三种调查：制订福利项目前的调查，主要了解员工对某一福利项目的态度、看法、需求；员工年度福利调查，主要了解员工在一个财务年度内享受了哪些福利项目，各占比例多少，满意度如何；福利反馈调查主要调查员工对某一福利项目实施的反应如何，比如是否需要进一步改进、是否要取消等。

（5）福利的实施　福利的实施是福利管理的一个重要环节。根据目标去实施，预算要落实：按照各个福利项目的计划有步骤地实施，有一定的灵活性，可阻止漏洞产生，定时检查实施情况。

3. 弹性福利计划

弹性福利计划也称为自助餐计划，是指员工在企业核定的福利额度内，从企业提供的不同类型和水平的福利项目中，根据自己的需求和偏好自由选择，从而建立自己专属的福利组合的一种福利管理模式。

弹性福利计划大致可以分为以下几种类型。

（1）附加型弹性福利　在现有的福利计划之外，再提供些福利项目或提高原有的福利水准，由员工选择。

（2）核心加选择型弹性福利　核心福利是所有员工都享有的基本福利，不能随意选择；选择型福利项目包括所有可以自由选择的项目，并附有购买价格，每个员工都有一个福利限额，如果总值超过了所拥有的限额，差额就要折为现金由员工支付。

(3) 弹性支用账户 员工每年可以从其税前收入中拨出一定数额的款项作为自己的“支用账户”，并以此账户去选购各种福利项目。由于拨入该账户的金额不必交所得税，因此对员工具有吸引力。

(4) 福利“套餐” 它是由企业提供多种固定的福利项目组合，员工只能自由地选择某种福利组合，而不能自己进行组合。

(5) 选择型弹性福利 在固定福利的基础上，提供几种项目不等、程度不同的福利组合供员工选择。这些福利组合的价值不等，如果员工选择比原有固定福利价值低的组合，就会得到其中的差额，但是员工必须对多得差额纳税；如果员工选择了价值较高的福利组合，则需要扣除部分直接薪酬作为补偿。

五、社会保障体制

社会保障是国家通过立法，采取强制手段对国民收入进行分配和再分配，形成一种特殊的消费基金。对社会成员因生、老、病、死、伤残而丧失劳动能力，因暂时失去工作、自然灾害和其他原因面临生活困难，所给予的物质帮助，以此来保障公民的基本生活需要和维持劳动力再生产而建立的一种制度。

1. 社会保险

社会保险是国家运用立法形式，以全体社会劳动者为保护对象的强制推行的社会保障制度。国内习惯上称社会保险为劳动保险，是保护劳动力的一种措施。保障劳动者的健康，可促使生产发展、社会安定，提高人们物质文化生活水平。

2. 社会救济

社会救济是指由国家和各种社会机构，按照规定的标准，向无收入、无生活来源、无家庭依靠并失去工作能力者，向生活在“贫困线”或最低生活标准以下的个人或家庭，向一时遭受严重自然灾害和不幸事故的遇难者，实施的一种低标准的物质帮助，以便受害者及其家属继续生存下去。

3. 社会福利

社会福利具体可分为一般社会福利、职工福利和特殊社会福利。一般社会福利是指国家和有关团体举办的社会、文化、教育、卫生事业，以及公共福利措施、津贴补助、社会服务等。职工福利是指职工所在单位通过建设集体福利设施、发放各种补贴等，满足本单位职工某些普遍性和共同性的消费需要。特殊社会福利又称为民政福利，即国家和社会为残疾人或无劳动与生活能力的人举办的福利工厂、养老院、孤儿院等。

4. 社会优抚

国家和社会依据法律对社会上的特种公民——为保卫祖国安全而做出贡献

和牺牲的军属、烈属、革命残疾军人、参战负伤致残的民兵民工、生活困难的复员退伍军人等所给予的优待和抚恤，以缅怀先烈，安定军心。

5. 社会互助以及个人储蓄积累保障

社会互助是指以城市街道居委会和农村的乡镇村民委员会为依托，发动社会力量，引导居民互助互济，以灵活多样的形式为社会居民提供那些“政府无力办、商业不愿办、单位不好办、群众急需办”的社会服务，是一种花钱少、社会效益好的基层社会保障形式。

以上五个部分互为补充，构成了一个较为完整的社会保障体系框架。

任务六 员工培训

一、员工培训概述

从狭义上讲，培训是指企业向员工传授其完成本职工作、提高工作能力所必须掌握的各种知识和技能（如与工作相关的知识、技能、价值观念、行为规范等）的过程。从广义上讲，培训应该是创造智力资本的途径。智力资本包括基本技能、高级技能、对客户和生产系统的了解以及自我激发创造力。培训就是为企业利益而有组织地提高员工工作绩效的行为。培训的最终目的是使员工更好地胜任工作，进而提高企业的生产力和竞争力，从而实现组织发展与个人发展的统一。

二、培训与教育、开发、训练的区别

企业培训不同于全日制教育、职业教育、训练和开发，也不同于社会机构提供的补习和培训，它具有较强的针对性、目的性、实用性和灵活性。

1. 培训与教育的区别

培训的主要目的和任务是使学员了解和掌握与实际工作密切相关的某项知识、技能或某种理念，而不像学历教育那样使学生建立起某一学科、专业领域的系统知识和技能结构。培训的内容往往具有实用性、针对性甚至跳跃性，不像学历教育的教学那样强调理论性、严密性、完备性和系统性。培训的授课时间相对集中、短暂，单位课时授课量较大，而学历教育课程教学的时间较长，单位课时的授课量不大。

2. 培训与开发的区别

培训针对员工的工作现状与工作要求之间的差距，通过知识、技能等的传递使员工更好地胜任工作；开发则针对员工潜在的需要，如晋升等，使员工在未来承担更大的责任。二者间具体的异同如表 3 – 4 所示。

表 3－4　培训与开发的异同

	培训	开发
相同之处	都是一个学习的过程；有组织规划；目的是通过把培训和开发的内容与工作目标联系起来，促成个人与企业的共同发展	
不同之处	短期的绩效改进	使员工在未来承担更大的责任
	持续时间短，具有集中性和阶段性	持续时间长，具有分散性和长期性
	强制要求	自愿参与

3. 培训与训练的区别

培训是根据当前工作需要进行的、以提高工作绩效为主要目的的行为，持续时间比较短。训练侧重于为实现一个具体的目标而提高相关技能的行为，开展的时间比较长，并且强度比较大。

三、员工培训的特征

1. 企业发展要求的主导性

社会经济和科技的快速发展、知识的快速更新、信息的快速传播以及市场的激烈竞争，使得企业本身需要不断地创新。培训要以满足企业发展需要为目标，按照员工不同岗位的需要，重点传授特定的知识和技能，提高员工的工作能力和水平。尽管企业培训的内容和形式多样化，但是其最终目的是要配合企业的发展，为企业赚取更多的利润。员工得到发展的前提是企业能够顺利发展，企业良好的发展可以为员工的发展提供稳定的平台，为员工发展指明方向。

2. 提高生产效率的实用性

通过培训，企业提高员工的工作水平，提高企业的生产效率，从而为企业赚取更多的利润。培训要确保员工能够将培训的内容运用到工作上。因此，培训成果的转化成功与否，在很大程度上决定了培训是否有效。

3. 结合企业和员工的针对性

员工培训的最终目的是实现企业与员工的统一，这就要求在进行员工培训时要针对不同企业和企业内不同的员工实施不同的培训。针对不同性质的企业，所采取的培训方式、方法和运用的培训内容是不一样的；而针对企业内不同性别、年龄、学历、宗教、国籍以及岗位的员工进行培训时，企业要尽可能在满足企业发展要求的同时，也能满足员工个人发展需求，以增强培训效果，实现企业与员工的双赢。

4. 培训内容的离散性

由于受时间和经费的限制，培训通常是按照“缺什么，补什么”的原则，因此培训内容的系统性不足，很多内容是离散的。此外，除了要根据工作需要提供理论性的知识传授外，培训更多的是传授工作经验。工作经验的传授可以使得培训成果更容易转化到现实工作中，但工作经验的传授通常是缺乏系统性的。

5. 培训方法的多样化

企业培训的形式和方法是多种多样的，既有传统的传递法，也有基于互联网技术的现代培训方法。现今比较流行的就是情景体验式。传统的讲座式培训着重的是讲师在台上讲课，缺乏学生的交流和实践，使得培训效果不佳。新式的培训比以往更加重视学生的实践与体验，通过体悟增强培训效果。

6. 培训时间的零散易变性

企业员工培训不同于学校教育，在企业员工培训中，员工必须在以做好本职工作为前提的基础上进行培训。因此，员工培训的大部分时间会被安排在业余时间开展，而且经常会根据员工工作时间的变动以及业务淡旺季的变化而变动。

四、培训的分类

企业培训可以根据对象、内容和形式的不同而划分为不同的类型。

1. 按培训对象划分

按培训对象划分，培训可以分为基层员工培训和管理人员培训。

（1）基层员工培训　基层员工培训的目的是培养员工有一个积极的工作心态，掌握工作原则和方法，提高劳动生产率。培训的主要内容包括追求卓越工作心态的途径、工作安全事故的预防、企业文化与团队建设、新设备操作、人际关系技能等。基层员工的培训应该注重其实用性。

（2）管理人员培训　管理人员培训又可以根据管理层次的不同而分为基层管理人员培训、中层管理人员培训和高层管理人员培训。

基层管理人员的工作重点主要是在第一线从事具体的管理工作，执行中高层管理人员的指示和决策。因此，为他们设计的培训内容应着重于管理工作的技能、技巧，如怎样组织他人工作、如何安排生产任务、如何为班组成员创造一个良好的工作环境等。基层管理人员的技能培训、人际关系培训和解决问题的能力培训的比例为50∶38∶12。中、高层管理人员的培训应注重于发现问题、分析问题和解决问题的能力，用人能力、控制和协调能力、经营决策能力以及组织设计技巧的培养。

中层管理人员对于本部门的经营管理必须十分精通，除了熟悉本部门工作的每个环节和具体工作安排以外，还必须了解与本部门业务有关的其他部门的工作情况。按照罗伯特·卡茨的模式，中层管理人员的技能培训、人际关系培训和解决问题的能力培训的比例为35:42:23。

高层管理人员的工作重点在于决策。因此他们所要掌握的知识更趋向于观念技能，例如，经营预测、经营决策、管理、会计、市场营销和公共关系等。罗伯特·卡茨将高层管理人员的技能培训、人际关系培训和解决问题的能力培训的比例定为18:43:39。

不同层级管理人员的培训内容比例如图3－4所示。

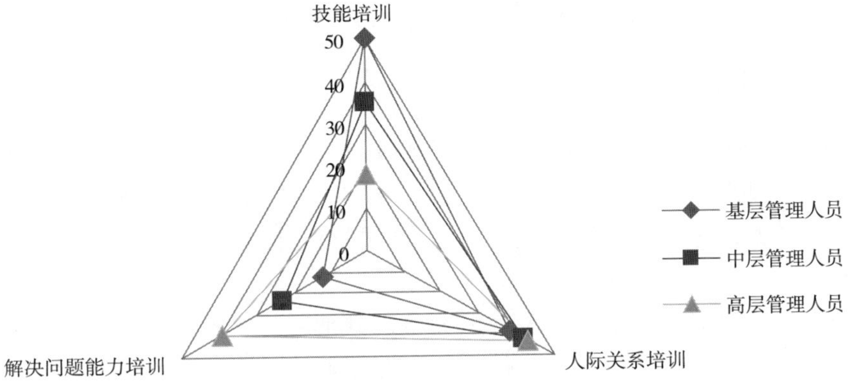

图3－4　不同层级管理人员的培训内容比例

2. 按培训内容划分

按培训内容划分，培训可以分为知识培训、技能培训以及态度和观念培训。

（1）知识培训　知识培训的主要任务是对员工所拥有的知识进行更新。其主要目标是要解决“知”的问题。

现代社会是一个知识爆炸的社会。各种知识都随着时间的推移同步更新。人是知识的载体。企业要在这个不断改变的社会中得以生存，员工就必须不断更新已有的知识。员工知识老化的速度超过更新的速度时，企业就会落伍于时代，甚至会出现经营困难的现象；只有员工知识更新的速度超过老化的速度时，企业才能保持在行业领先的地位。因此，“终身学习”被现代社会所认同和提倡。

（2）技能培训　随着时代的进步，各行各业都会有新的技术和能力要求。另外，随着现代产业结构的不断调整，大量的旧行业和岗位消失，新行业兴起，员工需要学习新的技能才能从事新行业的岗位。

（3）态度和观念培训　员工通过培训习得对人、对事、对己的反应倾向，它会影响员工对特定对象做出一定的行为选择。如要热情、周到地对待客户咨询与投诉，并在24h内回复来电或来函，售后服务部门员工必须接受相关的业务培训。

3. 按培训形式划分

按培训形式划分，可以分为入职培训、在职培训、脱岗培训和轮岗培训。

（1）入职培训　即新员工入职培训，帮助新员工熟悉企业的工作环境、文化氛围和同事，让新员工能够迅速投入新工作，缩短新员工与老员工的工作磨合期。

（2）在职培训　即员工不需要脱离工作岗位的情况下参加培训。在职培训通常利用员工的工余时间进行，是在完成本职工作的基础上开展的培训活动。这类培训的内容重在补充员工当前岗位、工作或项目所需要的知识、技能和态度。

（3）脱岗培训　与在职培训相对，脱岗培训是指员工暂时脱离岗位接受培训。在培训期间，将本职工作放在一边，以培训为重心。脱岗培训更注重提高员工的整体素质和未来发展需求，而不是根据当前岗位工作或项目的情况来确定培训内容。

（4）轮岗培训　即员工被安排到企业的其他部门或者分公司一边工作一边进行培训，与在职培训有相同之处。二者都是工作与培训同步进行。二者的区别在于在职培训包括轮岗培训，而轮岗培训的最大特点是调离原本的岗位，迁往其他岗位进行工作学习，存在岗位空间和环境上的变化。

五、员工培训的作用

培训是企业发展最直接的推动力，是新知识、新技术、新政策的转化器。培训作为企业人力资源管理与开发、获得竞争优势的重要战略要素，在企业人力资源管理活动中发挥着重要作用。要提高组织的应变能力，就需要不断地提高员工素质，使组织及其成员能够适应外界的变化并为组织的变革与发展创造条件。

1. 培训对企业的作用

培训对企业的作用主要表现在以下几个方面。

（1）促进员工个人素质的全面提高　企业通过对员工进行培训，使员工个人素质得到全面提高，适应企业长期发展的需要，从而使企业人才开发利用与企业成长和发展形成互动。

（2）推动企业文化的完善与形成　企业文化是一个企业的灵魂，是企业创造生产力的精神支柱。企业培训可以让员工在了解企业文化的同时，也推动企业文化的完善与形成，树立良好的企业形象。

（3）优化人才组合　培训把人的潜能开发出来，淘汰没有潜力的员工。通过培训，能使企业全面了解员工的个性和特点，通过优化组合，有利于员工快速地成长，有利于企业工作效率的快速提高。

（4）增强企业的向心力　企业培训为员工提供一个完善和提升自我的机会，使员工可以在工作中实现职业生涯规划，对员工有激励作用。此外，员工在培训中相互接触，相互了解，加深了他们对企业的感情，使企业员工的归属感明显增强。

2. 培训对员工的作用

培训对员工的作用主要表现在以下几个方面。

（1）提高员工的自我认识水平　通过培训，员工能够更好地了解自己在工作中的角色和应该承担的责任和义务，帮助员工更全面客观地了解自身能力、素质等方面的不足，提高自我认识水平。

（2）提高员工的知识和技能水平　通过培训，员工的知识和技能水平将得到提升。而员工技能的提升，将极大地提高企业的生产效率，从而为企业创造更多的利润，员工也为此获得更多的收入。

（3）转变员工的态度和观念　企业通过员工培训可以让员工转变态度，如对待技术革新的态度、对待企业的态度和责任心问题。此外，员工培训可以让员工转变观念，如树立终身学习的观念、质量意识和观念。

六、企业培训计划的制定

1. 需求调查

需求调查是制定培训计划最重要的步骤。需求调查即根据培训的不同目的，展开培训需求调查，彻底了解企业及员工的隐性需求。

（1）对于企业长期的培训计划，需求调查的对象应该是总裁、董事长或是总经理级的高层领导，通过分析企业经营战略、人力资源开发战略和与高层领导面谈中对企业发展诸多因素的把握，来确定企业相应的培训目标。

（2）对于满足年度经营计划需要的项目，要向各部门调查，以与部门领导、部门骨干面谈的方式和分析部门年度工作计划的方式，确定各部门需要通过培训来配合和推动的项目，从而制订培训计划。

（3）对于满足岗位职业技能需求的项目，要向各级管理者及其下级进行调查，以分析绩效评估表、进行技能项目需求调查、重点人群抽样面谈的方式，确定员工岗位技能差距和重点的技能培训项目。

（4）对于个人职业生涯需求的培训项目，需向员工及其管理者调查，以分析职业生涯规划表、管理者与下级面谈结果的方式，确定培训方式。

需求调查的深度和广度，直接关系到年度培训计划的具体实施，它是制订培训计划的关键，因此，要相当重视。

2. 分析需求调查中所收集的各种数据，总结差距和根源

也就是明确组织能力、员工素质技能与业务目标要求的差距；明确差距的根源及解决方法；明确通过培训可以解决的差距及培训解决办法。

3. 制订培训解决方案

包括：明确企业战略、明确培训项目；评估现有的培训资源；人手、资金、课目、师资等；确定培训重点项目和常规项目，确定培训工作的重点；确定培训需进行的课程开发、师资培养、建设系统、确定培训计划和培训预算。

七、培训计划的沟通与确认

通过以上的运作步骤，开始制订培训计划的初稿，初稿完成后还需要将培训计划拿到各个部门及高层管理人员中去征询意见，从收集的意见中再去修改培训计划，从而使年度培训计划更加符合企业的实际。

任务七　劳动关系管理

一、劳动关系

劳动关系是指劳动者与所在单位之间在劳动过程中发生的关系。所谓关系是指企业所有者、经营者、普通职工及其工会组织之间在企业的生产经营活动中形成的各种责、权、利关系，主要包括：所有者与全体职工（包括经营管理人员）的关系；经营管理者与普通职工的关系；经营管理者与工会组织的关系；工会与职工的关系。

劳动关系主要包含主体、客体和内容三个要素（图3－5）。

（1）主体　是指劳动法律关系的参与者，包括劳动者、劳动者的组织（工会、职代会）和用人单位。

（2）客体　是指主体的劳动权利和劳动义务共同指向的事物，如劳动时间、劳动报酬、安全卫生、劳动纪律、福利保险、教育培训、劳动环境等。

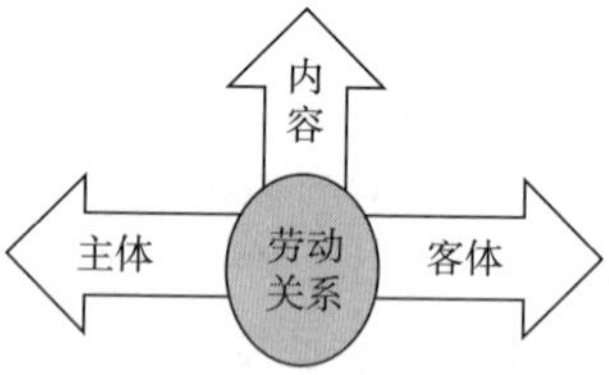

图3－5　劳动关系三要素

（3）内容　内容是指主体双方依法享有的权利和承担的义务。

二、劳动关系双方的权利和义务

1. 劳动者的权利和义务

（1）劳动者的权利　关于劳动者的权利，《中华人民共和国劳动法》（以

下简称《劳动法》）已有明确规定，劳动者享有以下权利：平等就业和选择职业的权利、取得劳动报酬的权利、休息休假的权利，获得劳动安全卫生保护的权利、接受职业技能培训的权利、享受社会保险和福利的权利、提请劳动争议处理的权利。此外，劳动者还享有法律规定的其他劳动权利，如劳动者有权依法参加和组织工会，还能依法通过职工代表大会或其他形式参与民主管理，甚至与用人单位进行平等协商。

（2）劳动者的义务　我国《劳动法》规定，劳动者有义务完成劳动任务，提高职业技能，执行劳动安全卫生规程，遵守劳动纪律和职业道德。一般认为，劳动者需要承担以下义务：主动参加劳动。完成劳动任务，做好本职工作；学习专业知识，以提高自身的职业技能。严格按照劳动安全卫生法律、法规规定的程序和条件进行操作，不违章作业。做好安全保护工作；遵守劳动纪律、岗位纪律，服从指挥，协调劳动，遵守行业、职业道德规范，不得损害用人单位的利益等。

2. 用人单位的权利和义务

（1）用人单位的权利　尽管我国《劳动法》中并未对用人单位的权利进行明确规定，但一般认为。用人单位主要享有以下权利：自主招聘员工的权利；组织劳动的权利；分配工资的权利；制订和实施劳动纪律以及规章制度，并决定奖惩的权利；依法解除劳动合同的权利等。

（2）用人单位的义务　关于用人单位的义务，我国《劳动法》做出了简单的规定：用人单位应当依法建立和完善规章制度，保障劳动者享有劳动权利和履行劳动义务。此外，《中华人民共和国劳动合同法》（以下简称《劳动合同法》）中有更为详细的规定：用人单位在制订、修改或者决定有关劳动报酬、工作时间、休息休假、劳动安全卫生、保险福利、职工培训、劳动纪律，以及劳动定额管理等直接涉及劳动者切身利益的规章制度和重大事项时，应公示，或者告知劳动者。用人单位招聘劳动者时，应当如实告知劳动者工作内容、工作条件、工作地点、职业危害、安全生产状况、劳动报酬，以及劳动者要求了解的其他情况。

三、劳动合同管理

企业的劳动合同管理必须遵守《劳动合同法》的规定，以明确劳动合同双方当事人的权利和义务，保护劳动者的合法权益，构建和发展和谐稳定的劳动关系，应当订立书面劳动合同。其中劳动合同管理过程中，应注意以下几个方面。

1. 劳动合同的形式

劳动合同分口头和书面两种形式。口头形式的合同是指当事人以直接对话的形式或者以通信设备交谈订立合同。口头劳动合同容易发生纠纷，且是未被《劳动合同法》认可。

书面合同是指以文字为表现形式的合同形式，按照《劳动合同法》第10条规定指出："建立劳动关系，应立即订立书面劳动合同。已建立劳动关系，未同时订立书面劳动合同，应当自用工之日起一个月内订立。"《劳动合同法》第82条规定："用人单位自与用工之日起超过一个月不满一年未与劳动者订立书面劳动合同的，应当向劳动者每月支付二倍的工资。"这是对劳动者权益的保护。

2. 劳动合同的内容

对于劳动合同的内容，《劳动合同法》也有严格要求。劳动合同应当具备以下条款：

①用人单位的名称住所和法定代表人或者主要负责人。

②劳动者的姓名、住址和居民身份证或者其他有效身份证件号码。

③劳动合同期限。

④工作内容和工作地点、工作时间和休息休假。

⑤劳动报酬。

⑥社会保险。

⑦劳动保护、劳动条件和职业危害防护。

⑧法律、法规规定应当纳入劳动合同的其他事项。

劳动合同除上述规定的必备条款外，用人单位与劳动者可以约定试用期、培训、保守秘密、补充保险和福利待遇等其他事项。

3. 劳动合同的类型

劳动合同的期限是指劳动合同的有效时间，也是双方劳动关系具有法律约束力的时间。根据劳动合同的不同期限，劳动合同可分为固定期限劳动合同、无固定期限劳动合同和以完成一定工作任务为期限的劳动合同这三种类型。

（1）固定期限劳动合同　《劳动合同法》第13条规定："固定期限劳动合同，是指用人单位与劳动者协商一致，可以订立用人单位与劳动者约定合同终止时间的劳动合同。"固定期限劳动合同明确了劳动合同履行的起始时间和终止时间，期限一到，双方的劳动关系立即终止。固定期限劳动合同明确规定了劳动合同履行如果双方协商一致，还可以续订合同。

（2）无固定期限劳动合同　《劳动合同法》第14条规定："无固定期限劳动合同，是指用人单位与劳动者约定无确定终止劳动合同的时间。用人单位与劳动者协商一致，可以订立无固定期限劳动合同。"

（3）以完成一定工作任务为期限的劳动合同　《劳动合同法》第15条规

定："以完成一定工作任务为期限的劳动合同，是指用人单位与劳动者约定以某项工作的完成为合同期限的劳动合同。用人单位与劳动者协商一致，可以订立以完成一定工作任务为期限的劳动合同。"在这类劳动合同中，劳动合同履行的起始时间有明确规定，但终止时间并没有具体日期，而是以工作任务的完成之时作为劳动合同的终止条件。

4. 劳动合同的解除与终止

根据《劳动合同法》的规定，用人单位与劳动者协商一致，可以解除劳动合同。但劳动者单方解除劳动合同的，需要提前30日以书面形式通知用人单位，若劳动者处于试用期内，提前3日即可。若劳动者或用人单位的行为损害了对方的某些利益，对方有权提出解除劳动合同，结束劳动关系。

（1）对于劳动者　《劳动合同法》第38条规定，用人单位有下列情形之一的，劳动者可以解除劳动合同。具体如下：

①未按照劳动合同约定提供劳动保护或者劳动条件的。

②未及时足额支付劳动报酬的。

③未依法为劳动者缴纳社会保险费的。

④用人单位的规章制度违反法律的。

⑤因本法第26条第一款规定的情形致使劳动合同无效的（即劳动合同签订的过程或条款不合法）。

⑥法律、行政法规规定劳动者可以解除劳动合同的其他情形。

⑦用人单位以暴力、威胁或者非法限制人身自由的手段强迫劳动者劳动，或者用人单位违章指挥、强令冒险作业危及劳动者人身安全的，劳动者可以立即解除劳动合同，不需事先告知用人单位。

（2）对于用人单位　《劳动合同法》第39条规定，劳动者有下列情形之一的，用人单位可以解除劳动合同。具体如下：

①在试用期间被证明不符合录用条件的。

②严重违反用人单位的规章制度的。

③严重失职，营私舞弊，给用人单位造成重大损害的。

④劳动者同时与其他用人单位建立劳动关系，对完成本单位的工作任务造成严重影响，或者经用人单位提出，拒不改正的。

⑤因本法第26条第1款第1项规定的情形致使劳动合同无效的（即劳动合同签订的过程不合法）。

⑥被依法追究刑事责任的。

（3）对于劳动合同的终止条件　《劳动合同法》第44条有明确规定，有下列情形之一的，劳动合同终止。具体如下：

①劳动合同期满的。

②劳动者开始依法享受基本养老保险待遇的。

③劳动者死亡，或者被人民法院宣告死亡或者宣告失踪的。用人单位被依法宣告破产的。

④用人单位被吊销营业执照、责令关闭、撤销或者用人单位决定提前解散的，法律、行政法规规定的其他情形。

拓展阅读

从文化属性看白酒企业人力资源管理

文化属性，是指一个人、一个社会团体、一个民族、一个国家生产生活的习惯的定性（基本的文化素质表现）。这是一种思想程序，不以意志为转移。可以形象地说："你的衣、食、住、行、言，处处都在从侧面折射出你的基本层次。"通俗的说法就是：通过你的行为表现，一眼就能看透你骨子里的东西，你不需要刻意地去掩饰什么，因为这毫无意义。文化属性对个人来讲，是一个人在一种长期的历史环境下形成的思维和行为模式，是透视一个人的受教育情况及生存环境情况的理想工具。

从因果定律来讲，文化属性是因，行为表现是果。文化属性是一个组织或个人的"根"，这个组织或个人的外在的行为表现以及未来的发展轨迹完全取决于它的"根"是什么样的。也就是说，在何种文化属性下熏陶出来的组织或个人，他将按照该种文化属性下的惯性发展和成长。就像中国人喜欢下围棋，两位棋手轮流在棋盘任何一点上落子，占据有利地形，同时设法包围吃掉对方的子，棋手在棋盘各处同时展开厮杀，棋盘上每落下一子，对弈双方的实力对比就略有消长，代表中国的博弈、中庸与平衡的思想。美国人喜欢下国际象棋，棋盘上双方的实力一目了然，所有棋子均已摆在棋盘上，棋手的目标是大获全胜，代表了美国的英雄主义精神。两个国家，不同的地域，他们的文化属性是各不相同的。中国有句民谣说"龙生龙，凤生凤，老鼠的儿子会打洞"，从这个层面来说"王侯将相，宁有种乎？"王侯将相是有种的，王侯家族熏陶下的气魄、视野和格局，这将耳濡目染地形成一种思维和行为的惯性，因为它所具备的特殊的文化属性，他们成功的概率远远高于其他的人群。

读不懂一个人的文化属性，便看不透一个人的所作所为；而读不懂一个组织的文化属性，便无法做好一个组织的人力资源管理，企业就无法发展壮大。关于人力资源管理这门学科的大部分理论都出自一些西方的教授，这些理论目前都来源于西方的实践。既然称为人力资源管理，这门学科是以"人"为中心的管理动作，那么研究对象间的文化属性差异就显得非常重要。东方和西方在文化属性上差异性是非常大的，这种不同文化属性下的研究对象所研究出来的管理理论，再导入中国的企业管理实践中，必然会存在其一定的适用性和局限性。不仅如此，甚至在中国本土的人力资源管理都存在差异。首先，地域之间存在差异，比如四川人比较慵懒和享乐，浙江人比较勤劳和刻苦。不同的人需要不同的管理方式，在制度的宽猛上存在差异。对于勤劳刻苦的人要怎么管，对于慵懒享乐的人又要怎么管，是不能相提并论的。其次，行业之间也是存在差异的，比如IT行业的管理就比较先进和国际化，而白酒行业的管理仍然很传统，但是是不是白酒行业就一定需要IT行业先进的管理呢？这个不一定，仍然取决于文化的属性，要看其生意背后的本质是什么。西方的理论导入中国企业中有很大的局限性，特别是中国的一些中小企业。首先，中国的这些中小企业生意模式是讲圈子，讲关系，讲平衡，讲尺度的，他们在这样的生态下才能生存。其次，这些企业缺资金、缺人才、缺资源，导入规范的管理方式而企业缺乏承载的能力，这是中国中小企业生长的文化属性，是中国中小企业的“根”，剪断了这个“根”，便变成无根之木、无源之水，必不得长久。

所以给一个企业做组织与人力资源管理，首先要读懂这个企业所处的行业、所处的地域以及它本身的文化属性。有可能这便是这个企业，能够得以生存的核心能力和成功要素。改变了这个，就像舍弃了一个人的灵魂，从此没有了活力。就像索尼公司前常务董事天外伺朗写的《绩效主义毁了索尼》中，索尼正是导入了规范的绩效考核方式，导致了索尼的衰败。天外伺朗在文中写道：“索尼的辉煌时代与今天有什么区别呢？首先，‘激情集团’不存在了。所谓‘激情集团’，是指我参与开发CD技术时期，公司中那些不知疲倦、全身心投入开发的集体。在创业初期，这样的‘激情集团’接连不断地开发出了具有独创性的产品。”

白酒企业在行业上、地域上以及企业自身上都存在文化属性的差异，在人力资源的管理上，尤为要注重文化属性的解读。在这个行业里，你会发现大部分的企业管理都很粗放，但却都活得很滋润；这个行业是更加注重关系的一个行业，在这样生态下的企业，我们更需要读懂其生意的本质以及这个组织的文化属性。

我们通过一个例子来看如何深度解读企业的文化属性来做企业的人力资源管理。

A企业地处东北，年销售额5亿左右，主要销售区域为辽宁地区，公司仅设一个人力资源部，人力资源部管研发、生产、销售等整个体系的人力资源规划、人员招聘、薪酬绩效等工作。总经理下设销售公司，销售公司没有人力资源管理职能。这样一来，导致什么问题呢？人力资源部对业务的渗透力不足，制订出来的薪酬方案，导致有些办事处经理年薪拿上百万，有些办事处经理年薪就几万元。因为在薪酬结构上，所有的区域都是同样的，同样的提成系数。制度漏洞大，业务人员便追求短期效益，导致市场低价、窜货现象。如果按照科班的做法，肯定是先做薪酬调查，然后调整薪酬结构，减小薪酬差异，加大过程指标的绩效考核。可是这样就能达到效果吗？

显然不是这么简单，我们还需要深度解读一下这个企业的文化属性。由于地处东北，企业员工追求享乐的生活。如果纯粹地减小薪酬差异，加大过程指标的绩效考核，大家想想以前没有过程考核，自己只要陪客户打打麻将喝喝酒就能轻松回款。现在还要逼着去做陈列什么的，势必会导致怨声载道，军心不稳。况且，对于成熟市场，我们的品牌知名度和渠道已经很发达，对于业务人员的个人能力的依赖程度低，这个时候，我们就需要发挥组织的效率，要求业务人员做更多的市场基础建设工作，所以要导入规范的管理方式，在考核上要更加细化。而开拓性市场，我们品牌知名度和市场占有率低，导入规范的管理投入产出比低。对于这样的市场，我们需要业务人员更多的灵活性。有时候，业务人员就是在和经销商推杯换盏间开拓了业务，我们绩效考核制度就不能太严厉，需要给他们更多的自由度。所以，基于文化属性的解读，最终要选择市场差异的薪酬绩效方案。

一个好的薪酬绩效方案必然包含了对一个组织文化属性的深刻理解与解读，否则就会导致企业在管理上的南辕北辙。企业组织及管理变革是好事，只有不断革新自己，企业才能永葆青春，才能走向未来。但在变革中，一定要理解透组织的文化属性，否则就有可能像索尼公司一样，变革非但没有成为企业增长的动力，反而成了衰败的根源。

【思考题】

1. 通过阅读上述材料，你对白酒企业人力资源管理有哪些新的认识？
2. 如何有效地将薪酬绩效运用到白酒企业管理中？谈谈你的想法。

实践训练

撰写员工绩效考核管理制度

选择当地一家白酒企业，对该白酒厂人力资源进行调查分析，并针对该酒企按照以下大纲撰写员工绩效考核管理制度。

大纲要求：

第一章：总则，包括绩效考核管理的目的、绩效考核管理的原则、适用范围。

第二章：绩效考核管理机构及职责。

第三章：绩效考核频次和考核内容，包括绩效考核频次、绩效考核内容、考核内容权重分配。

第四章：绩效考核管理流程，包括绩效考核人培训、高层管理干部考核管理流程、中层管理干部考核管理流程、员工考核管理流程。

第五章：绩效考核结果应用，包括考核等级分布比例和绩效系数、考核结果应用方式。

第六章：附则。

项目四　社交礼仪

项目描述

“人无礼不立，事无礼不成，国无礼不宁”——荀卿。

意为不学会礼仪礼貌，就难以有立身之处，人不守礼就没法生存，做事没有礼就不能成功，国家没有礼则不得安宁。在营销活动中，礼是待人接物的根本原则，若不能以礼为先，营销则不可能成功。

本项目主要介绍基本礼仪、营销活动礼仪、公共关系知识及技巧、交际忌讳等，通过本项目的学习，能够理解礼仪的含义，掌握礼仪的意义和原则，懂得如何在营销中用好礼仪。

知识目标

（1）掌握着装、仪表仪态、言谈举止、拜访等方面社交基本礼仪。

（2）掌握白酒促销、谈判、展会等活动基本礼仪。

（3）掌握白酒营销公共关系的处理，包括语言和非语言、媒体等方面等。

（4）了解白酒营销活动中的禁忌。

能力素质目标

（1）能够熟练地进行白酒促销、营销活动的谈判、展会等活动礼仪规范，不犯禁忌。

（2）做到尊重他人，懂礼貌，言谈举止优雅、大方。

案例导入

开始即失败

小张在一家酒类店铺做销售员，上班已有一个月的时间。在一个周一的早上，小张照往常一样来到了店铺。只见她披散着长发，面部妆容看上去很粗糙，口红和指甲油都很鲜艳，戴着夸张的耳环，衣服上有很多的褶皱，脚上穿着厚重的皮鞋，嘴里还嚼着口香糖，肩上斜挎着包，懒洋洋地走进店铺。

正在这个时候，一名男顾客走进店铺，他着装得体，散发着成熟的气质。

小张赶紧迎上前去对这位顾客大声地说："欢迎光临!" 顾客见到小张的装束，惊讶地退后了一步，然后有些尴尬地说道： "哦，哦，我只是随便看看……"随后匆匆转了一圈就走出了店铺。

看到顾客似乎对她有所戒备，小张困惑地皱着眉头，不明白发生了什么。

【思考题】

1. 通过上述案例，你认为小张错在哪里?
2. 分析礼仪在营销活动中的作用。

任务一 基本礼仪

一、社交礼仪概述

1. 社交礼仪的概念

社交礼仪是指在人际交往、社会交往和国际交往活动中，用于表示尊重、亲善和友好的首选行为规范和惯用形式。其直接目的是表示对他人的尊重，尊重是社交礼仪的本质。

2. 社交礼仪的意义及重要性

(1) 提高个人社会心理承受能力　礼仪是人际交往的前提条件，是交际过程的钥匙。学习社交礼仪可以让人具有良好的心理承受能力，在营销活动中遇到各种情况和困难时，能始终保持沉着稳定的心理状态，迅速采取最合理的行为方式，化险为夷，争取主动。

(2) 提高自身修养　社交礼仪不仅反映着交际技巧与应变能力，还反映着气质风度、阅历见识、道德情操、精神风貌。学习社交礼仪能进一步提高礼仪修养，培养应对酬答的实际能力，养成良好的礼仪习惯，具备基本的文明教养。

(3) 塑造良好企业形象，创造机会　专业稳重的外在形象、得体大方的仪态举止、彬彬有礼的待人处世既可以在从事销售活动和维护客户关系时塑造营销人员自身的形象，又可以折射出企业文化和企业导向，从而在客户中逐渐形成良好的企业形象和公众口碑。同时，具备良好的社交礼仪能与对方消除距离，建立和谐亲密的人际关系，进而繁衍感情，建立关系“网络”，创造更多机会。

3. 社交礼仪的原则

（1）接受对方。

（2）重视对方。

（3）赞美对方。

二、职业修养礼仪

马克思说过：“社会的进步是人类对美的追求的结晶。”人们在追求美的同时，要不断丰富自己的内心世界。营销人员作为企业的代表，承担着多方面的责任，营销职业修养礼仪包含思想道德素质和业务素质。

1. 思想道德素质修养

要尊老敬老爱老。老者，年事已高，他们为社会做出了一定贡献，理应得到社会的尊敬。

2. 业务素质修养

要有强烈事业心，营销不仅是一种职业也是一种事业，有强烈事业心的人把事业的成功看得比物质报酬和享受更为重要；要具有丰富的专业知识，现代营销活动中我们要充分掌握企业产品、活动、顾客等多方面知识。

三、形象礼仪

1. 男士着装

男士虽然不以外表取胜，但整洁、得体的着装可以让别人产生良好的信赖感，应注意以下几方面：

（1）西装　西装要挺括、合体，最好与西裤同色，西装与衬衫、领带搭配要颜色协调，和别人谈话、打招呼时，西装第一粒纽扣要扣住，西装上衣口袋不要插笔，名片夹和笔放在西装左胸内侧口袋，香烟、打火机等放在右内侧口袋，两侧口袋不要放东西。

（2）衬衫　衬衫领头和衣袖要挺括，每天要更换衬衫，注意领口、袖口是否有污渍，衬衫下摆要放到裤子里面，衬衫的袖口以露出西装袖以外 6mm 为宜。

（3）领带　领带系好后，领结不要过松，两端自然下垂，宽的一片略长于短的一片，长度以到皮带扣处为宜。

（4）皮鞋　男性一般穿没有花纹的黑色皮鞋，皮鞋要勤擦、上油以保持清洁，同时还要注意鞋子的舒适程度。

（5）袜子　男性穿西装时应穿黑色或深色不透明的中长筒袜子，千万不要穿破裂和白色或花色的袜子。

2. 女士着装

女士生性好美，美的特性也很多，优雅的姿态能让人觉得很有教养，可赢得别人好感。

（1）套装　正式场合女性以职业套装为主，少外露，得体大方，严禁着过艳和过于华丽的服装，要给别人一种精明、干练、成熟、洒脱，要有白领丽人所独具的神秘韵味。着统一工装时，下身着黑色的西裤或裙子，裙子的长度以膝盖长短为宜。像背心、衬裙等内衣不要露在外衣外面。

（2）皮鞋　正式场合不要着布鞋和拖鞋，也不要着过于时髦的靴子和时装鞋，应穿素雅、端庄、大方的黑色中跟皮鞋。

（3）袜子　较多穿的是肉色的袜子，穿着时避免露出袜头，袜子要勤洗、勤换，千万不要着有破裂的袜子。

四、仪表仪态礼仪

1. 仪表礼仪

（1）头发　头发最能表现出人的精神，所以员工发型要大方得体，男性职员胡子要刮干净或修剪整齐；女性职员淡妆上岗能给人清洁健康的印象，但不能浓妆艳抹，不宜用香味浓烈的香水。

（2）口腔　口腔要保持清洁，牙齿要刷洁白，上班前不能喝酒或吃有异味的食品。

（3）手部　双手要清洁，手部指甲不能太长，要修剪整洁；涂指甲油时尽量选用淡色。

2. 仪态礼仪

培根说过："论起美来，状貌之美胜于颜色之美，而适宜又幽雅的动作之美又胜于状貌之美。"这适宜又幽雅的动作之美指的就是仪态之美。

（1）站姿　头正、颈挺直、双肩展开向下沉、收腹、立腰、提臀，人体有向上的感觉；两腿并拢、膝盖挺直，小腿往后发力，人体重心前移；女士四指并拢虎口张开，双臂自然放松将右手搭在左手上，脚跟并拢脚尖分开呈 V 字形；双脚分开与肩同宽，也可呈 V 字形，双手握于小腹前，视线维持水平稍高幅度。

（2）坐姿　入座时要轻稳，走到座位左侧前转身坐下，女士入座时若是裙装，应用手稍稍拢一下再坐；坐在椅子上一般男士坐满椅子的 2/3，女士则坐满椅子的1/2；坐在椅子上上身保持站姿的基本姿势，并双膝并拢，两脚平行脚尖方向一致；双手自然弯曲放到膝盖或大腿上。男士也可以将手放到椅子或沙发的扶手上；起立时双脚回收半步，用小腿的力量将身体支起，不要用双手撑着腿站起来。

(3) 走姿　以站姿为基础，面带微笑眼睛平视，双肩平稳，双臂自然且有节奏摆动，摆幅以30°~35°为宜；重心稍前倾，步幅要适当，一般以前脚脚跟到后脚趾尖相距一脚长为宜；走路时挺胸抬头，不要三五成群、左右摇晃，也不要交叉抱臂、双手插兜行走。

(4) 蹲姿　在取低处物品或拾落在地上东西时，要注意自己的蹲姿，控制好重心，双脚分开，慢慢把腰低下去，女子下蹲时左脚在前右脚稍后，两腿靠紧；男子下蹲时左脚全脚着地，小腿垂直于地面，右脚脚跟提起脚掌着地。

(5) 神态　面对面交谈或听对方说话时，接触神态要自然，态度要落落大方，两眼视线落到对方鼻间，偶尔注视对方双眼，当诚心向对方询问时，双目直望对方眼睛可表现出你的热情。

五、举止言谈礼仪

(1) 微笑　微笑是自信、友好的表现，发自内心的微笑往往会在营销活动中加分。微笑时不发声、不露齿、肌肉放松、嘴角两端向上略微提起、面含笑意、亲切自然。

(2) 鞠躬　以站姿为基础，面带微笑，双手体前搭好；鞠躬时以臀部为轴心，将上身挺直向前倾斜，目光随身体倾斜自然下垂于脚尖1.5m处；鞠躬礼一般分为15°、30°和45°三种，鞠躬时应伴随相应问候；鞠躬的诀窍在于低头时动作要比抬头时缓，时间约为一呼一吸的长短。

(3) 问候　热情、主动、耐心、周到是问候的基本要求，问候时要多用敬语、谦语和雅语，值得注意的是一定要用标准的普通话。

(4) 握手　握手时应主动伸出自己的右手，身体略前倾，面带微笑，眼睛注视着对方。握手需握实，切记不能用劲过大或是左右摇晃。

(5) 礼貌用语　应懂得使用礼貌用语，如您好、请、赐教、拜读、惠赠、高寿、承蒙、多谢、不客气、慢走之类。还用注意用明快的语调来沟通双方感情。

六、拜访礼仪

(1) 拜访时服装整齐、仪表大方、彬彬有礼。

(2) 所穿大衣应在进入、打招呼以前就脱下来放到左手上，进入拜访处后挂到衣挂上，如没有衣挂则放到座位附近，若旁边有人，可放到椅背上。

（3）严禁在拜访处吃、拿东西等不礼貌行为。

（4）递交物件时要领　如递文件等，要把正面、文字朝着对方方向递上。

（5）拜访步骤　事先约定、做好准备、楼下整装、进入室内、见面商谈、道谢告辞。

任务二　营销活动礼仪

一、营销活动礼仪的概念

营销是指企业发现或发掘准消费者需求，让消费者了解该产品进而购买该产品的过程。营销活动礼仪是指营销人员在营销活动中，用以维护企业和个人形象，并对交往对象表示尊重与友好的行为规范。它是一种无声的世界语，是一种国际通用的行为规范，是礼仪在营销活动中的一种运用和体现。加强自身修养，注重礼节，是营销成功的重要条件之一。

二、营销活动礼仪的特征

（1）营销活动礼仪超越情感沟通，讲究策划创意和传播效应。看重公众评价和反应，温情和爱是营销活动礼仪的最高境界。

（2）营销活动礼仪主要目的在于树立和维护企业良好形象，所以要着重强调企业文化的色彩。

（3）营销活动礼仪必须排除地域和民族的局限，针对不同的消费群体采取适当的且令人愉快的营销礼仪。例如，东西方普遍用的握手礼；西方的拥抱礼、吻礼；日本的90°鞠躬礼；泰国的合十礼；中国的拱手作揖礼等。

三、营销活动礼仪的内容

1. 促销活动礼仪

（1）熟悉产品　为更好宣传产品必定先熟悉产品，即对白酒产品的原材料、生产工艺、应用技术、包装贮存、香型口感、优缺点等应有深入了解，同时包括产地、价格等基础信息，确保能及时准确回答顾客问题并促成其购买。

（2）了解顾客　了解顾客才能有的放矢，通过其喜好、职业、年龄等相关信息，更快地抓住顾客的需求。根据顾客对原材料、工艺、香型、口感等要求，有针对地推荐产品。

（3）了解公司情况　了解公司历史、产品、销售渠道、广告宣传等情况，增强自己的归属感和荣誉感，只有充分了解，才能在营销活动中从容应对顾客的问题，才能更好地推销自己的产品。

（4）巧妙运用促销技巧

①谈论顾客感兴趣的事情。

②真诚地赞扬。

③提出有利于对方的条件。

④故意制造吸引人探究的问题。

2. 营销谈判礼仪

除基本礼仪外，在谈判过程中还需注意以下几个方面的礼仪。

（1）正确安排谈判座位　在谈判中，座次的安排尤为重要。一般来讲，谈判双方需面对面坐。谈判小组领导坐中间，其他成员围绕他坐，并且双方领导者应坐在平等而相对的位置上。

（2）守时守约　准时按约定时间到达，不能迟到，也不能过早到达，若不能如期赴约要事先打招呼，迟到要主动致歉。

（3）尊重对方　尊重客户是一种常识，谈判时要充分尊重对方，包括尊重对方的风俗习惯。

（4）巧妙运用谈判技巧

①采取积极的姿态。

②讲究策略，讨价还价。

③消除分歧，打破僵局。

④运用让步技巧阻止己方让步，迫使对方让步。

3. 展会活动礼仪

根据展会内容，分为综合型展会和专项展会；根据展会性质，分为贸易性展会和宣传性展会；根据展会规模，分为大型、小型和微型展会；根据展会地点，分为室内展会和露天展会；根据展会时间，分为长期性、周期性和一次性展会。

（1）展会人员礼仪　除基本礼仪外，展会人员还应明确办展会的目的和主题，具有与产品有关的专业素质，懂得礼仪规范。

（2）主持人礼仪　注重形象，与宾客握手时，主持人应先伸手，与宾客礼貌握手。

（3）讲解员礼仪　应热情礼貌地称呼听众，不用或少用生僻字，介绍内容应实事求是，不得弄虚作假。

（4）接待员礼仪　接待客人主动、热情、大方，应采取标准站姿，随时与参观者保持适当的距离，目光坦然自信。

（5）展会资料要求　应印刷精美，图文并茂，放映时要协调好室内灯光，以免影响观看效果。

任务三 公共关系知识及技巧

一、公共关系

公共关系是社会组织利用传播沟通的手段，塑造良好形象，协调公众关系，达到“内求团结，外求发展”的科学与艺术。它是一项独特的管理职能，它帮助建立、保持公共间的相互沟通、理解、接受和合作关系。

二、公共关系的三大要素

1. 社会组织（主体）

社会组织是指执行一定的社会职能，完成特定的社会目标，构成一个独立单位的社会群体。其组成的条件有：目标、成员、物质基础和职能。

2. 公众（客体）

公众是指与某个组织直接或间接相关的个人群体和组织，他们对该组织的目标和发展具有实际或潜在的利益关系和影响力。其具有同质性、相关性、层次性和可变性的特征。

3. 传播（媒介）

传播是指人与人之间的信息传递、交换与分享。其类型有个体自身传播、人际传播、组织传播和大众传播。

三、公共关系的特征

（1）以事实为依据。

（2）以沟通为手段。

（3）以互惠为原则。

四、公共关系的职责和功能

1. 公共关系的职责

公共关系的职责是指公共关系在组织的行政管理或经营管理过程中的工作范围及其应当承担的责任。其最基本的职责包括：搜集信息、辅助决策、传播推广、沟通协调和提供服务。

2. 公共关系的功能

（1）对于组织

①树立组织形象：组织形象是组织的无形资产，良好的组织形象能激励士气，有利于营造和谐的环境。

②协调关系网络：协调内部关系可以增强组织的凝聚力，协调外部关系可以建立和谐的外部环境。

（2）对于个人和社会

①提高个人素质：公共关系能更新注重个人形象、尊重他人、交往合作的观念，提高创造能力、交际能力和自我调节能力。

②优化社会环境。

（3）对于企业

①凝聚力。

②吸引力。

③竞争力。

④辐射力。

⑤增值力。

五、公共关系技巧

1. 语言沟通技巧

语言沟通技巧包括表达技巧和倾听技巧。即不同的场合中面对的不同的人谈话的方式和内容都不能完全一致，要有针对性。

（1）表达技巧

①注意场合，正式的场合一般比较严肃，说话要比较严谨，非正式的场合中气氛通常比较融洽，随意性更强。

②注意沟通对象，每个人都有与众不同的个性，个性是不容易改变的，因此要学会尊重个性差异。

③注意沟通话题，如果在沟通时只关注对方不重视的事物，议论那些已经不愿意交流的话题就会产生沟通阻碍。反之，选择对方关注的沟通话题时，对方将变得更坦诚和开放，沟通也能更好地进行。

（2）倾听技巧

要专心投入地听并且倾听非语言暗示。沟通时全神贯注于对方，眼神和表情表示出认真和有兴趣，这样对方能够领会到你的诚意，沟通也更加有效。

①沟通时要眼睛注视对方，炯炯有神，微微含笑，让沟通对象了解你沟通的诚意，同时在倾听过程中主动及时地做出反应，点头示意，表达出对对方的肯定和赞赏，这对沟通对象来说是极大的鼓舞，沟通自然也就很顺畅。

②对方谈论时一般不要急于插话、打断或者很粗鲁地否定对方的话，先站在对方的立场去倾听，尽量理解对方的谈话。倾听对方的非语言暗示也是沟通中重要的环节，在专心倾听别人的讲话时，还要注意眼神的交流，注意别人的手势、面部表情、语调等，因为非语言暗示中也包含了沟通中很多重要的信

息，“听”出这些非语言暗示，沟通才能达到更好的效果。

2. 非语言沟通技巧

非语言沟通技巧主要有眼神、表情、形体动作、服装以及空间和距离、时间等。这些都是我们在沟通中必须引起高度注意的。

（1）眼神和表情 眼神和表情是非语言沟通中最重要的一个方面，在世界上许多文化中，没有眼神接触和表情反应的交谈被认为是粗鲁的、不礼貌的行为，表明缺乏沟通诚意、缺乏尊重。在沟通中我们尤其应注意此方面的问题，使对方感受到关注，以使沟通能够有效进行。

（2）形体动作 沟通过程中的形体动作能够很好地体现沟通对象之间的互动，形体动作配合语言沟通，传达的信息更准确和清晰，沟通双方能够更好地了解彼此的意愿，沟通更加有效。

（3）空间、距离和时间 非语言沟通中对空间、距离、时间的控制也是重要的沟通技巧之一，把握与沟通对象的空间、距离关系，可以很有效地促进沟通的顺利进行。

3. 媒体沟通技巧

（1）抓住想要传播的对象的心理，这些公众一般代表了大部分人的价值观，所以在沟通的环节中要确保他们的利益不受到损害。

（2）用合适、得当的语言来进行沟通，因为媒体一般是具有广泛传播性的，合适的语言会给组织树立一个良好的公众形象，而过于偏激或带有歧义的语言将会引起公众的反抗与不满。

（3）关注所要传播事物及传播对象的文化背景，结合公众心理的传播无疑会是最有效的沟通。

把沟通技巧作为一门艺术，灵活地运用表达、倾听、非言语沟通、媒体沟通等技巧，注意方式方法，必然可以有效地解决自己的沟通困难，促进人际关系的和谐，提高营销目标达成的效率，使得公共关系能够达到预期的最佳效果。

六、交际忌讳

（1）忌话题不当 交谈中不要涉及隐私、禁忌及敏感问题，更不要拿对方的生理、穿戴、习惯等作为话题加以揶揄。

（2）忌黑面示人 营销交际的入门基本功就是任何时候都要保持微笑，微笑是一种自信的表现，也是建立良好氛围的基础。无论何时，都应调整自己的情绪，以面带微笑、精神饱满的状态面对客户，切忌黑面示人。

（3）忌恼怒争辩 与顾客沟通时，时刻不要忘记自己的职业。要知道与顾客争辩解决不了任何问题，即使争辩赢得胜利，把顾客驳得哑口无言、体无完肤、面红耳赤、无地自容，最终只会失去顾客、丢掉生意。

（4）忌质问审讯　要理解并尊重顾客的思想与观点，切忌用质问的方式与顾客谈话。这是营销人员不懂礼貌的表现，是不尊重人的反映。若想赢得顾客的青睐和赞赏，忌讳质问审讯。

（5）忌命令指示　切忌采取命令和批示的口吻与人交谈。弄清自己不是顾客的领导和上级，无权对顾客指手画脚，下命令或下指示。

（6）忌过分炫耀　当与顾客沟通谈到自己时，要实事求是地介绍自己，稍加赞美即可，过分的炫耀只会人为地造成双方的隔阂和距离。

（7）忌直白　俗语道："打人不打脸，揭人不揭短"，与顾客沟通时，如果发现他在认识上有不妥的地方，不要直截了当地指出。一定要看交谈的对象，做到言之有物，因人施语，要把握谈话的技巧、沟通的艺术，要委婉忠告。

（8）忌批评　如果发现他身上有些缺点，不要当面批评和教育他，更不要大声地指责他。要知道批评与指责解决不了任何问题，只会招致对方的怨恨与反感。与人交谈要多言赞美，少说批评，要掌握赞美的尺度和批评的分寸，要巧妙批评，旁敲侧击。

（9）忌冷淡　与顾客谈话，态度一定要热情，语言一定要真诚，言谈举止都要流露出真情实感，要热情奔放、情真意切、话贵情真。俗语道"感人心者，莫先乎情"，这种"情"是营销人员的真情实感，只有你用自己的真情，才能换来对方的感情共鸣。在谈话中，冷淡必然带来冷场，冷场必定带来业务泡汤。

（10）忌生硬　声音要洪亮、语言要优美，要抑扬顿挫、节奏鲜明。语音有厚有薄，语速有快有慢，语调有高有低，语气有重有轻。要有声有色，有张有弛，声情并茂，生动活泼。切忌说话没有高低、快慢之分，没有节奏与停顿，生硬呆板，没有朝气与活力。简言之，不知道所忌，就会造成失败；不知道所宜，就会造成停滞。

拓展阅读

小张是某白酒企业的一名营销人员，有一次，领导让他负责与某客户团队进行沟通谈判。为了表示对对方的敬意，小张决定专程前去对方下榻的饭店拜访对方。

为了避免出现得仓促，他先用电话与对方约好了见面的时间，并且告之自己将停留的时间长度。随后，他对自己的仪容、仪表进行了修饰，并准备了一些企业的明信片作为礼物。

届时，小张如约而至，进门后，他主动向对方问好并与对方握手为礼，随后做了简要的自我介绍，并双手递上自己的名片与礼品。简单寒暄后，他便直奔主题，表明自己的来意，并熟练地介绍公司产品，但却没有达到客户的期望值并且客户一直提出苛刻的要求。小张毫不慌乱，根据客户的需求，面带微笑，沉着沟通，最终双方达成合作协议，详谈完后便握手告辞。

【思考题】

1. 小张运用了哪些礼仪知识？

2. 若是你遇到此类情况，你会如何应对？

实践训练

白酒营销礼仪训练

一、教学组织及运行

本实训项目按照教师讲解、布置任务、学生训练、学生汇报方式进行，通过训练过程考核及汇报检验教学效果。

二、实训内容及要求

1. 实训目标

（1）知识目标

①了解营销礼仪的重要性。

②熟悉并掌握营销礼仪的内容。

③掌握营销活动中的交际忌讳。

（2）能力目标

①能在较短时间内了解客户需求并推荐合适产品。

②能在不同场合正确使用营销礼仪。

③能在一些突发情况中随机应变。

2. 实训重点及难点

（1）实训重点　营销礼仪的运用。

（2）实训难点　营销交谈时的应变能力。

3. 实训开展方式

（1）制订科学、周密的实习计划。

（2）联系实习场所。

（3）指导教师认真指导。

（4）签订《学生实习安全责任书》，学生实习要遵守相应的规章制度，服从安排，维护自身的良好形象。

（5）严格考勤和考核，确保实习任务圆满完成。

4. 实训内容及步骤

(1) 收集信息

每五人一组：选定当地一个白酒企业，分析旗下产品，了解企业及产品的特点、优势等基础信息。

(2) 营销礼仪训练

操作步骤1：营销活动情景模拟

①练习站立、入座、行走等姿态，以组为单位进行展示。

②以组为单位进行营销场景模拟及角色扮演展示。

③指导教师与学生共同评价各组礼仪展示，现场点评总结。

标准与要求：

①目的正确。

②资料收集完整。

③礼仪运用规范。

④应变能力较强。

操作步骤2：报告撰写与汇报

①将获得的资料信息整理、汇总。

②撰写训练报告（基本包括训练目的、内容、场景模拟步骤、问题梳理、注意事项、总结与思考）。

③制作PPT汇报。

标准与要求：

①报告符合要求。

②汇报成功。

③办公软件使用正确。

④体现团队合作精神。

三、实训考核方法

学生练习过程中进行单项技能考核。结合培养结果考核以及报告考核的方式进行项目考核，具体考核表和评分标准如下。

1. 礼仪训练结果

(1) 结果评价　具有详细完整的资料收集和训练报告

(2) 过程评价

评价项目	资料收集（1分）	仪表仪态（2分）	举止言谈（2分）	应变能力（2分）	训练报告（2分）	学习态度（1分）
得分						

2. PPT 汇报

四、课外拓展任务

针对场景模拟训练结果，分析总结在营销活动中常被忽略的礼仪知识。

项目五　白酒市场分析与调研

项目描述

知己知彼，百战不殆；不知己而知彼，一胜一负；不知彼，不知己，每战必殆。语出《孙子·谋攻》，意为征战时，如果战前对敌我双方的情况都能了解透彻，打起仗来百战都不会失败。商场如战场，只有进行科学、详尽、系统的前期市场分析、调研和规划，企业才有可能在激烈的竞争中取得全面优势。

知识目标

（1）熟悉市场的构成与类型。

（2）掌握白酒市场营销模式类型。

（3）掌握白酒常见市场调查内容、调查方法、信息收集方法、信息分析方法。

（4）掌握市场调研报告包含的内容和撰写步骤。

能力素质目标

（1）能够初步具有市场类型识别能力以及针对特定市场进行分析的能力。

（2）能够具有市场调研的实践能力以及信息分析的能力。

（3）能够具有不怕困难、勇往直前的冲劲，具有团队合作的精神。

案例导入

一个品牌背后的神话

——洋河蓝色经典品牌成功探秘

白酒市场近两年刮起的“蓝色风暴”，洋河蓝色经典产品以年增长300%以上的速度膨胀，目前，已完成两个亿的销售额，创造了中国白酒单个品牌销售的奇迹。洋河蓝色经典品牌的成功不仅令同行瞩目，也令社会各界广为关注，创造了一个品牌成长速度的奇迹，被业界视为白酒市场的一个品牌神话。这些成绩都得益于对市场调研的精准把握。

洋河是浓香型白酒的标杆酒，在浓香白酒中占有重要的一席之地。在市场经济的大潮中，为了着眼于白酒的未来发展与振兴，公司针对市场竞争格局和消费者的核心需求，进行了深入细致的市场调研和理性分析，研究了市场上大量的不同风格的白酒对消费者的适应性和影响力。

早在1999年，公司在全国第一次提出了“绵柔型”白酒的新概念，并以江苏省酿酒工程技术中心为平台成立了“绵柔型”白酒技术攻关小组，在工艺创新和酒体设计等方面都加大了力度。为了更加全面地把握消费者的核心需求，攻关小组用了科学的市场研究与分析统计方法对不同年龄、不同收入和不同职业的人进行口味需求研究：一是广泛采用盲测法研究目标消费者对白酒口味的偏好；二是通过大量消费者（包括志愿者）饮后舒适度实验来研究不同风格的白酒对人体健康的影响。通过对省内4325人次的目标消费者口味测试和对2315名消费者的饮后舒适度反馈进行了综合分析，对洋河研发的酒体风格进行了新的定义和研究。历经三年攻关，打造出了“绵柔型”白酒的内在品质，做到了“低而不淡、柔而不寡、绵长尾净、丰满协调”，把人体健康对白酒的要求上升到一个新的高度，并在洋河蓝色经典等战略品牌上做“绵柔”风格的试验。2003年9月，洋河蓝色经典“天之蓝”“海之蓝”一上市，就很快赢得广大消费者的喜爱，在白酒市场迅速掀起了“蓝色风暴”。

洋河蓝色经典改变了中国白酒以香分型的传统，创立了以口感为主的绵柔型白酒风格，是中国白酒质量一次质的飞跃。

【思考题】

1. 你认为洋河蓝色品牌成功关键点有哪些？
2. 洋河蓝色经典品牌的成功对你有什么启示？

任务一 白酒市场分析

一、市场的概念

市场是随着社会分工和商品生产的发展而形成、发展起来的，它是一种以商品交换为内容的经济联系形式。

由于市场的基本经济内容是商品供求和商品买卖，因此，市场形成必须具备下列三个基本条件：其一是存在可供交换的产品（包括可供出售的有形实物产品和无形产品），这是市场的客体；其二是存在欲出售产品的卖主和具有购买力、购买欲望的买主，这是市场的主体；其三是具有买卖双方都能够接受的交易价格及其条件。只有满足以上三个基本条件，商品的交换才能成为现实，市场也才有实际意义。

二、市场三要素

从卖方角度研究买方市场，市场构成有三个主要因素：一是人口，二是购买力，三是购买动机。因此，从市场营销的角度来看，我们可把市场表述为人口、购买力和购买动机的函数，即：

市场 = 人口 × 购买力 × 购买动机

人口因素是构成市场的基本要素，人口越多，现实的和潜在的消费需求就越大。购买力因素是指人们支付货币购买商品或劳务的能力，购买力水平的高低是决定市场容量大小的重要指标。购买动机是指导致消费者产生购买行为的驱动力、愿望和要求，它是消费者将潜在购买力变为现实购买行为的重要条件。

三、市场分类

1. 根据市场出现的先后分类

可将市场划分为现实市场、潜在市场和未来市场。

（1）现实市场　是指对企业经营的某种商品有需要、有支付能力、又有购买欲望的现实顾客。

（2）潜在市场　是指有可能转化为现实市场的市场。在构成市场的三要素中，后两个要素（购买力和购买动机）中的任何一个不具备，都意味着市场是潜在市场。潜在市场有三类：其一是对某种产品有购买动机，但没有足够支付能力的人或组织机构；其二是对某种产品有支付能力，但尚未形成购买动机的人或组织机构；其三是对某种产品具有潜在需要的人或组织机构。企业开发潜在市场的关键有两点，一是要通过市场调查明确潜在市场的类型；是在此基础上制定出有针对性的营销措施，力促潜在市场向现实市场转化。

（3）未来市场　是指暂时尚未形成或只处于萌芽状态，但在一定条件下必将形成并发展成为现实市场的市场。

处在现代市场经济条件下的企业，要想有所发展，除了重视现实市场外，更重要的是开发潜在市场，并积极地预见和开创未来市场。把握市场的发展趋势，最需要企业决策者的远见卓识和气魄。

2. 根据顾客的性质分类

可将市场划分为消费者市场和组织市场。

（1）消费者市场（又称为消费品市场）　是指为了个人或家庭消费需要而购买或取得商品或服务的市场。

（2）组织市场　是指购买者由各类组织所组成的市场，其主体是组织，也包括个人。按其盈利与否，组织市场又可分为生产者市场、转卖市场和政府市场。

生产者市场的个体和组织取得货物和劳务的目的是为了生产其他产品和劳务，以便出售、出租或供给他人。换言之，这个市场上的购买者的目的，不是为了个人消费，而是为了加工盈利。

转卖市场是指将那些采购商品再转卖以获利润的个人或组织，主要包括批发商、零售商、经销商或代理商。

政府市场是指由政府各级机关、各类社会团体及其他各种非营利性机构所组成的市场。其购买目的是为了保证这些非营利性机构的正常运转。

由于组织市场的主体是组织机构，因此，在市场营销研究中，又将此类市场统称为集团购买市场。

上述市场分类的依据是市场营销活动的特点，它强调以消费需求为中心来划分市场。对企业而言，按购买者的类型、需求特点划分企业产品市场，有利于企业根据服务对象的不同特点，采取不同的市场营销策略，以便更好地满足市场需求。因而这种划分对企业的经营具有重要的意义。但仅仅做到市场的合理划分还不够，企业还应认识和把握企业市场的基本模式及其特点，这对企业的经营同样具有重要意义。

四、白酒市场模式

企业在选择战略性进入市场的时候，必须经过可信的、冷静的市场模式分析，在此基础上制订的进入策略才能降低进入风险、走向成功。市场模式从两个维度竞争程度和不确定程度来定义了四个类型的市场：垄断型市场、密集型市场、问题型市场和边远型市场。每一类市场环境都有其独特的动态变化机制，这种机制以其自身的游戏规则、必要条件和竞争难度创建了一种自由的竞争结构。在制订市场进入策略之前，我们首先应该对这四种模式的市场有一个充分的理解。

（1）垄断型市场　垄断型市场的竞争性和市场难度都是最低的。这个模式的市场垄断者，它们通常占据了超过80%的市场份额，而取得这种地位的或者是长期经营的区域品牌，或者是经过多年打拼的“外来入侵者”。这些企业的高额利润使得它们拥有足够的资源来控制市场，战胜新的市场竞争者。通过大型广告活动、利用战术性产品短期的大幅降价或促销，以及其他成本高昂但十分有效的防御策略，这些企业可以把任何企图进入市场的对手迅速扫清。

（2）密集型市场　密集型市场竞争非常激烈，但是并不复杂或容易波动。在这个市场上，营销的产品和服务为人们所熟悉且容易理解，两三个大的竞争者通常控制市场并且竞争激烈，通过规模效应获取利润。在这个市场上运营的企业通常关注它们的分销点的数量，增加分销点的数量就能增加销量。在密集型市场中，企业要打两场仗：一场是数量战，另一场是客户心理战。这个市场基本上对所有其他的新进入者是“关闭”的，激烈的竞争将决定新进入企业所能获得的客户数量。密集型市场的进入难度最大，唯一的办法是投入巨额资本，拓展大量必要的分销点，选择好对手最为关键。

（3）问题型市场　问题型市场汇集了两种最困难的营销情况。一种是产品利润处于巨大压力之下，另一种是对产品和品牌的市场定位、提升存在很多困难。这个类型市场竞争者多且尚未形成绝对意义上的领导者，通常情况下，排名第一的市场份额不超过30%。这个类型市场波动大，市场环境充满着不确定性和变数，市场座次的排定常常与一个阶段的促销力度相关。问题型市场的成功是建立在价格差异和产品差异的基础之上，如何在市场提升地位又能保持应有的利润是在这种市场上最终取胜的保障。

（4）边远型市场　边远型市场竞争壁垒低但利润同样很低。这个类型的市场通常是广大的农村市场，区域大、配送成本高，市场领导者往往无法控制。在这种类型的市场，进入者很多，而且总在不断地变化，除非有边际利润的支持，应尽量避免进入这样的市场。这个类型的市场非品牌制胜的市场，消费者没有什么品牌忠诚度，看重的是实惠，决定产品销售好坏的是终端。因此，这个模式的市场最大的难题是如何将产品引入现在的分销渠道，有时也许要建立新的分销渠道，这会加大市场进入的成本。

五、白酒市场细分类型

（1）按地理细分　就是按照消费者所处的地理位置、自然环境及区域文化特征对市场进行细分。

按照地理范围大小可将白酒市场分为不同的区域，如全国性市场、省级市场、企业周边市场、企业所在地区市场等。企业可以选择一个特定的区域市场开展业务，但是要注意地区之间的需要和偏好。针对不同市场，白酒品牌须具有很强的区域适应性，产品属性必须适应区域市场消费者的消费习惯。同时，各区域消费者在选择白酒时，消费侧重点也有所不同。广州、天津的消费者强调质量，上海消费者重视口味，重庆消费者对价格和酒精浓度比较看重，而北京消费者则关注品牌。因此营销人员在进行产品推广时需充分考虑到不同区域市场消费者的喜好及消费习惯。

（2）人文细分　人文细分是按人文变量，包括年龄、性别、收入、职业、教育、宗教、社会阶层等对消费者市场进行细分。人文细分标准是最常用标准，一方面，相对于其他变量，它更容易衡量；另一方面，消费者的欲望、偏好及使用率经常与人文变量密切相关。

无论哪种白酒，如果撕去包装，无非都是闻着香、喝着辣、酒后晕。虽然酒之间因为酿造方法、香型类别、年份等原因口味会有所差别，但对于普通消费者来说，口味绝不是主要选择，甚至很多人在消费白酒的时候根本就没有考虑白酒间有什么口味不同。消费者往往考虑最多的是品牌、价格、产地、包装等非白酒本质的附加属性。这些附加属性其实就是白酒本身文化承载的各种表现形式。

白酒消费本身除了忠实白酒消费者对品牌口味的个人爱好外，白酒消费很大程度上来自于白酒品牌本身所承载的文化内涵。任何一个白酒品牌，如果不能够挖掘自己所能够承载的文化特质，并被消费者承认和接受，那么这个品牌是不可能在刀光剑影的白酒市场立足的。同样，白酒细分市场也必须能够树立起自己文化承载的旗帜。

（3）心理细分　指根据消费者所处社会阶层、生活方式差异、个性特征等心理变量对市场进行细分。

研究高端白酒消费群的消费心理，主要体现在以下几个方面：一是突显身份高贵、事业成功；二是表达品位与众不同；三是迎合健康饮酒需要，喝得好一点、喝得少一点。以此为细分标准，高档白酒可以细分为“身份细分市场”“品位细分市场”和“健康细分市场”。可见，不单不同社会阶层的消费者消费需求和心理特征差别巨大，就是同一阶层的消费者，消费习惯和消费心理仍然存在明显差异，这些都可以作为细分市场的标准。

（4）行为细分　行为变量主要包括时机、利益、使用者状况、使用率、忠诚状况、消费者的准备阶段和态度等。行为变量可更直接地反映消费者的需求差异，是市场细分的最佳起点。消费者白酒购买行为调查显示：购买白酒用于自身消费的占50%左右，“一半自己喝，一半送礼”的约为30%，“主要用来送礼”的占20%。可见，礼品用酒在白酒消费中占有重要位置。在以送礼为由购买白酒的消费者中，办公室职员居多，其次是专业人员和自由职业者，这些人员通常要通过送礼来沟通感情；其次，过年过节也成为消费者送礼的主要时机。而对于礼品酒的选择标准，消费者的首要要求是产品知名度高、包装好、美观、有档次；其次是寓意深刻，迎合送礼对象的心意。

任务二 白酒市场营销模式分析

一、市场营销概念

市场营销是一项有组织的活动，包括创造、传播和交付顾客价值和管理顾客关系的一系列过程，从而使利益相关者和企业都从中收益。

二、白酒营销观念的发展历程

（1）早期市场化观念阶段（价格营销） 定价，形成低、中、高档的初级细分市场。

（2）广告营销观念阶段 好酒也要喊着卖，电视广告的黄金时代。

（3）渠道营销观念阶段 代理商、批发商、终端（商超）的开发与争夺。

（4）品牌营销观念阶段 打造品牌文化。

（5）系统营销观念阶段 单点——全面（产品、品牌、渠道、推广、团队）。

（6）当下白酒营销观念 大数据营销、品牌+个性营销。

三、白酒常见营销模式

1. 盘中盘模式

（1）终端盘中盘 如图5-1和图5-2所示终端盘中盘是将整个白酒销售市场视为一个“大盘”，将核心销售终端视为“小盘”，利用核心终端小盘的启动辐射整个市场大盘。

在具体的酒类市场运作中，以强化酒店终端掌控为理念，由厂家直接运作市场核心旺销酒店，以核心酒店为小盘，由经销商构建区域市场分销平台，辐射整体大盘，通过设计合理且具有较强驱动力的通路价值链，以小盘启动市场，进而带动大盘旺销。

（2）消费者盘中盘 如图5-3和图5-4所示，消费者盘中盘强调直接对核心意见领袖进行营销和品牌推广，构建一套以总经销商为市场运作的平台，强化总经销商的人脉网络，将优质的企业单位和其领导人视为核心小盘，通过

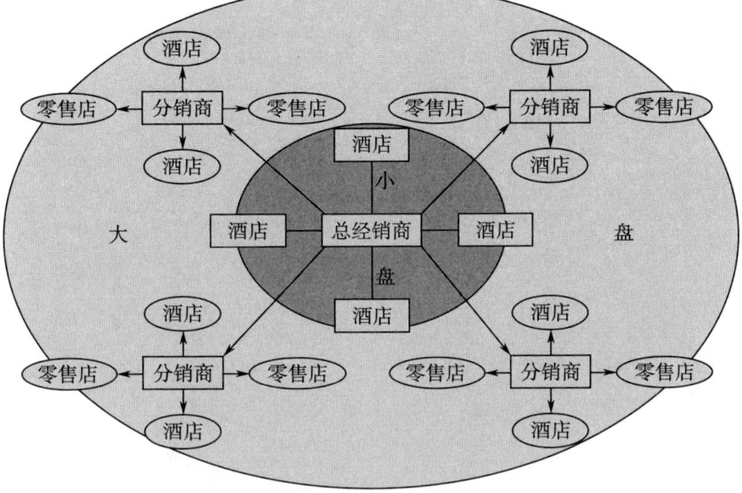

图 5－1　终端盘中盘模式图

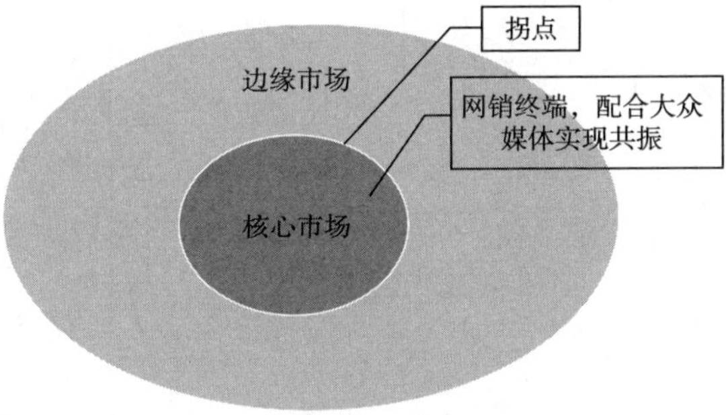

图 5－2　终端盘中盘纵向图解

对企业单位的公关、专供、客情、需求激励，通过媒体提升品牌价值等措施，培养核心消费群以带动目标消费者，即小盘通过拐点启动大盘。

2. 直分销模式

直分销模式（图 5－5）是实现产品快速分销和较高的铺货率、市场占有率以及长期利润稳定为目的，而组建的直分销网络和管理系统。企业以实现单个市场最大化销量和市场份额为目的，大大降低市场运作成本和市场风险，经销商则是通过分销赚取稳定合理利润，提高综合收入，分销商提升为企业的战略伙伴，以为企业提供分销网络的增值服务而创造利润。主要分两步完成。

（1）在直分销模式下，企业与经销商、分销商共同承担市场建设职责，渠

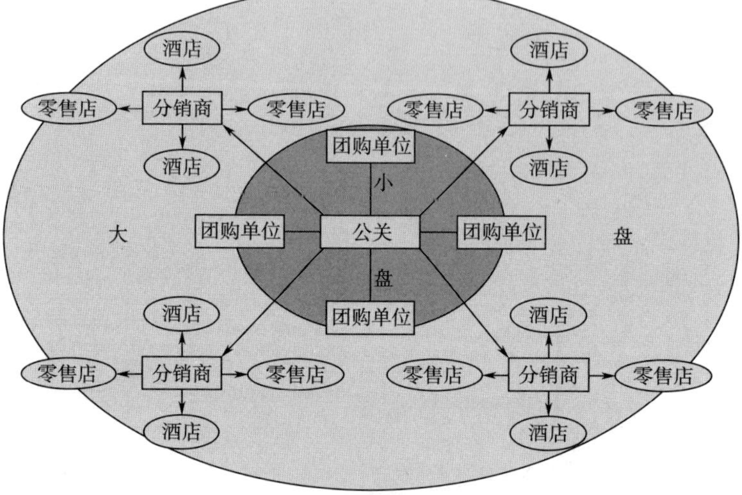

图 5－3　消费者盘中盘模式图

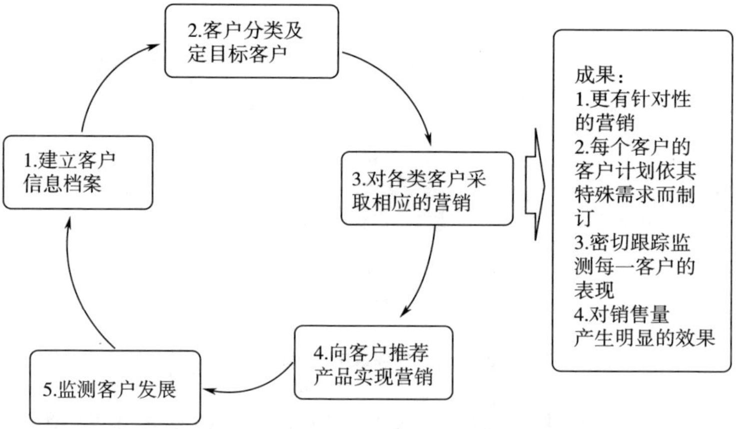

图 5－4　消费者盘中盘纵向图解

道重心有所区别。企业设立专门的主管级人员协助经销商对 A、B 类酒店、KA 商超和大型连锁超市进行直销，控制重点终端和市场推广节奏。

（2）通过设立分销代表队伍，直接协助经销商下游的分销商进行传统零售、中小型超市、名烟名酒店、B、C、D 类酒店的开发，销售与维护工作。

3. 深度营销模式

深度营销模式（图 5－6）是指通过有组织的努力，提升客户关系价值以掌控终端，滚动式培育和开发市场，取得市场综合竞争优势，冲击区域市场第

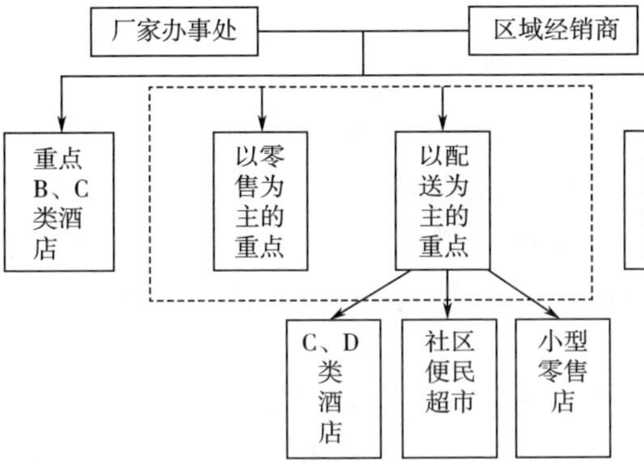

图5－5　直分销模式图

一的有效市场策略与方法。它注重区域市场、核心经销商、终端网络和企业客户顾问等四大相互作用的核心市场要素的协调与平衡。

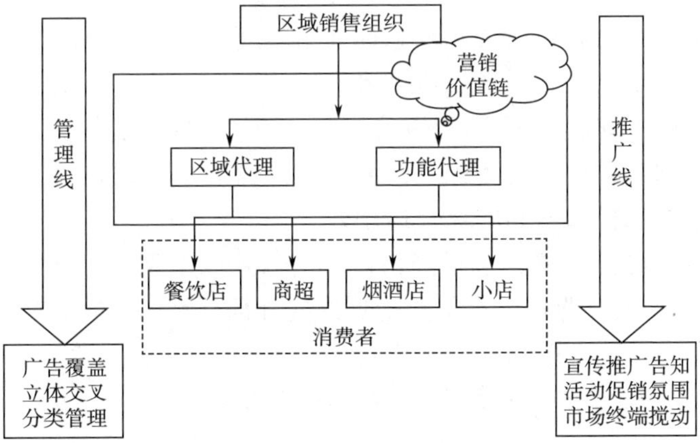

图5－6　深度营销模式图

四、白酒市场营销要素

1. 营销组合四要素

美国营销学家麦卡锡将市场营销要素归纳为四大因素：产品（Product）、渠道（Place）、价格（Price）、促销（Promotion），即4P组合。在这里，产品就是考虑为目标市场开发适当的产品，选择产品线、品牌和包装等；价格就是考虑制订适当的价格；渠道就是讲要通过适当的渠道安排运输储藏等把产品送到目标市场；促销就是考虑如何将适当的产品、按适当的价格、在适当的地点通知目标市场，包括销售推广、广告、培养推销员等。

2. 白酒市场营销组合策略

影响白酒企业营销有两类因素，一类是白酒企业外部环境给企业带来的机会和威胁，这些是企业很难改变的；另一类则是白酒企业本身可以通过决策加以控制的。白酒企业本身可以控制的因素归纳起来主要有以下四方面。

（1）产品策略　包括产品发展、产品计划、产品设计、交货期等决策的内容。其影响因素包括产品的特性、质量、外观、附件、品牌、商标、包装、担保、服务等。

（2）价格策略　包括确定定价目标、制订产品价格原则与技巧等内容。其影响因素包括分销渠道、区域分布、中间商类型、运输方式、存储条件等。

（3）促销策略　是指主要研究如何促进顾客购买商品以实现扩大销售的策略。其影响因素包括广告、人员推销、宣传、营业推广、公共关系等。

（4）分销策略　主要研究使商品顺利到达消费者手中的途径和方式等方面的策略。其影响因素包括付款方式、信用条件、基本价格、折扣、批发价、零售价等。

上述四个方面的策略组合起来总称为市场营销组合策略。市场营销组合策略的基本思想在于：从制订产品策略入手，同时制订价格、促销及分销渠道策略，组合成策略总体，以便达到以合适的商品、合适的价格、合适的促销方式，把产品送到合适地点的目的。白酒企业经营的成败，在很大程度上取决于这些组合策略的选择和它们的综合运用效果。

白酒企业不可控因素，包括经济环境、社会文化环境、政治法律环境等。麦卡锡指出，4P组合的各要素将要受到这些外部环境的影响和制约。

任务三　白酒市场调研

一、市场调研概述

1. 市场调研概念

市场调研，也称市场调查，就是指运用科学的方法，有目的地、系统地搜集、记录、整理有关市场营销信息和资料，分析市场情况，了解市场的现状及其发展趋势，为市场预测和营销决策提供客观的、正确的资料。

2. 市场调研的分类

由于研究方法不同，市场调研的分类也有所不同，如图5-7所示。

系统化的市场调研就是对营销决策相关的数据进行计划、收集和分析并把分析结果向管理者沟通的过程。通过市场调研与分析，企业能够获得市场资料

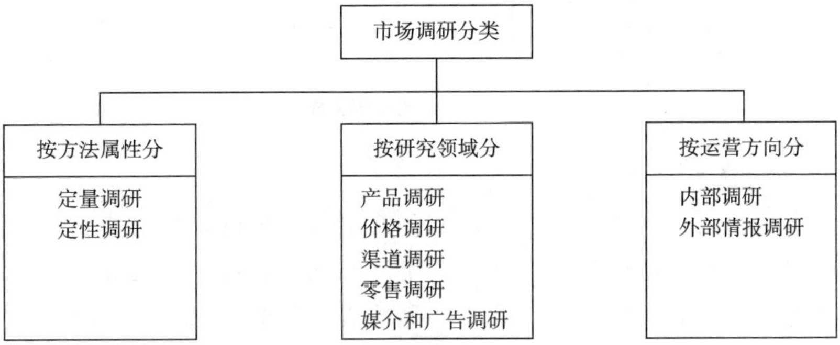

图5－7　市场调研分类

和信息，正确认识市场现状，预测市场趋势，从而编制营销计划，做出决策，进行科学管理，提高经济效益。

3. 市场调研的意义与重要性

白酒市场调研对白酒企业的市场营销活动主要表现在：

（1）白酒市场调研是营销活动的出发点，做到有的放矢。

（2）有助于企业制订科学的营销计划和优化营销组合。

（3）白酒市场调研有助于企业营销目标的实现。

（4）白酒市场逐渐达到饱和，竞争更加惨烈，同时新产品的更新速度越来越快，以及消费者行为的多变性，消费者更加精明和富有经验，这些都使得白酒市场调研重要性更加突出。

同时，白酒市场调研也具有局限性，并不能解决企业所有的营销问题。原因在于：

（1）并非所有的信息都可以通过市场调研获得，市场调研不是万能的。

（2）白酒企业仅仅根据市场调研进行决策和生产，难免有滞后，产生与市场的不适应。

（3）白酒市场调研获得的信息并不一定都是真实的，其结果也不一定正确。

（4）在抽样调查中，由于受到抽样方法及人为原因等主观、客观因素的影响，都会存在一定程度的误差。

二、白酒企业市场调研步骤

市场调研作为一项重要的系统性工作，分为不同的运作阶段和模块，白酒企业市场调研的流程，内容主要涉及五个基本步骤（图5－8）。

图 5-8　市场调研步骤

1. 确定问题及调研目的

白酒市场调研，首要的就是要求调研人员认真地确定要研究的问题，从而商定调研目标。在白酒调研中，任何一个问题都存在许多可以调研的方面，必须善于找出实质性的内容，否则收集信息的成本可能会远远超过调研结果的价值。不仅如此，错误的研究方向会产生错误的结论，错误的结论又会导致错误的措施，会给企业带来巨大的损失。因此，确定问题是白酒企业调研过程中最困难的环节之一，要求调研人员必须对调研所涉及的领域十分熟悉。市场调研的问题如下。

（1）市场研究　主要涉及商业趋势研究，区域市场和国际市场的潜在需求量研究，地域分布及特性，市场占有率分析等。

（2）消费者研究　主要涉及消费者的购买动机、购买行为、对产品的满意度、对品牌的满意度、细分市场的分析等。

（3）产品研究　主要涉及现有产品的改良、竞争产品的对比、新产品开发、品牌名称设计、包装研究设计等。

（4）价格研究　主要涉及产品定价、竞争产品价格研究、成本和利润核算、需求分析等。

（5）渠道研究　主要涉及生产能力、货源仓储、现有渠道业绩分析、营销辐射区域研究、渠道建设等。

（6）促销研究　主要涉及促销手段、媒体选择、促销效果、企业形象、竞争对手促销手段、销售人员报酬、销售配额、地区结构等。

2. 编制调研计划

拟定白酒调研所需资料最有效的收集计划，是调研能否成功的关键。明确需求的来源，采用合理的调研方法、调研工具和抽样计划是有效地进行信息收集的基础。

（1）资料来源　市场调研需要的信息来源分为第一手资料和第二手资料。

①第一手资料：又称为原始资料，是指调研人员通过现场实地调研所搜集的资料。

②第二手资料：又称为间接资料，是他人为某种目的已经加工整理好的资料。第二手资料的来源有书本、行业相关文献、其他单位的调研报告等，并具有获取成本低、时间短、适用性较差等特点。

（2）调研方法

①观察法：是指调研人员直接到调研现场进行观察来收集资料的方法，这种方法多是在被调研者不知情的情况下进行的，利用调研人员或者工具、仪器进行记录。

可分为直接观察、店铺观察、实际痕迹测量三种方法。

所谓直接观察法，指调研者在调研现场有目的、有计划、有系统地对调研对象的行为、言辞、表情进行观察记录，以取得第一手资料，它最大的特点总在自然条件下进行，所得材料真实生动，但也会因为所观察的对象的特殊性而使观察结果流于片面。

实际痕迹测量是通过某一事件留下的实际痕迹来观察调研，一般用于对用户的流量、广告的效果等的调研。例如，企业在几种报纸、杂志上做广告时，在广告下面附有一张表格或条子，请读者阅后剪下，分别寄回企业有关部门，企业从回收的表格中可以了解哪种报纸杂志上刊登广告最为有效，为今后选择广告媒介和测定广告效果提出可靠资料。

优点：可以比较客观的收集资料，直接记录调研事实和被调研者在现场的表现行为，调研结果更接近实际。

缺点：观察不到内在因素，调研时间长。

②询问法：是将所要调研的事项以当面、书面或电话的方式，向被调研者提出询问，以获得所需要的资料，它是市场调研中最常见的一种方法。采用询问的方法可以了解被访者认知、动机、知觉、偏好、满意度等相关指标。主要形式有可分为面谈调研、电话调研、邮寄调研、留置询问表、在线访问调研五种。它们有各自的优缺点，面谈调研能直接听取对方意见，富有灵活性，但成本较高，结果容易受调研人员技术水平的影响。邮寄调研速度快、成本低，但回收率低。电话调研速度快、成本最低，但整体性不高。留置询问表可以弥补以上缺点，由调研人员当面交给被调研人员问卷，说明方法，由之自行填写，再由调研人员定期收回。在线访问成本低、见效快。

③试验法：试验方法被称为最具有科学有效性的研究方法，使用该方法可以通过排除所有可能影响调研结果的因素来获得调研问题间的真正关联性。

它通常用来调研某种因素对市场销售量的影响，这种方法是在一定条件下进行小规模实验，然后对实际结果做出分析，研究是否值得推广。它的应用范围很广，凡是某一商品在改变品种、品质、包装、设计、价格、广告、陈列方法等因素时都可以应用这种方法，调研用户的反应。

白酒市场调研试验法主要包括产品包装试验，新产品销售试验、产品口感试验等。

该方法的优点是可获得较正确的原始资料；缺点是试验市场不易选择、干扰因素多、时间长、成本较高。

（3）调研工具　市场调研需要采用调研工具来完成相关工作，通常情况下，调研工具有调研问卷、定性测量和测量设备等。

①调研问卷：指用书面提出问题的方式收集资料的调研方法。调研者将所要获得的信息以问题的形式编制成表格，以当面访问、电话调研、邮寄等方式填答，从而了解获得被调研对象对相关问题的看法和态度，获得调研所需信息。

②定性测量：是一种允许有多种可能答案的非结构测量方法。定性测量，重点在于探究被调研者对于相关问题的深层次看法、态度和意见，其研究结果表明对所研究问题的性质判定及认识深度。不能进行量化或者定量分析，不能由样本估算整体，只是对相关问题的一般认定，即是什么，为什么。

③测量设备：测量设备用来记录调研所需的变量信息、特征信息以及整个调研过程的进行。传统的测量设备有录音、录像和通讯设备，新的设备有电流计、视速器、皮肤感应器、脑电波扫描仪等。

（4）抽样计划　在确定调研所需信息来源时，会遇到调研对象较多、调研范围大而资源有限、时间有限等问题。在此情况下，通常会采用部分抽样的方法，形成抽样计划，确定信息采集的范围。

抽样程序如图5－9所示。

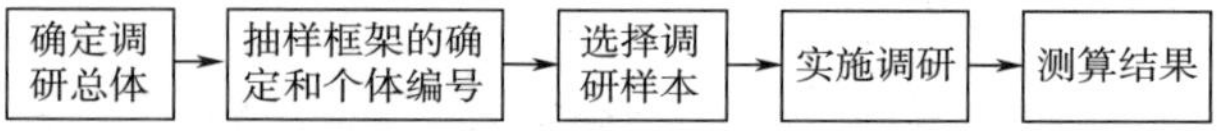

图5－9　抽样程序

①确定调研总体：即明确调研的全部对象及范围，是抽样调研的前提和基础。

②抽样框架的确定和个体编号：抽样框架就是提供抽样所用被调研对象的详细名单。在没有现成名单的情况下，可由调研人员自己编制。个体编号是指对调研总体中的个体进行编号。

③选择调研样本：首先确定抽样的技术（随机还是非随机），要确定具体的抽样方法（如分层还是分群抽样），还要确定样本的数量。在此基础上，按预定的要求选择调研的样本。

④实施调研：对选定的样本运用不同的调研方法逐个进行调研，从而取得第一手资料。

⑤测算结果：是指用样本指标推断总体指标的结果。一般采用百分比推算法和平均推算法来进行测算。

3. 收集信息

在营销活动中，企业作为整个市场的组成部分，只有充分地了解市场，适应市场，才能使自己的营销活动与社会需要相协调。白酒类市场调研的价值最终取决于调研的结果，而调研结果则是建立在所能收集到的信息基础之上。应该如何收集白酒营销信息、收集哪些信息、如何将所收集到的信息提炼出恰当的调研结果是整个酒类调研过程的核心问题。

（1）信息的构成　白酒的营销信息属于经济信息的范畴，指的是在一定的时间和条件下，同白酒销售活动相关的各种消息、情报、数据和资料的总称。

①外部信息：即反映白酒企业外部客观环境变化的同营销活动有关的信息。在不同时期选择对营销活动影响最大的因素作为调研重点。

a. 政治环境信息：政治环境信息的变更往往会对白酒企业的营销活动产生至关重要的影响，所以进行市场调研时必须关注政府的方针、政策、法令、计划与相关文件等信息。同时还涉及各级政府和主管部门所颁发的经济统计资料、调研报告等。

b. 市场竞争情况："知己知彼，百战不殆"，白酒企业要加速自身的发展，并在竞争中占有优势之地，就必须想尽一切办法获取竞争者的信息。主要涉及有：

经营规模：设备先进度、生产规模、劳动效率。

产品特点：外观、内在品质、价格水平等。

应变能力：生产多档产品、适应市场需求等。

技术设备：技术队伍、新产品开发、实验室建设等。

把握了竞争对手的概况，白酒企业就能把握营销活动中的相对地位和利弊条件，才能量身制定相应的市场营销计划。

c. 市场需求状况：白酒企业营销决策是以市场需求为核心的，包括消费者需要什么、在何时需要及其愿意按何种条件接受营销企业产品和服务。

消费者需要是指产品的性能、质量、包装等，也指白酒企业尚未开发生产和投入市场的产品相关需求。消费者需要的时间既指具有购买支付能力的同时，又指消费者乐意或习惯上的购买点。消费者愿意接受的条件既指产品相应的价格水平，也指白酒企业同时能够提供的服务。

d. 科技发展水平：科技发展水平包括同行业同类产品更新换代的过程，如全新产品、重大产品改进等；国内外科技的最新成就，如产品合理结构、质量及其功能的提高、新材料、新工艺、新技术的应用等。只有及时掌握有关的科技情报，据以不断改进现有产品和开发新产品，才能在竞争中立于不败之地。

e. 其他：白酒企业的营销活动不是孤立的，需要许多相关行业的支持，如各原材料的供应，物流等。相关行业的生产动态情况，以及自然资源条件，气候变化、国际形势的重大变化等内容，都是白酒企业应当重视掌握和研究的宏观信息。

②内部管理信息：是指酒类企业内部管理的各项经济指标。内部信息可以帮助调研人员迅速而经济地取得企业积累的各种数据、资料，从中可以明确存在的机会与问题，比较预期和实际完成水平，是取得营销信息的一个重要来源。

a. 生产成果：包括产品的产量（销量）、产品质量、产品品种。产量指标用以说明生产劳动成果的数量标志；质量指标用以说明产品本身性能及生产过程优劣两个方面的标志；品种指标用以说明满足社会需要逐步扩大新品种取得效果的标志。

b. 物资利用：物资的利用情况是指原材料、动力、设备在生产过程中的消耗情况。通过材料储备指标、材料单耗指标、材料利用率指标、设备利用率指标等体现，直接反映企业营销成本的高低，也是企业必须掌握的重要信息。

c. 人力资源：主要包括职工人数指标、工资总额指标、工时利用指标、劳动生产率指标等变动情况。

d. 财务状况：财务信息主要包括资金、成本、利润三大指标。反映企业的营销实际成绩，影响企业的经济效益。

（2）信息的收集　根据第一手资料和第二手资料的来源不同，信息收集主要分为两大类型。

①资料研究法：即利用与白酒营销活动相关的各种现成资料，如社会发展、市场行情等方面的文字资料、统计资料、图片资料等进行营销信息的收集。资料研究法能帮助白酒企业在较短时间内，以较低的成本获得大量相关的信息。

②直接调研法：直接调研法就是运用科学化的社会调研方法，为白酒企业某特定研究目的直接收集原始的营销信息，是获取第一手资料的方法。观察法、询问法、试验法都属于直接调研法。直接调研法直接了解相关公众对于某一机构、事件、问题的需要、认识、看法、意见和反应，分析的精确度比较高，能相对准确地、客观地反映民意。

（3）信息的评价　评价白酒营销的基本标准主要包括信息的有效性和信息的适用性。

①信息的有效性：白酒市场调研信息的有效性取决于它是否准确、及时。过时的信息，犹如“马后炮”，对于企业的营销活动起不到多大作用；大量杂乱无章的信息不仅对市场调研活动无济于事，还可能干扰决策者的思路；歪曲和掩盖客观实际情况的信息，则会导致白酒企业营销决策的失败。因此，科学有效的白酒营销信息的收集必须向决策者提供准确、及时的营销

信息。

②信息的适用性：白酒营销信息的适用性表现在它的时间上、空间上、内容上与白酒企业营销活动的相关性。白酒营销环境是一个复杂的大系统，每个企业有自己特定的营销内容。一条营销信息对 A 企业是营销机会，对 B 企业来说却未必是个机会，如果 B 企业也“照葫芦画瓢”，投入大量的人力、物力却有可能收效甚微；同样是这条信息，对 C 企业来说却可能是一个严重危机的警告信号。白酒企业面对的营销信息不是零星的、个别信息集合，而是若干具有特定内容的同质信息在一定时间、空间内形成的系统集合。因此，科学的营销信息系统必须向决策者提供真正反映营销动态、与白酒企业营销活动相关的营销信息。

4. 信息分析

（1）信息分析类型　主要有以下四种情况。

①探测性分析：即借助一些初步的数据资料，更好地阐明某个营销问题的性质和可能提出的某些问题，如对白酒企业区域状况的分析。

②描述性分析：即借助某个白酒营销问题的一些影响因素，分析他们的关联性，如对市场规模、产品形象、消费者购买行为、竞争对手特点、经销方式、分销渠道等信息的分析。

③因果性分析：即借助白酒企业营销环境变化信息，分析这些信息与企业营销活动的关系，如对政府的方针、竞争对手的活动、消费者爱好变化所引起的白酒企业销售量变化、市场占有率变化及企业营销策略的调整引起的市场变化分析。

④预测性分析：即通过对白酒市场过去、现在的数据资料及市场将来的信息，对白酒企业营销活动进行发展可能和发展趋势的分析，如对市场目标大小、顾客兴趣、促销预算、产品价格、边际毛利、投资金额、目标退货率、重复购买率等信息分析某项新产品的开发前途。

（2）分析系统的建立　对营销信息进行分析，需要建立完善的分析系统，主要作用是利用科学的技术、技巧来分析营销信息，从中得出更为精确的研究结果，以帮助决策者更好地进行营销决策。分析系统通常由资料库、统计工具库、模型库组成。

①资料库：白酒企业应有组织地收集企业内部和外部信息，形成营销信息资料库，营销人员可随时取得所需资料进行研究分析。内部资料包括销售、订货、存货、推销访问、财务信用资料等；外部资料包括政府资料、行业资料、市场研究资料等。

②统计工具库：统计工具库是企业所采用的一组统计方法，用来从所收集的各种数据资料中抽取有意义的信息，以供营销决策的需要。统计方法在营销

分析中常用计算平均数、测量离散度、资料交叉列表等。此外，也常运用各种多变数统计技术去发现资料中的重要关系，如回归分析、相关分析、因素分析、聚类分析等。

③模型库：模型的设计是用来表达某些系统或过程的一组变量及它们之间的相互关系，帮助回答“假设某条件下，可能有哪些情况？什么是最佳情况？”等问题。白酒营销分析模型库就收集能帮助销售人员制订更好的营销策略的各种模型。例如最佳产品特征模型、价格模型、销售区域优化模型、广告媒体组合模型、营销组合预算模型等。

5. 提出结论

白酒市场调研最终必须形成书面报告，并把调研结论送交给有关人员及部门。白酒调研报告的类型主要有两种。

（1）专门性报告书纲要　这类白酒调研报告技术性比较强，报告的内容尽可能详尽。包括研究结果纲要、研究目的、研究方法、资料分析、结论与建议、附录等。

（2）一般性报告书纲要　这类白酒调研报告主要提供给业务主管使用，高层管理人员比较关注的是研究发现和结果，所以报告要求生动和重点突出。包括：研究发现与结果、行动建设、研究目的、研究方法、研究结果、附录等。

拓展阅读

严控“三公消费”，2013年白酒价格泡沫破灭

往年此时，正是礼品回收店的生意旺季，但记者昨日在长沙大街小巷寻访发现，大年初八了，礼品回收店仍在关门，开了门的也是生意寥寥，往日高档白酒回收的火爆场面不复一见。

中央“八项规定”“六项禁令”以及各地方政府各种禁酒令的相继出台，令高端白酒在这个春节遇冷。多位业内人士认为，白酒业正在遭遇结构性调整，人们呼吁白酒早日回归食品本来价值。白酒经销商坦言，今年春节，高档酒的回收价格大幅跳水。以53度飞天茅台为例，去年回收价格为1100元/瓶，现在是900元/瓶。国窖1573的礼品回收价格目前是550元/瓶，五粮液为450元/瓶，就算价格大幅跳水，一些从事礼品回收行当不久的人还不太敢收，怕卖不出去。高端酒在正常的销售渠道价格就已经大幅下降，已经挤压了礼品回收店的利润空间。

相比疲软的高端酒市场，在更能体现大众消费的超市中，中低档酒的卖家干劲十足，兴致勃勃地准备步入春天。水井坊的湖南省总代理介绍，价格一直

未破千的水井坊在这个春节有不错的销售表现。记者走访多家超市，发现几乎所有卖场都在针对中低档酒展开大力促销。买一赠一、捆绑促销、价格直降等活动不断推出，部分品牌白酒价格与半个月前相比综合优惠幅度达到三成以上。外界普遍认为，2012 年是白酒行业的冰点之年，中央到地方各种政策和塑化剂危机的外力冲击，让白酒业结束了快速、疯狂发展的黄金十年。曾有业内人士告诉记者，白酒业早在多年前就面临了产能过剩的矛盾。国家发改委 2011 年版《产业结构调整指导目录》将白酒生产线列入了“限制类”目录。

南新鸿基贸易有限公司总经理黎志伟认为，白酒业在这黄金十年里，已经透支了一些未来的资源，这种透支的资源体现在销售、配套等多方面，但最明显的一个就是价格的不理性趋高，以目前的经济水平来说，国民对白酒的消费其实根本就达不到这个价格水平，很多都是在为面子、为权力买单。

【思考题】

1. 通过上述资料阅读，谈谈政治环境对白酒企业的影响。
2. 政治环境信息包括哪些内容？

任务四　白酒市场调研报告撰写

一、市场调研报告的含义

市场调研报告是指针对某一情况、某一事件、某一经验或问题，经过在实践中对其客观实际情况的调研后，将收集到的全部情况和材料进行“去粗取精、去伪存真、由此及彼、由表及里”的分析研究，揭示本质，寻找规律，总结出经验，最后以书面形式陈述的报告。

二、市场调研报告的特点

（1）真实性　最重要的特点，遵循客观事实。

（2）针对性　选题上针对性和阅读对象的明确性。

（3）系统性　大量的市场调研资料，经过整理、分析、汇总，完整系统地将调研结果表述出来。

（4）新颖性　要及时、迅速和准确地发现和反映市场的新情况、新问题，从而提出新颖的观点。

三、市场调研报告的主要内容

撰写调研报告是市场调研的最后一项工作内容，市场调研工作的成果将体现在最后的调研报告中，调研报告将提交给企业决策者，作为企业制订市场营销策略的依据。市场调研报告要按规范的格式撰写，一个完整的市场调研报告格式由题目、目录、概要、正文、结论和建议、附件等组成。市场调研报告的主要内容包括：

（1）说明调研目的及所要解决的问题。

（2）介绍市场背景资料。

（3）分析的方法，如样本的抽取，资料的收集、整理、分析技术等。

（4）调研数据及其分析。

（5）提出论点，即摆出自己的观点和看法。

（6）论证所提观点的基本理由。

（7）提出解决问题可供选择的建议、方案和步骤。

（8）预测可能遇到的风险、对策。

四、市场调研报告的格式

市场调研报告的格式一般由：标题、目录、摘要、概述、正文、结论与建议、附件等几部分组成。

1. 标题

标题和报告日期、委托方、调研方，一般应打印在扉页上。如图 5－10 所示。

[redacted]液态奶消费者研究报告

—专为西安[redacted]集团准备—

二零零九年十一月

西安[redacted]研究有限公司提供

图 5－10　扉页示例

关于标题，一般要在与标题同一页，把被调研单位、调研内容明确而具体地表示出来，如《关于哈尔滨市白酒市场调研报告》。有的调研报告还采用正、副标题形式，一般正标题表达调研的主题，副标题则具体表明调研的单位和问题。常见标题类型见表 5－1。

表 5-1　常见标题类型

标题类型	说明	示例
公文式	一般由对象、事由和文种组成	《关于大学生的手机消费行为状况调研报告》
文章式	即不要求对象、事由和文种齐全，只要能够突出主题即可	《质量比品牌更重要》
直叙式	反映调研的主要内容、调研对象	《大学生就业状况调研报告》
表明观点式	直接阐述调研报告的观点、看法以及对调研信息的评价	《保暖内衣　悄然升温》
提问式	以设问、反问等形式突出问题的焦点和尖锐性	《价格战能根本提高企业效益吗?》
单行标题		十堰商用车在国内外市场地位的调研报告
双行标题		"皇帝的女儿"也"愁嫁" ——关于丹江柑橘滞销情况调研

2. 目录

如果调研报告的内容、页数较多，为了方便读者阅读，应当使用目录或索引形式列出报告所分的主要章节和附录，并注明标题、有关章节号码及页码，一般来说，目录的篇幅不宜超过一页，见图 5-11。

目　录

图 5-11　目录示例

3. 摘要

摘要是调研报告中最重要的内容，是整个报告的精华。一般来说，高层管理人员只阅读调研报告的摘要部分。因此摘要一定要精练，篇幅不宜多长，如图5－12所示。主要内容应包括：

摘要一般书写模式

为了……针对……开展调研活动。本次调研采用……调研方式，运用……什么软件及什么统计方法，对……调研内容进行分析，最后得出……结论并提出……建议。

图5－12 摘要一般书写模式

(1) 简要说明调研的目的。

(2) 简要介绍调研对象和调研内容。

(3) 简要介绍调研研究的方法。

(4) 简要说明调研结论与建议。

4. 概述

概述主要阐述课题的基本情况，它是按照市场调研课题的顺序将问题展开，并阐述对调研的原始资料进行选择、评价、做出结论、提出建议的原则等。主要包括三方面内容：

第一，简要说明调研目的。即简要地说明调研的由来和委托调研的原因。

第二，简要介绍调研对象和调研内容，包括调研时间、地点、对象、范围、调研要点及所要解答的问题。

第三，简要介绍调研研究的方法。介绍调研研究的方法，有助于使人确信调研结果的可靠性，因此对所用方法要进行简短叙述，并说明选用方法的原因。例如，是用抽样调研法还是用典型调研法，是用实地调研法还是文案调研法，这些一般是在调研过程中使用的方法。另外，在分析中使用的方法，如指数平滑分析、回归分析、聚类分析等方法都应做简要说明。如果部分内容很多，应有详细的工作技术报告加以说明补充，附在市场调研报告的最后部分的附件中。

5. 正文

正文是市场调研分析报告的主体部分。这部分必须准确阐明全部有关论据，包括问题的提出到引出的结论、论证的全部过程、分析研究问题的方法，还应当有可供市场活动的决策者进行独立思考的全部调研结果和必要的市场信息，以及对这些情况和内容的分析评论。

6. 结论与建议

结论与建议是撰写综合分析报告的主要目的。这部分包括对引言和正文部分所提出的主要内容的总结，提出如何利用已证明为有效的措施和解决某一具体问题可供选择的方案与建议。结论和建议与正文部分的论述要紧密对应，不可以提出无证据的结论，也不要没有结论性意见的论证。常分四步来撰写。

①概况全文：经过层层剖析后，综合说明调研报告的主要观点，深化报告的主题。

②形成结论：在对真实资料进行深入细致的科学分析的基础上，得出报告结论。

③提出看法和建议：通过分析，形成对事物的看法，在此基础上，提出建议和可行方案。

④预测未来，说明意义。

7. 附件

附件是指调研报告正文包含不了或没有提及，但与正文有关必须附加说明的部分。其包括数据汇总表及原始资料背景材料和必要的工作技术报告。一般包括以下内容。

（1）项目策划书。

（2）实地调研问卷的抄本。

（3）抽样有关细节的补充说明。

（4）现场走访人员约访时间表。

（5）主要质量控制数据。

（6）技术细节说明。

（7）调研获得的原始数据图表。

（8）提供资料人员的名单。

拓展阅读

一、网络市场调研

1. 与传统市场调研的相同点

与传统的市场调研一样，网络市场调研，主要是探索以下几个方面的问题。

（1）市场可行性研究。

（2）分析不同地区的销售机会和潜力、影响销售的各种因素。

(3) 竞争分析、产品研究、包装测试、价格研究。

(4) 广告监测和效果研究、企业形象研究。

(5) 消费者研究。

(6) 市场性质动态变化分析。

2. 网络市场调研的特点

网络市场调研可以充分利用互联网的开放性、自由性、平等性、广泛性和直接性等特点，开展调研工作。与传统的市场调研相比，网络上的市场调研具有如下特点：

(1) 网络信息的及时性和共享性　网络信息能迅速传递给上网的用户，任何网民都可以参加投票和查看结果，保证了网络信息的及时和共享性。

(2) 网络调研的便捷性和低费用　节省传统调研中所耗费的大量人力和物力。

(3) 网络调研的交互性能和充分性　在调研时，被调研对象可以及时就问卷相关的问题提出自己更多的看法和建议，可减少因问卷设计的不合理而导致的调研结论偏差等问题。

(4) 网络调研结果的可靠性和客观性　被调研者是在完全自愿的原则下参与调研，调研的针对性更强；问卷的填写是自愿的，填写者一般都会对调研内容有一定的兴趣，回答问题相对认真；可以避免传统调研中人为错误所导致的调研结论的偏差。

(5) 网络调研无时空和地域的限制　可以24h全天候进行，这与区域制约和时间制约的传统调研方式有很大的不同。

(6) 网络调研可检验性和可控制性　网上调研问卷可以附加全面规范的指标解释，有利于消除因对指标理解不清或调研员解释口径不一而造成的调研偏差；问卷的复核检验由计算机依据设定的检验条件和控制措施自动实现，可以有效地保证对调研问卷100%的复核检验；通过对被调研者的身份验证技术可以有效地防止信息采集过程中的舞弊行为。

(7) 互联网调研的局限性　不可述信息（信息是未加码的、不能用语言表达的）与人的有限理性（生理上的局限和语言的局限）。

3. 网络市场调研的步骤

网络市场调研的步骤如图5－13所示。

4. 网上市场调研的主要手段

(1) 诱导访问者访问。

(2) 利用电子邮件或来客登记簿询问访问者。

(3) 在企业站点上设计问卷调研。

(4) 网上德尔菲调研法。

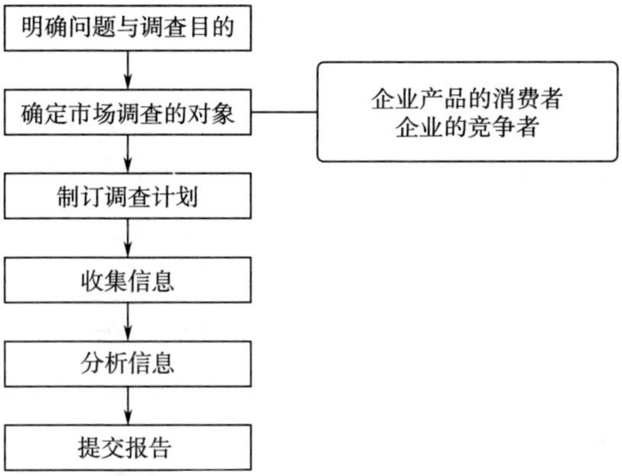

图 5-13　网络市场调研步骤

（5）利用企业站点搜集市场信息。

（6）选择搜索引擎。

（7）利用数据库。

（8）互联网上适合的市场信息调研内容。

网络市场调研没有空间和地域的限制，一切都是随机的，调研人员无法预期谁将是企业站点的访问者，也无法确定调研对象的样本。即使那些在网上购买企业产品的消费者，要准确了解其身份、职业、性别、年龄等也是一个很复杂的问题。

【思考题】

1. 通过阅读上述材料，你认为网络市场调研与传统市场调研相比，优势在哪里？是否有局限性？

2. 怎样开展网络调研？

二、垃圾调研法

帕林是柯的斯出版公司的经理，20 世纪初，他就在公司设立了世界上最早的调研组织。当时，柯的斯公司的业务代表向美国鼎鼎有名的 Campbell 汤料公司推销“星期六邮刊”的广告版面。但对方告诉他：邮刊不是汤料公司的好媒体，因为邮刊的主要读者是工薪阶层，而 Campbell 的汤料则是高收入家庭购买为主。工薪阶层主妇为了省钱，往往自己凑合着自己烧汤，只有高收入家庭才愿意花 10 美分买已经调配好的 Campbell 汤。帕林要想办法反驳对方的观点。

为此，他抽取了一条垃圾运输线，让人从该线路的各个垃圾堆中收集汤料罐，他发现从富裕区收集到的汤料罐几乎没有，因为富裕家庭总是让仆人动手准备汤料。大部分汤料罐从蓝领区收集到，帕林认为对蓝领阶层的妇女来说，节约做汤时间可以更多地为家人做衣服或者其他挣钱的活。在摆出这些发现后，Campbell 很快成为邮刊的广告客户。

从此，"垃圾调研法"就产生了。垃圾调研法是指垃圾分析员通过清理消费者的垃圾，并隐蔽地收集起来编码，来确定人们常用哪些产品。这种无阻碍技术在人们不愿诚实地报告自己对某些产品的使用时特别有用，比如说对于那些诸如酒和避孕药之类的敏感性的产品。实际上，垃圾调研法对于许多包装类快速消费品如牛奶、饼干、方便面等的调研十分有效，不仅准确而且快速。

【思考题】

1. 通过阅读上述材料，你对市场调研方法有了哪些新的认识？
2. 垃圾调研法可以运用到白酒市场调研当中吗？谈谈你的想法。

实践训练

白酒市场调研与报告撰写

一、教学组织及运行

本实训项目按照教师讲解、布置任务、学生训练、学生汇报方式进行，通过训练过程考核及汇报检验教学效果。

二、实训内容及要求

1. 实训目标

（1）知识目标

①熟悉常见的市场调研方法。

②掌握市场调研常采用的调研工具。

③熟悉并掌握市场调研的基本流程。

市场调研工作的基本过程包括：明确调研目标、设计调研方案、制订调研工作计划、组织实地调研、调研资料的整理和分析、撰写调研报告。

（2）能力目标

①会采用适合的调研方法和工具收集市场信息。

②能判别收集到的信息的是否有用。

③能对收集到的信息进行整合分析。

2. 实训重点及难点

（1）实训重点　市场信息的收集。

（2）实训难点　判别信息是否有用。

3. 实训开展方式

（1）制订科学、周密的实习计划。

（2）联系实习场所。

（3）指导教师认真指导。

（4）签订《学生实习安全责任书》，学生实习要遵守相应的规章制度，服从安排，维护自身的良好形象。

（5）严格考勤和考核，确保实习任务圆满完成。

4. 实训内容及步骤

（1）收集信息

①每五人一组，确定调研目标，选定区域市场进行有目的的调研，收集有效信息。

②细分调研任务，可采用多种方式进行调研。

（2）整理信息、写调研报告、汇报

操作步骤 1：市场信息的收集（以抽样调研为例）

①确定调研总体。

②抽样框架的确定及个体编号。

③选择调研样本。

④实施调研。

⑤测算结果。

标准与要求：

①抽样方法正确。

②调研方式正确。

③获得信息正确。

④安全操作，有团队合作精神。

操作步骤 2：报告撰写与汇报

①将获得的调研信息整理、汇总。

②撰写调研报告（基本包括调研背景、目的、调研过程、结果数据汇总、结论与思考）。

③制作 PPT 汇报。

标准与要求：

①报告符合要求。

②汇报成功。

③办公软件使用正确。

④体现团队合作精神。

三、实训考核方法

学生练习过程中进行分单项技能考核，结合培养结果考核以及报告考核的方式进行项目考核，具体考核表和评分标准如下。

1. 调研结果

(1) 结果评价　具有详细完整的调研记录和调研报告。

(2) 过程评价

评价项目	确定调研目标（2分）	实施调研（3分）	调研数据（2分）	调研报告（2分）	学习态度（1分）
得分					

2. PPT 汇报

四、课外拓展任务

(1) 在市场调研的过程中，你认为哪个步骤最重要？原因是什么？

(2) 怎样获得更加全面的调研信息？

项目六 白酒消费者消费心理与行为分析

项目描述

在党的第十九次全国代表大会上习近平做报告时指出，中国特色社会主义进入新时代，我国社会主要矛盾已经转化为人民日益增长的美好生活需要和不平衡不充分的发展之间的矛盾。人民美好生活需要日益广泛，中国市场整体消费水平提高，消费大众对白酒的消费价值评定，不仅仅局限于单纯的生理需求，而是上升为对归属、尊重和地位等方面的情感追求。在消费者价值观念的驱动下，酒已不再是一种单纯的商品，而是一种实现情感寄托和自我价值满足的消费载体。

知识目标

（1）掌握影响消费者的内在因素和外在因素。

（2）掌握马斯洛需求层次原理。

（3）掌握消费者的动机类型。

（4）掌握消费者的购买行为程序。

能力素质目标

（1）能够对影响消费者的主要因素进行识别。

（2）能够运用马斯洛需求层次原理分析消费者需求。

（3）能够识别消费者购买动机并进行精准营销。

（4）具有诚信、友善、礼貌、敬业的职业素养。

案例导入

女律师买车

女律师简妮小姐特意选择自己生日这天到一家汽车商店去买自己已经选好了的西尔斯牌小轿车。她觉得这款海蓝色、流线型的新车最适合她本人开朗、活泼的个性。

不巧，售货员正要去吃午饭，说30分钟后赶回来。简妮小姐同意等一会儿，可这30分钟如何打发？她溜达到对面的另一家汽车商店，一位年轻的男售货员走上前来彬彬有礼地问："Can I help you?"简妮小姐告诉他自己只是随便走走，打发时间。

年轻人表示很乐意陪简妮小姐参观销售大厅，并自我介绍名叫汤姆。在闲谈中汤姆了解到女律师特意选择今天买车作为给自己的礼物，便向身边一位同伴耳语几句。不一会儿，同伴捧着一束鲜花过来，与汤姆一同祝福简妮小姐生日快乐。女律师眼前一亮，意外的感动使她与汤姆聊得更投机了。

这时眼前出现一辆银灰色轿车，汤姆介绍说："您看，这款车安全性能特别好，有独特的安全装置，价格也并不高，尤其是车的颜色我觉得更适合您，它既能体现您律师职业的庄重，又不乏漂亮女性的柔美感。"

简妮小姐越看越满意，觉得这才是更适合自己的礼物。结果，她驾驶了一辆自己原来根本没有想到的车回家了，车上放着一束红玫瑰。她觉得这个生日真的快乐极了。

【思考题】

1. 分析简妮小姐的购买决策为什么发生了改变？
2. 上述案例给你什么启示？

任务一　影响消费者的因素

一、影响消费者的因素

影响消费者的因素主要有外部环境因素和内部个人因素，如图6-1所示。

二、影响消费者行为的关键因素

1. 文化因素

文化因素对消费者行为的影响广泛而深远、无孔不入，但这种影响是潜移默化的、悄无声息的。

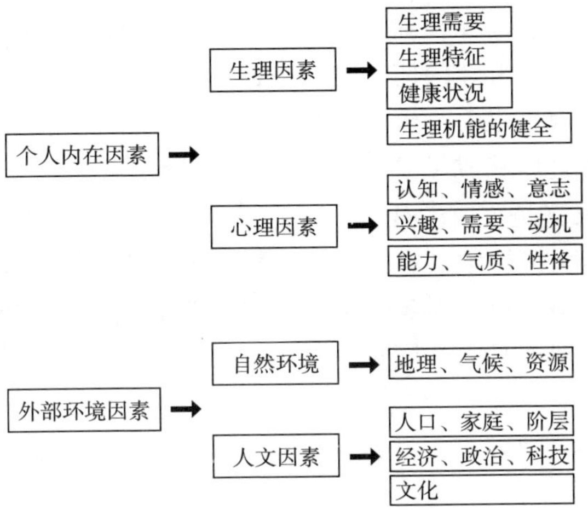

图6－1　影响消费者的因素

（1）大文化　文化是人类欲望和行为最基本的决定因素。成长于相同文化和社会环境中的群体，会形成大致相同的价值、认知、偏好和行为观念。

（2）地域文化　地域文化一般是指特定区域源远流长、独具特色、传承至今仍发挥作用的文化传统，是特定区域的生态、民俗、传统、习惯等的表现。它在一定的地域范围内与环境相融合，打上地域的烙印，具有独特性。地域文化对于白酒消费者的影响很大，不同地域有不同的酒文化，消费者偏重的口味、饮酒习惯、香型等都有很大差异。地域文化无形间影响着消费者个性、观念、态度的形成，也影响着消费者对不同地域白酒品牌的选择和购买。

（3）社会阶层文化　每一个社会都有其社会阶层，多以社会等级的形式存在。每一个阶层中的成员，都有其相似的价值观、生活方式、兴趣爱好和行为。我国按照收入和职业不同将消费者划分为金领阶层、粉领阶层、白领阶层、蓝领阶层等，不同阶层白酒消费者消费习惯也各有不同。

2. 社会因素

（1）参考群体　参考群体指那些直接或间接影响个人看法和行为的群体。通过三种方式发生作用。

①影响个人接受新的行为和生活方式。

②影响个人的态度和自我概念，从而使其迎合群体。

③产生使个人与群体保持一致的从众压力。

无论哪一种方式，参考群体都是通过影响消费者心理来影响他们对产品和品牌的选择。

白酒是高流行性商品，消费者从众心理非常强烈。在中高档白酒市场推广中，特别看重消费领袖在前期消费中的引导作用，消费领袖一般是地位较高、有一定影响力的政界、商界领袖人物，他们的消费示范作用，会很快引领下一层级消费群跟进，参考群体内成员之间彼此影响，使整个群体迅速扩大，当消费人数增长到一定规模以后，流行就进入裂变期，迅速向更低一层级别成员渗透，一定时间积累之后就成了整个市场的流行品牌。

（2）家庭　家庭是重要的社会组织之一，对于每个内部成员的消费形态和消费习惯都产生巨大的影响。在进行产品定位和产品宣传时，以家为诉求点或者以家庭的其他成员为诉求对象，可以拉近与消费者的心理距离，同时也可以提升家庭其他成员对产品的认同感。

拓展阅读

家庭生命周期

单身阶段：年轻，无经济负担，消费观念紧跟潮流，注重娱乐产品和基本的生活必需品的消费。

新婚夫妇：经济状况较好，需求量大和购买力强，耐用消费品的购买量高于处于家庭生命周期其他阶段的消费者。

满巢期（Ⅰ）：指最小的孩子在6岁以下的家庭。处于这一阶段的消费者往往需要购买住房和大量的生活必需品，常常感到购买力不足，对新产品感兴趣并且倾向于购买有广告的产品。

满巢期（Ⅱ）：指最小的孩子在6岁以上的家庭。处于这一阶段的消费者一般经济状况较好但消费慎重，已经形成比较稳定的购买习惯，极少受广告的影响，倾向于购买大规格包装的产品。

满巢期（Ⅲ）：指夫妇已经上了年纪但是有未成年的子女需要抚养的家庭。处于这一阶段的消费者经济状况尚可，消费习惯稳定，可能购买富余的耐用消费品。

空巢期（Ⅰ）：指子女已经成年并且独立生活，但是家长还在工作的家庭。处于这一阶段的消费者经济状况最好，可能购买娱乐品和奢侈品，对新产品不感兴趣，也很少受到广告的影响。

空巢期（Ⅱ）：指子女独立生活，家长退休的家庭。处于这一阶段的消费者收入大幅度减少，消费更趋谨慎，倾向于购买有益健康的产品。

鳏寡就业期：尚有收入，但是经济状况不好，消费量减少，集中于生活必需品的消费。

鳏寡退休期：收入很少，消费量很小，主要需要医疗产品。

（3）社会身份与地位 一个人在社会中参加诸多群体，如家庭、俱乐部及各类组织等，在不同的群体中拥有不同的身份和地位，同时反映了社会对他的总体评价。

按照消费者消费风险分类，商品大致可以分为三种类型：

①功能性风险高的商品。

②自我印象风险高的商品。

③社会形象风险高的商品。

低档酒属于产品功能风险高的商品品类，白酒消费者在做购买决策的时候，最关心的是酒水质量、产地、口感等这些功能性利益点。中高档酒则属于社会形象风险高的商品，真正的高档酒，广告是做给影响者看的，90%的影响者不是高档酒的真正消费群，但是他们对高档酒的羡慕眼光，却是真正核心群体的消费动力，因为这种酒彰显了身份和地位。

在中高档酒的营销实战当中，企业常常刻意将产品定位于某种身份的象征，但一定注意，这种定位必须得到消费者广泛认可才有意义。为了克服消费者认知方面的障碍，很多企业采用了“借船出海”的策略，例如钓鱼台国宾酒业公司借助钓鱼台在中国百姓中的威望，推出了“钓鱼台国宾酒”，就获得了较高的社会地位象征。

3. 个人因素

（1）经济条件 个人的经济条件包括可花费的收入、储蓄状况以及对花费与储蓄的态度等。它除了能在价格上影响白酒消费者的行为外，对于消费者品牌选择、品类选择也有很大影响。经济条件较好的消费者多选择高档品牌酒，在品类上喜欢高档白酒、红酒、洋酒等；经济条件较差的消费者主要选择低档品牌甚至无品牌的酒水，在品类上以低档白酒、啤酒为主。

（2）生活方式 生活方式指一个人在其生存和发展过程中、从事各种活动时所采取的方法和形式。它涵盖一个人工作、学习及业余生活等方面的各项内容。来自相同的亚文化群、社会阶层，甚至于相同职业的人们，也可能具有不同的生活方式。这就需要深入研究产品与不同生活方式人群之间的相互联系，研究产品如何满足差异化需求。

（3）个性与自我概念 个性是指一个人在其生活、实践活动过程中经常表现出来的、比较稳定的、带有一定倾向性的个体心理特征的总和，是一个人区别于他人的独特心理面貌和心理特征。白酒产品如何满足个性化需求，是白酒企业必须考虑的问题。个性主要从三方面来理解：

①实际自我：即一个人如何看待自己。消费者在购买白酒产品时所要满足的是实际自我，主要从自身经济条件、实际状态、口味偏好及不同的酒所代表的内涵来选择酒的品牌、种类。

②理想的自我：即一个人希望如何看待自己。消费者在购买白酒产品时所要满足的是理想自我，会按照自己想要成为的人、想要的生活方式来选择，哪怕其选择的酒在价位、档次上超出其实际消费能力也在所不惜。

③他人自我：即一个人认为别人是如何看待自己的。消费者在购买白酒产品时所要满足的是他人自我，会比较看重他人对自己的看法，揣测自己在他人心目中的形象是什么样子的，从而去选择白酒产品。

（4）消费者态度　态度指某个人对某种事物或观念所持有的较长期的好坏评价、情感感受和行动倾向，它导致消费者对某种商品产生或好或坏、或亲近或疏远的感情。当人们对一个事物持某种态度时，不管该事物是有形的还是无形的，都被称为态度标的物。态度使人对相似的事物产生一致的行为，因为消费者通常不会对每种事物都建立新的态度或做出新的解释和反应，而按照已有态度对所接触到的事物做出反应和解释能够节省精力和时间。由于消费者的态度呈现稳定的模式，所以改变一种态度十分困难。企业最好使产品与消费者既有的态度保持一致，而不要试图去改变。但若改变一种态度所带来的利润高于为此消耗的成本，则另当别论。

4. 消费者心理

消费者的消费行为都是建立在一定的心理活动基础上，白酒消费者的心理过程主要分为认知过程、情感过程和意志过程，如图 6－2 所示。

- 心理现象
  - 心理过程
    - 认识过程（感觉、知觉、记忆、联想、思维、想象）
    - 情感过程
    - 意志过程
  - 个性
    - 个性倾向性：需要、动机、兴趣、信念、价值观
    - 个性心理特征：性格、能力、气质

图 6－2　消费者心理

（1）白酒消费者的认知过程　白酒消费者购买酒的消费活动，首先是从他对酒的认识开始的，是其消费行为的前提。消费者对白酒的认识是首先通过自己的各种器官，如人的视觉、听觉、嗅觉、味觉和触觉，当某一种酒对于消费者的感官能形成深刻的印象，说明消费者受到了来自这种酒的刺激。

消费者受到酒的刺激对酒形成表面直观的认识以后，还要通过一系列环节，如通过注意、记忆、思维、想象等复杂心理活动来深化和发展其认识过程。

（2）白酒消费者的情感过程　情感是消费者购买行为心理活动的一种特殊

反映形式，对购买行为的实现有重要的影响。情感没有具体的形象，但可以通过表情、语气、体态、行为等表现出来。基本的情感表现形式如喜、怒、哀、爱、恶、欲、惧等情感，反映了消费者的内心世界。

（3）白酒消费者的意志过程　意志是消费者自觉地确定目标，支配行动克服困难以实现预定目标的心理过程，是有目的、有计划地变革某一客观过程，以及坚决地、合理地克服各种困难的实践活动中所表现出来的主观能动性。消费者的购物活动，无论是重大的购物行为，还是日常的购物活动都会有意志活动的参与。

任务二　消费者需求与动机分析

一、消费者需求分析

马斯洛需求层次（图6－3）主要有五个方面，可将消费市场也分为五个层次，拿白酒销售举例，可细分为以下几个层次。

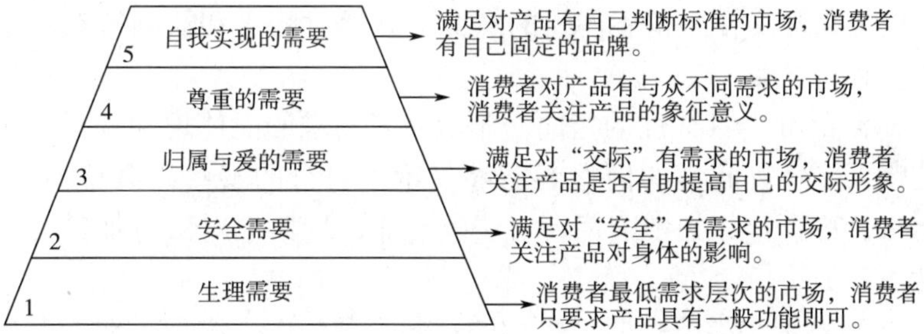

图6－3　马斯洛需求层次

（1）对酒本身基本功能的需要　指商品的有用性，如一个人只购买几元钱一瓶甚至十几元一桶的白酒喝，满足的是基本的生理需求。

（2）对酒质量性能的指向　质量性能是消费者对商品基本功能达到满意或完善程度的要求。

（3）对酒安全性的指向　指消费者对酒的品质的要求，如消费者希望酒的品质达到规定标准，不隐含任何不安全成分以及饮用时不会出现上头、恶心、酒精中毒等现象。

（4）对酒的消费的便利性的指向　在酒的购买构成中消费者要求以最少的时间、最近的距离、最快的方式购买到所需要的酒。在酒的消费过程中，消费者要求酒具有方便携带、开瓶简单等属性。如乐堡啤酒的创新易拉啤酒瓶盖设计如图6-4所示。

图6-4 乐堡啤酒的易拉啤酒瓶盖

（5）对酒的审美功能的指向　体现在消费者对酒瓶、包装、色彩、图文风格等审美价值的要求。

（6）对酒情感功能的指向　要求酒蕴含浓厚的情感色彩，能体现个人的情绪状态，成为人际交往中情感沟通的媒介，并通过购买和饮酒来获得情感上的补偿、追求和寄托。

（7）对酒的社会象征性的指向　是消费者要求酒能体现和象征一定的社会意义，使购买、拥有此酒的消费者能够显示出自身的某些社会特性，如身份、地位、财富、尊严等，如中国茅台、法国拉菲、瑞典绝对伏特加等都具有这样的指向性。

（8）对酒特定兴趣的指向　兴趣的指向表现为以一定的需要为基础并且随着社会物质生活条件的发展而发展，即一个人的兴趣是随着他对有关事物所感到的需要而形成和发展起来的。

二、消费者购买动机分析

（1）追求实用的购买动机　重视商品基本的功能属性，实惠就好，强调性价比，只是单纯追求个人饮酒需要的满足，而对于酒的品牌、包装、广告宣传等没有太多的关注。

（2）求新、求变的购买动机　消费者以追求酒的时兴和新颖为主，注重酒在包装、瓶型、图案、功能等方面的创新，容易受广告宣传和社会流行的影响。

（3）追求方便的购买动机　表现为消费者追求酒的购买及饮用方便，实际上就是消费者需求中对酒的消费便利指向转化而来。

（4）追求廉价的购买动机　消费者以追求酒的价格低廉或降价优惠为主要目标，希望支出较少的钱而获得较多的实际收益。对于廉价酒、特价酒、带奖酒等非常感兴趣。这种购买动机在低收入群体和传统型消费者中居多。求廉动机固然和收入水平较低有关，但对于大多数消费者来说，以较少的支出获得较大的收益是一种带有普遍性甚至是永恒的购买动机。

（5）求奇、求趣的购买动机　消费者追求酒给人带来的奇异感、新鲜感及趣味等，容易受包装、整体形象、广告等因素影响。这一点反映在消费者对于潮流品牌白酒的青睐上尤为明显。

（6）求优、求名的购买动机　消费者以追求酒的最佳品质、品牌为主要目标，要求酒选料上乘、酿造工艺先进、品牌和知名度高，是同类商品中质量最好的，而对于廉价酒则不屑一顾。更愿意去酒的品牌专卖店购买，并且成为某一品牌的忠实消费者后会长期、重复地购买。

（7）惠顾型购买动机　也称习惯性动机，指消费者对特定的酒或品牌或酒的销售终端有特殊的信任偏好，以信任、回报、感谢而购买为主要目标，从而在近似条件反射基础上习惯性地、重复地光顾某一店铺或反复地购买同一品牌、同一商标的酒。

（8）自我完善型购买动机　消费者以追求完美的自我形象为主要目标，力图通过购买某种酒来展现自我形象和品位。例如，酒类消费者在高档红酒、洋酒的消费中就有这方面的动机。

（9）好胜型购买动机　消费者以争强斗胜、胜过他人为主要目标，购买哪种酒并不是对其使用价值的需要或兴趣所致，而是为了与人攀比争荣，希望赶上他人、超越他人，得到一种胜利的心理满足。具备这类购买动机的酒类消费者经常会购买高档酒，甚至会频繁出现在名酒的拍卖会上。

（10）模仿型购买动机　消费者以追随自己喜爱、崇拜的偶像为主要目标，效仿他人购买某种酒，这也是明星效应产生的原因。

（11）从众型购买动机　消费者追求同众人一致，购买商品时注重群体规范，以相关群体中大多数成员的行为作为自己的行为准则，以满足从属于某一群体、进行社会交际、获得社会承认的心理需要。有时消费者由于缺乏市场信息和选购经验，认为从众有安全感，可以避免个人购买决策失误。白酒消费者中很大一部分人具有此购买动机。

（12）威望、炫耀型购买动机　消费者以显示或树立自己的地位、声望、权威为主要目标，不大注重酒的使用价值，而是特别重视其所代表的社会象征意义，有意追求高级奢侈型酒及名贵稀有的酒，以此显示、宣扬自己的品位与社会地位。

（13）超群、求异型购买动机　消费者以追求酒的新异、能反映自己的独特个性为主要目标，不喜欢随波逐流、人云亦云，注重所要买的酒的与众不同。

（14）追求安全、健康的购买动机　消费者越来越注重自身的生命安全和生理健康，对于酒的购买偏重于保健酒、黄酒、米酒、红酒等有益于身体健康的酒，偏好低度酒，并且饮酒的量也逐渐减少。经常有酒品牌诉求“买着放心，喝着安心”，就是利用消费者不愿意冒险的求安求稳心理，给消费者一个购买的理由。

（15）馈赠型购买动机　酒是人们交际、沟通感情的工具，节假日送酒、孝敬长辈送酒、馈赠亲朋送酒，酒作为中国的传统馈赠礼物具有相当大的市场，因而也应运而生了众多的礼品酒，如黄金酒、白金酒等。这种购买动机具有明确的目的性和指向性。

（16）求同购买动机　即为寻求与他人同步而产生的购买动机，如一些酒品牌诉求的“喝了都说好”“今年流行某某酒”，就是利用消费者的求同心理。

消费者具体购买动机是复杂多样的，由需求决定，表现形式因人、因时、因地而异。每一种购买动机都不是孤立产生和发挥作用的，通常是几种购买动机交织到一起，共同影响着消费者行为，但有主从先后。

任务三　消费者购买过程

消费者购买过程是消费者将购买动机转化为购买活动的过程，如图 6－5 所示，消费者购买过程在实际购买前就已经开始了，并延伸到实际购买之后。

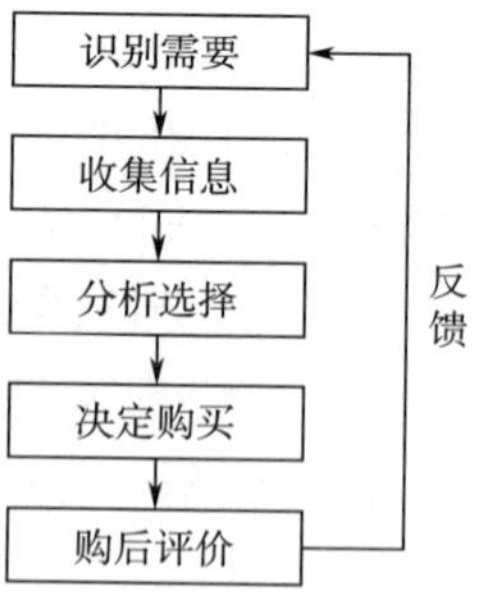

图 6－5　消费者购买行为程序

一、识别需要

白酒消费需要主要集中体现在以下几个方面。

（1）餐饮终端的佐餐消费需要，基本属于习惯性消费，消费者一般选择和自己身份、宴请对象、消费场合匹配的白酒品牌。

（2）礼品消费需要，特别是年节礼品市场，销量惊人。

（3）宴会需要，特别是婚寿宴，中国消费者传统上就有大操大办的习惯，白酒是大宗消耗品。

（4）团购市场需要，包括单位节日福利用酒、单位日常招待用酒。

（5）日常消费需要，包括普通消费者的日常购买和年节购买。

二、收集信息

（1）消费者信息收集的两种情况

①不刻意收集信息，但比平时更加关注该产品的广告、关注他人对该产品的评价。

②主动、广泛地收集产品信息。

（2）消费者信息来源

①经验来源：即直接使用产品得到的信息。

②个人来源：即家庭成员、朋友、邻居、同事和其他熟人所提供的信息。

③公共来源：即社会公众如消费者权益组织、政府部门、新闻媒介、大众传媒等传播的信息。

④商业来源：即营销企业提供的信息，如广告、推销人员介绍、包装说明等。

三、分析选择

获得全面丰富的产品信息后，消费者会依据这些信息及特定的分析方式对同类产品的不同品牌加以分析，并做出购买选择。消费者的分析行为主要涉及产品属性、对品牌的看法、效用要求等各个方面。

四、决定购买

通过对产品的分析评估，消费者会产生一种购买意向。有购买意向的消费者在其完整的购买行为中，需要决策产品品牌的选择、购买地点的选择、购买时间的选择、购买数量的选择和结算方式等内容，如图 6－6 所示。

五、购后评价

购后评价即消费者购买产品后会通过对产品的实际使用，来确认满意程度、验证自己购买决策的正确性，从而作为以后类似购买活动的参考。如感到满意，则可能会重复购买或带动其他人购买；若感到不满意，则会减少购买，

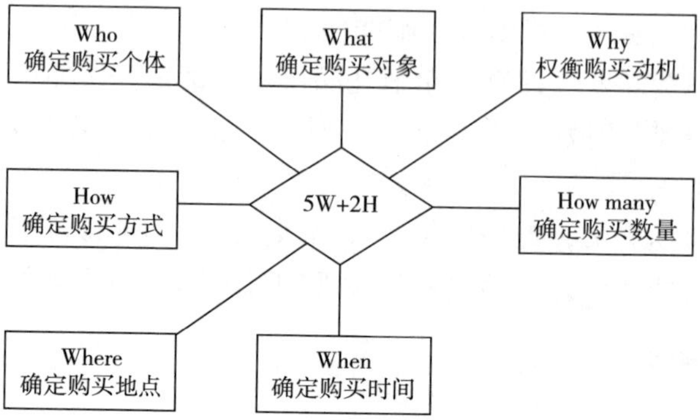

图6－6 消费者决策内容

甚至会通过某种途径讨回损失或要求补偿损失。

拓展阅读

“江小白”怎样成功地做到文化营销？

“江小白”在2012年创建品牌。2015年之前，这个品牌并未获得广泛认可。但是，在2015年左右，借助于互联网经济的发展契机，在短短半年时间完成了逆袭。其产品定位尤为重要。江小白酒业说他们是生产“情绪饮料”的，在官网上，赫然写着这么一段简介：江小白提倡直面青春的情绪，不回避、不惧怕。与其让情绪煎熬压抑，不如任其释放。

这个宣言直接决定了“江小白”的市场定位，就是年轻群体。在当下市场多元化，尤其是互联网经济的介入造成市场资本重组的今天，今天的年轻人如同我们创业的先辈，经受着市场的考验和内心的阵痛。而“江小白”对自己产品的界定并没有仅仅局限在白酒，而是将其称为“情绪饮料”，并且提出了自己“不回避、不惧怕，任意释放情绪”的宣言，这种对年轻客户群体心理的把握可谓煞费苦心但切中要害。

如果说对年轻群体情绪释放的把握为“江小白”的成功奠定了群体基础。那么，利用互联网科技反互联网生存状态，则在一定程度上表现了制造商的温情主义情怀。它这样塑造了温情主义的面纱：随着互联网的普及，朋友之间的正常交流时间正越来越多地被移动社交软件所占据。线上的热络取代不了面对面的沟通。江小白号召放下手机暂别网络，与朋友重新在现实中进行社交，不要让网络完全占据了生活。

互联网普及以及移动终端的快速更新换代造成了一个奇怪的社会现象，就是人和人之间的正常交流成为了困难。随之而来的各类经济现象开始兴起，比如《奇葩说》《好好说话》等收费节目。这些节目的目的很明显，就是消除线上平台长期以往形成的社交恐惧症，让人能够面对面地进行交流。而“江小白”摸准了这个脉搏，在提出释放情绪的基础上，进一步强调社交回归。这是个大众化的噱头，但是它缔造出了它自己的情绪释放逻辑。

所以说，“江小白”精准定位了客户群体，同时，它也对这个客户群体的生存状态、经济收入、心理问题等有一定的研究，并针对这些提出了自己的品牌文化理念，这是它能够逆袭成功的最重要的群体基础。

所以说，基于客户心理之上的文化营销将“江小白”塑造成了一个文化现象，文化现象有其滋生性和影响力，这就是文化软实力的核心价值所在。

【思考题】

1. 通过阅读上述案例，你认为江小白成功的关键在哪里？
2. 研究消费者的心理对白酒营销有什么作用？

实践训练

白酒消费者的消费心理分析

一、教学组织及运行

本实训项目按照教师讲解、布置任务、学生训练、学生汇报方式进行，通过训练过程考核及汇报检验教学效果。

二、实训内容及要求

1. 实训目标

（1）知识目标

①熟悉白酒消费者的心理特征。

②掌握白酒消费者购买心理。

③熟悉并掌握消费者购买决策的基本过程。

（2）能力目标

①会根据消费者的心理详细描述购物过程。

②能够对消费者的购物过程进行角色分析。

③能够对消费者的购物过程进行心理影响因素分析。

2. 实训重点及难点

（1）实训重点　购物过程的采集。

（2）实训难点　购物过程进行心理影响因素分析。

3. 实训开展方式

(1) 制订科学、周密的实习计划。

(2) 联系实习场所。

(3) 指导教师认真指导。

(4) 签订《学生实习安全责任书》，学生实习要遵守相应的规章制度，服从安排，维护自身的良好形象。

(5) 严格考勤和考核，确保实习任务圆满完成。

4. 实训内容及步骤

(1) 调查收集信息

①每五人一组，选定区域市场进行有目的地收集有效信息。

②细分调查任务，可采用多种方式进行调查。

(2) 整理信息、写一份演讲稿、汇报

操作步骤 1：购物过程的收集

①选定一家商店去选购一件商品，或观察其他消费者购物。

②将购物的过程详细记录。

标准与要求：

①选定的商店和商品符合自身需求。

②记录方式正确。

③获得信息正确。

④安全操作，有团队合作精神。

操作步骤 2：报告撰写与汇报

①将获得的信息整理、汇总。

②撰写一份详细的演讲稿。

③汇报。

标准与要求：

①报告符合要求。

②汇报成功。

③办公软件使用正确。

④体现团队合作精神。

三、实训考核方法

学生练习过程中进行分单项技能考核，结合培养结果考核以及报告考核的方式进行项目考核，具体考核表和评分标准如下。

1. 调查结果

(1) 结果评价　具有详细完整的调查记录和调查报告。

(2) 过程评价

评价项目	确定调查目标（2分）	实施调查（3分）	调查数据（2分）	调查报告（2分）	学习态度（1分）
得分					

2. 汇报

四、课外拓展任务

（1）在消费者购买决策过程中，你认为有哪些因素对最终的购买决策产生影响，原因是什么？

（2）怎样更加全面地了解消费者心理，以便采取针对性的营销策略？

项目七　白酒产品的开发与定价

项目描述

产品是营销组合中一个十分关键的因素，是企业营销运作的基本依托，企业销量的增长、市场份额的提升、经营规模的扩大等，凭借的最终载体就是产品。要在市场竞争中生存下去，企业必须提供能够创造卓越顾客价值的优质产品和服务。

产品的开发与定价，关乎多个企业内部多个部门的协作，关乎上下游合作伙伴的利益整合，是企业经营中一项常态化的关键业务流程。

知识目标

（1）认识和理解产品的概念，掌握产品整体概念的五个层次。

（2）掌握产品组合中长度、宽度、广度、黏度的含义。

（3）掌握波士顿矩阵分析法中产品的类型。

（4）掌握新产品开发的步骤。

（5）掌握产品包装的要素，以及白酒包装的消费心理。

（6）掌握价格的构成要素，价格的影响因素。

能力素质目标

（1）能够运用产品整体概念分析市场上的白酒产品。

（2）能够对白酒企业旗下产品进行产品组合分析。

（3）能够运用波士顿矩阵分析法分析白酒企业产品类型。

（4）能够设计新产品并规划开发步骤。

(5) 能够根据企业目标、市场现状和产品类型对产品制订价格策略。

(6) 具备活跃的思维和开拓创新的能力。

(7) 具备细心、耐心的品质和敏锐的洞察力。

案例导入

江小白和小郎酒，谁是第一？

全国知名度第一的小酒江小白是小酒世界的网红，圈内圈外，无人不知，2019年销售额达30亿。江小白将目标人群定位在“有情绪”“青春”的年轻群体，江小白按照年轻人的喜好打造了全新的品牌，无论是产品的外包装，还是口感等方面，都进行了大胆的尝试，极力讨好这群年轻的用户群体。江小白的表达瓶为江小白的成功起到重要的作用，功不可没，但这只是江小白成功的必要条件，而非充分条件。真正让江小白活下来的是，江小白在渝川餐饮市场的地推能力；让江小白全国知名的是互联网营销，为全国餐饮铺货建立了有效的准备。

全国销量第一的小酒是小郎酒。2017年小郎酒销售30亿，2020年预计达到100亿，小酒界的真老大。小郎酒，以前也叫歪嘴郎，郎酒集团旗下主力品牌之一。经过郎酒酒体技术团队持续不断地改进和创新，零售价20元一瓶的小郎酒于2014年获得“中国白酒酒体设计奖”，充分证实了小郎酒的实力。小郎酒，浓头酱尾、兼香和谐是该产品的卖点。100mL小郎酒的个性化设计与自由的消费方式相结合，合理的产品定位加上高执行力的“狼性”营销团队，引领了中国小酒消费新风尚。小郎酒精确的产品定位，一流的酒体设计，时尚而不失典雅韵味，兼香型口感的包容性，更是充分体现了“小郎酒，大品牌”的特点。

2018年3月21日，第98届全国糖酒商品交易会上，郎酒发布了“彩装”的小郎酒新品，并提出“精酿白酒”的概念，承诺将用更严苛的工艺，打造更醇绵的品质，新的小郎酒零售定价为30元一瓶。郎酒集团董事长汪俊林在发布会上表示，未来中国的小酒市场将超过千亿，但只有品质好、价格适当的小酒才能存活，对于小郎酒而言，品质是小郎酒决胜市场的法宝，小郎酒必须要坚持经典与时尚并存才能占据有利地位。小郎酒在此时发力正当其时，他相信，3年内，小郎酒将达到过百亿元的销量。

小郎酒、江小白等品牌的成功，一定是战略、资本、产品、定位、品牌、渠道、运营、广告、互联网综合因素导致的，而非任何单一因素。成功地打造一款新产品，需要从顶层设计的高度来谋划，而非一招一式的低维思考。

【思考题】

1. 你认为小郎酒、江小白成功的关键是什么？
2. 通过阅读上述案例，思考产品开发定位在市场营销中的重要作用。

任务一　产品概念的认识

一、产品的概念

产品指能提供给市场以引起人们注意、获得、使用或消费，从而满足某种欲望或需求的一切东西。产品不单单指一个商品实体，在市场上它还包括服务、经验、人、地点、财产、组织、信息和创意等。

二、产品整体概念

人们通常理解的产品是指具有某种特定物质形状和用途的物品，是看得见、摸得着的东西，这是一种狭义的定义。而市场营销学认为，广义的产品是指人们通过购买而获得的能够满足某种需求和欲望的物品的总和，它既包括具有物质形态的产品实体，又包括非物质形态的利益，这就是“产品的整体概念”。

产品整体概念包含核心产品、形式产品、附加产品、期望产品和潜在产品五个层次（图 7 - 1）。

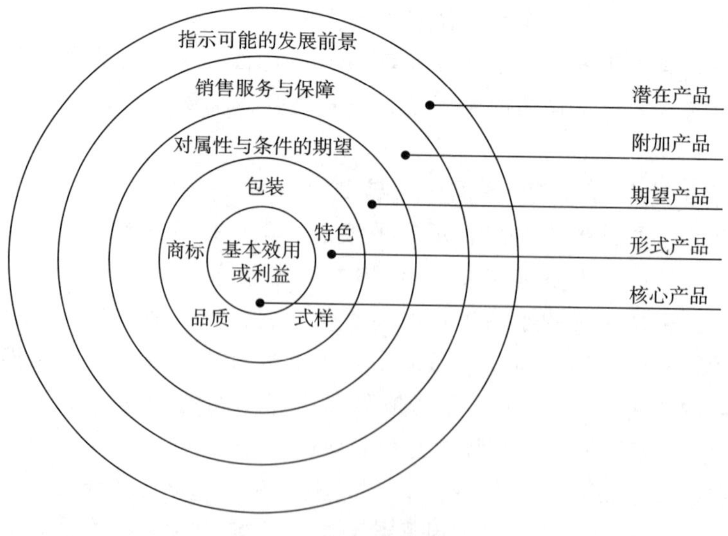

图 7 - 1　产品整体的五个层次

（1）核心产品　是指消费者购买某种产品时所追求的利益，是顾客真正要买的东西，因而在产品整体概念中也是最基本、最主要的部分。消费者购买某种产品，并不是为了占有或获得产品本身，而是为了获得能满足某种需要的效用或利益。

（2）形式产品　是核心产品借以实现的形式，即向市场提供的实体和服务的形象。如果有形产品是实体品，则它在市场上通常表现为产品质量水平、外观特色、式样、品牌名称和包装等。产品的基本效用必须通过某些具体的形式才能得以实现。市场营销者应首先着眼于顾客购买产品时所追求的利益，以求更完美地满足顾客需要，从这一点出发再去寻求利益得以实现的形式，进行产品设计。

（3）期望产品　是指购买者购买某种产品通常所希望和默认的一组产品属性和条件。一般情况下，顾客在购买某种产品时，往往会根据以往的消费经验和企业的营销宣传，对所欲购买的产品形成一种期望，如对于旅店的客人，期望的是干净的床、香皂、毛巾、热水、电话和相对安静的环境等。顾客所得到的，是购买产品所应该得到的，也是企业在提供产品时应该提供给顾客的。对于顾客来讲，在得到这些产品基本属性时，并没有太多的套路和形成偏好，但是如果顾客没有得到这些，就会非常不满意，因为顾客没有得到他应该得到的东西，即顾客所期望的一整套产品属性和条件。

（4）附加产品　是顾客购买有形产品时所获得的全部附加服务和利益，包括提供信贷、免费送货、质量保证、安装、售后服务等。附加产品的概念来源于对市场需要的深入认识。因为购买者的目的是为了满足某种需要，因而他们希望得到与满足该项需要有关的一切。美国学者西奥多·莱维特曾经指出："新的竞争不是发生在各个公司的工厂生产什么产品，而是发生在其产品能提供何种附加利益（如包装、服务、广告、顾客咨询、融资、送货、仓储及具有其他价值的形式）"。

（5）潜在产品　是指一个产品最终可能实现的全部附加部分和新增加的功能。许多企业通过对现有产品的附加与扩展，不断提供潜在产品，所给予顾客的就不仅仅是满意，还有顾客在获得这些新功能的时候感到的喜悦。所以潜在产品指出了产品可能的演变，也使顾客对于产品的期望越来越高。潜在产品要求企业不断寻求满足顾客的新方法，不断将潜在产品变成现实的产品，这样才能使顾客得到更多的意外惊喜，更好地满足顾客的需要。

三、产品的生命周期

产品的生命周期是指产品从投入市场到更新换代和退出市场所经历的全过程，是产品或商品在市场运动中的经济寿命，也即在市场流通过程中，由于消费者的需求变化以及影响市场的其他因素所造成的商品由盛转衰的周期。主要是由消费者的消费方式、消费水平、消费结构和消费心理的变化所决定的。一般分为投入期、成长期、成熟期、衰退期四个阶段。

（1）投入期　新产品投入市场，便进入投入期。此时，顾客对产品还不了解，只有少数追求新奇的顾客可能购买，销售量很低。为了扩展销路，需要大量的促销费用对产品进行宣传。在这一阶段，由于技术方面的原因，产品不能大批量生产，因而成本高，销售额增长缓慢，企业不但得不到利润，反而可能亏损，产品也有待进一步完善。

（2）成长期　这时顾客对产品已经熟悉，大量的新顾客开始购买，市场逐步扩大。产品大批量生产，生产成本相对降低，企业的销售额迅速上升，利润也迅速增长。竞争者看到有利可图，将纷纷进入市场参与竞争，使同类产品供给量增加，价格随之下降，企业利润增长速度逐步减慢，最后达到生命周期利润的最高点。

（3）成熟期　市场需求趋向饱和，潜在的顾客已经很少，销售额增长缓慢直至转而下降，标志着产品进入了成熟期。在这一阶段，竞争逐渐加剧，产品售价降低，促销费用增加，企业利润下降。

（4）衰退期　随着科学技术的发展，新产品或新的代用品出现，将使顾客的消费习惯发生改变，转向其他产品，从而使原来产品的销售额和利润额迅速下降。于是，产品又进入了衰退期。

任务二　白酒企业的产品战略

一、产品战略

产品战略是企业对其所生产与经营的产品进行全局性谋划，它与市场战略密切相关，也是企业经营战略的重要基础。企业要依靠适销对路、具有竞争力的产品，去赢得顾客，占领与开拓市场，获取经济效益。产品战略是否正确，直接关系企业的胜败兴衰和生死存亡。

二、产品组合决策

产品组合决策是企业根据市场需求、竞争形势和企业自身能力对产品组合的宽度、长度、深度和相关性方面做出的决策。产品组合（表7－1）可以用广度、长度、深度、黏度来说明。

表 7－1　宝洁公司产品组合表

	广度				
	洗衣粉	牙膏	肥皂	纸尿布	纸巾
	象牙雪 1930	格利 1952	象牙 1879	娇子 1961	媚人 1928
	德来夫特 1933	佳洁士 1955	佳美 1927	滤污 1976	粉扑 1960
	汰渍 1946		洗污 1928		旗帜 1982
长度	快乐 1950		科克斯 1930		绝顶 1992
	奥克雪多 1952		香味 1952		
	德希 1954		保洁净 1963		
	圭尼 1966		海岸 1974		
	道尼 1972		玉兰油 1993		
	伊拉 1972				

（1）广度　产品组合的广度是指该公司具有多少不同的产品线。由上表可以看出，宝洁公司有 5 个产品线，即洗衣粉、牙膏、肥皂、纸尿布、纸巾。

（2）长度　该公司产品组合的长度是指它的产品组合中的产品品目总数。在表 7－1 中，产品品目总数是 25 个。我们再来看一看该公司产品线的平均长度：平均长度等于总长度（这里是 25）除以产品线数（这里是 5），所以结果为 5。

（3）深度　产品组合的深度是指产品线中每一产品有多少的品种。例如佳洁士牌牙膏有 3 种规格和 2 种配方（普通味和薄荷味），佳洁士牌牙膏的深度就是 6。通过计算每一品牌的产品品种数目，我们就可以计算出宝洁公司产品组合的平均深度。

（4）黏度　所谓产品组合的黏度，是指一个企业的各个产品大类的最终使用、生产条件、分销渠道等方面的密切相关程度。由表 7－1 可能看出，宝洁公司所生产经营的产品都是清洁用消费品，而且都是通过相同的渠道分销，就产品的最终使用和分销渠道而言，这家公司的这些产品组合的黏度大。

三、产品线规划

1. 产品项目市场地位分析

产品项目市场地位分析即指将产品线中各项目与竞争者的同类产品做对比分析，全面衡量各产品项目在市场中的地位。对产品项目的市场地位的分析有助于设计产品线的营销战略，同时也有助于根据消费者的偏好来识别细分市场。

（1）波士顿矩阵分析法　产品项目市场地位分析即将产品线中各项目与竞争者的同类产品做对比分析，全面衡量各产品项目在市场中的地位。对产品项目市场地位的分析有助于设计产品线的营销战略，同时也有助于根据消费者的偏好来识别细分市场。波士顿矩阵从两个方面考量品牌：一个是市场成长率，一个是相对市场份额。

以目前白酒市场为例，能经久不衰的酒品牌并不多，一些能维持三年五载的品牌已经是不错的了，“一年喝倒一个牌子”成为白酒品牌中常有的事。酒类商品作为快速消费品，近年品牌链不断延长，一个酒品牌往往有高中低档全部的品种，同时为了实现品牌的差异化，总会有新品推出，这些变化就连“茅五剑”这些名牌，也在不断采用。

因此酒类经销商也必须不断变换品牌品种，每一个经销商都会有若干处于不同状态的酒品牌。虽然市场翻云覆雨，酒品牌千姿百态，以波士顿矩阵原理（图 7 -2）归纳起来大致有四种。

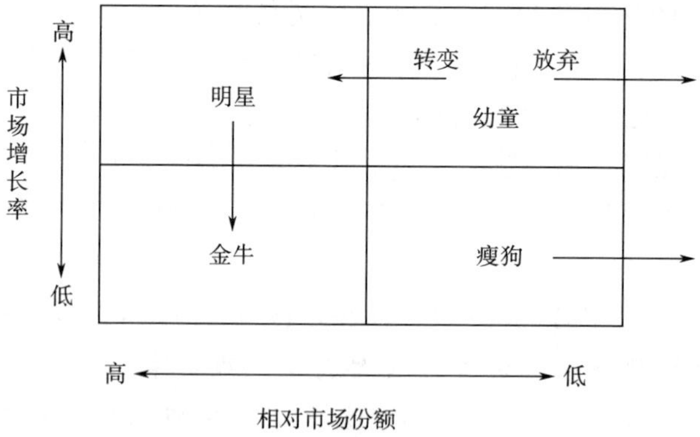

图 7 -2　波士顿矩阵模型图

①明星品牌：品牌市场销售增长率上升阶段，在与主要竞争对手竞争中处于领先地位。这类品牌既有发展潜力，企业又具有竞争力，是高速成长市场中的领先者，处于品牌生命周期中的成长期，被形象地称为明星品牌，是企业发展的重点品牌，宜采取追加投资、扩大业务的策略。

②金牛品牌：品牌市场销售增长率处于下降阶段，市场份额占有率较高，品牌处于生命周期中的成熟期，销售规模较大，能够带来大量稳定的现金收益，被形象地称为金牛品牌。企业通常以金牛品牌支持明星品牌、幼童品牌或瘦狗品牌。企业通常的策略是维持其现状，不再追加投资，以便尽可能地回收资金，最大限度地获取利润。

③瘦狗品牌：品牌的市场销售额下降严重，市场占有率低，处于品牌生命

周期中的成熟后期或衰退期。在对手激烈的竞争下，利润菲薄，销售额下降，气息奄奄。如果业务能够经营并维持，则应缩小经营范围规模，如果亏损，则应采取果断措施，进行整合或退出经营。

④幼童或问题品牌：品牌市场销售增长率处于上升阶段，需要企业投入大量资金支持，但品牌的市场占有率不高，或存在着强大竞争对手，或自己的营销通路手段等有重大缺陷，但该品牌市场潜力看好。因此，要分析自身的实力及优势，决定是否追加投资，扩大市场份额。

战略应用：波士顿矩阵将企业的不同品牌业务组合到一个矩阵中，可以简单明了地分析出企业经营品牌在市场中的地位，从而针对不同的品牌制订有效策略，集中企业资源，提高企业在市场中的竞争能力。经销商可采取三种不同的策略：

a. 发展策略：采用这种策略的目的是扩大品牌的市场份额，甚至不惜放弃近期利润来达到这一目标。这一策略主要应用于明星品牌，使明星品牌继续提高市场占有率，拉大与竞争对手的距离，逐渐成为企业的主要利润源泉。同时也适用于问题品牌，问题品牌的关键是市场占有率与竞争对手有较大的差距，而并非销售利润增长没有空间，市场没有前景。经销商就要将大量资金投入这部分品牌中去。

b. 稳定策略：采用这种策略的目的是为了保持品牌的市场份额，增加短期现金收入，这一策略适用于金牛品牌，因为这类品牌能够为企业挣得大量的现金。稳定策略也适用于部分问题品牌和瘦狗品牌。

c. 撤退策略：采用这种策略的目的在于清理某些不景气的品牌业务，以便把资金转移到更有潜力的品牌上。它适用于瘦狗品牌和部分难以把握的问题品牌，这些品牌常常是亏损的。

拓展阅读

某一酒类经销公司经营A、B 、C 、D 、E、F、G 7个品牌的酒品，公司可用资金50万。经对前半年的市场销售统计分析，发现：

（1）A、B品牌业务量为总业务量的70%，两个品牌的利润占到总利润的75%，在本地市场占主导地位。但这两个品牌是经营了几年的老品牌，从去年开始市场销售增长率已呈下降趋势，前半年甚至只能维持原来业务量。

（2）C、D、E三个品牌是新开辟的品牌。其中C、D两个品牌前半年表现抢眼，C品牌销售增长了20%，D品牌增长了18%，且在本区域内尚是独家经营。E品牌是高档产品，利润率高，销售增长也超过了10%，但在本地竞争激烈，该品牌其他两家主要竞争对手所占市场比率达到70%，而公司只占到10%

左右。

(3) F、G两个品牌市场销售下降严重，有被C、D品牌替代的趋势，且在竞争中处于下风，并出现了滞销和亏损现象。

针对上述情况，根据波士顿矩阵原理，采取如下措施：

(1) 确认A、B品牌为金牛品牌，维持原来的资金投入30万元，以保证市场占有率和公司的主要利润来源，同时也认识到A、B品牌已经出现了衰退现象，要认真找出原因，一方面寻找替代品牌，一方面尽可能地延长其生命力。

(2) 确认C、D品牌为明星品牌，虽然目前不是公司的主要利润来源，但发展潜力很大，决定加大资金投放力度，加快发展步伐，扩大与竞争对手的差距，力争成为公司新的利润增长点。决定先期投入资金10万元。

(3) 对F、G品牌果断采取撤退战略，不再投入资金，着手清理库存，对滞销商品降价处理，尽快回笼资金。

(4) 对E品牌投入研究力量，寻找竞争对手薄弱方面，整合资源，争取扩大市场份额，使E品牌成为明星品牌。决定投入资金5万元。余下5万元作为机动资金，以便在特殊情况下，对某品牌做侧重支持。

(2) 麦肯锡销量利润贡献对比　这一分析重要的是就产品线上每一个项目对总销售量与利润的贡献程度进行确定。一般可以通过计算每一个项目占产品线的销售额与利润额的百分比来分析。如产品线的利润太集中在少数几个项目上，意味着这条产品线的弹性较差，遇到强有力竞争者的挑战，往往会受到很大影响，因此，企业要尽可能地把利润均匀分散到多个项目中去。

某产品线的销售和利润情况见图7-3。

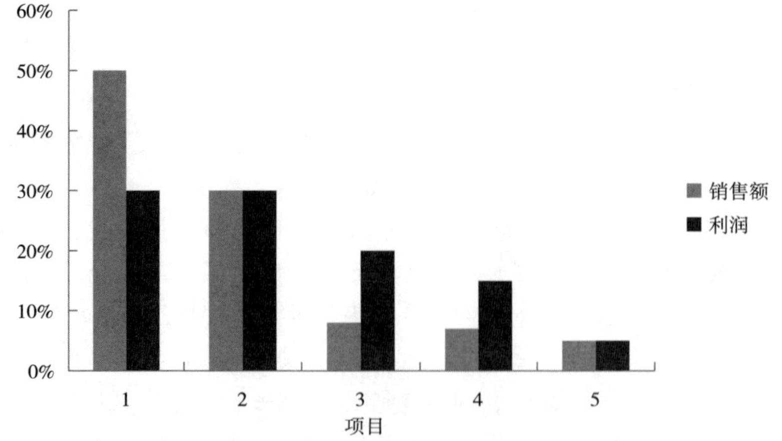

图7-3　某产品线的销售和利润情况

如图7－3所示，例举了五个产品项目的产品销售和利润情况。产品线上第一个项目占总销售额的50%，占总利润的30%。前两个项目占总销售额的80%和总利润的60%。如果这两个项目突然受到竞争者打击，产品线的销售额和利润额就会急剧下降。把销售额高度集中在少数几个项目上，则意味着产品线具有脆弱性，务必小心翼翼地监视好并保护好这些项目。

在另外一方面，最后一个项目只占到产品线销售额和利润额的5%，产品线经理甚至可以考虑将这一销售呆滞的产品从产品线上撤除，除非它具有较强的增长潜力。

2. 产品线延伸

每个企业产品都有其特定的市场定位，如五粮液定位于高档白酒市场，十八酒坊定位于中档白酒市场，红星二锅头则定位于低档白酒市场。产品线延伸指全部或部分地改变原有产品的市场定位，主要通过向下延伸、向上延伸、双向延伸三种方式来扩展其产品。

（1）目标市场核心价格带统一产品线开发　已有产品满足核心价值带则检索产品力，若无产品则开发。

（2）针对性市场个性产品线开发　某个区域重要性强，针对性开发产品线。

（3）主导产品系统改造或提升分品牌架构　产品线延伸或收缩、产品线合并或整合、产品改造或淘汰。

3. 产品线现代化

在某些情况下，产品线是适当的，但必须随着技术的进步及消费者的需求的变化使产品线现代化。产品线经理面临的主要问题是使产品线逐渐现代化，还是跨域式现代化。跨域式现代化使企业在改进整个产品线之前，观察部分消费者和经销商是否喜欢新样式的产品。逐渐现代化则可实现使企业的现金流量耗费较少。但是，它使竞争者有机会看到变化，并开始设计他们自己的产品线。

就迅速变化的产品市场而言，现代化是必不可少的。企业改进产品，是为了诱导消费者消费更高价值和价格的产品项目。然而，其主要问题是企业必须择机而动，选择改进产品的最佳时机，使之不早也不迟。

课堂练习

请分析表7－2中五粮液集团的产品组合策略。

表 7－2　五粮液集团产品情况

<table>
<tr><th colspan="8">产品组合宽度</th></tr>
<tr><th rowspan="3">产品线长度</th><th colspan="6">白酒</th><th>药品</th></tr>
<tr><th>五粮液系列</th><th>五粮春系列</th><th>头特曲系列</th><th>五粮醇系列</th><th>尖庄系列</th><th>金六福系列</th><th></th></tr>
<tr><td>巴拿马金酒
金品五粮液
68 度五粮液
五粮液老酒
五粮液年份酒
龙年纪念酒
一帆风顺酒
鹏程万里酒
鸡酒
熊猫酒
一马当先酒</td><td>五粮春</td><td>五粮头曲
五粮特曲
五粮特曲精品</td><td>五粮醇</td><td>珍贵老尖庄酒
金尖庄
PET 尖庄酒</td><td>金六福酒</td><td>散寒散热口服液</td></tr>
</table>

任务三　白酒企业的新产品开发

一、新产品开发概念

新产品开发是指从研究选择适应市场需要的产品开始到产品设计、工艺制造设计，直到投入正常生产的一系列决策过程。从广义上说，新产品开发既包括新产品的研制，也包括原有的老产品改进与换代。新产品开发是企业研究与开发的重点内容，也是企业生存和发展的战略核心之一。

二、新产品开发的分类

为了便于对新产品进行分析研究，可以从多个角度进行分类。

（1）按新产品创新程序分类

①全新新产品：是指利用全新的技术和原理生产出来的产品。

②改进新产品：是指在原有产品的技术和原理的基础上，采用相应的改进技术，使外观、性能有一定进步的新产品。

③换代新产品：采用新技术、新结构、新方法或新材料在原有技术基础上有较大突破的新产品。

（2）按新产品所在地的特征分类

①地区或企业新产品：指在国内其他地区或企业已经生产但本地区或本企

业初次生产和销售的产品。

②国内新产品：指在国外已经试制成功但国内尚属首次生产和销售的产品。

③国际新产品：指在世界范围内首次研制成功并投入生产和销售的产品。

（3）按新产品的开发方式分类

①技术引进新产品：是直接引进市场上已有的成熟技术制造的产品，这样可以避开自身开发能力较弱的难点。

②独立开发新产品：是指从用户所需要的产品功能出发，探索能够满足功能需求的原理和结构，结合新技术、新材料的研究独立开发制造的产品。

③混合开发的产品：是指在新产品的开发过程中，既有直接引进的部分，又有独立开发的部分，将二者有机结合在一起而制造出的新产品。

三、新产品开发的方向

企业开发新产品，把有限的人、财、物，有效地分配在急需的开发项目上，使新产品开发取得最佳效果，关键在于准确地确定新产品开发方向。由于市场竞争日益激烈，消费需求日益多样化和个性化，新产品开发呈现出多能化、系列化、复合化、微型化、智能化、艺术化等发展趋势。

企业在选择新产品开发方向时应考虑以下几点。

（1）考虑产品性质和用途　在进行新产品开发前，应充分考察同类产品和相应的替代产品的技术含量和性能用途，确保所开发产品的先进性或独创性，避免“新”产品自诞生之日起就被市场淘汰。

（2）考虑价格和销售量　系列化产品成本低，可以降价出售增加销售量，但是系列化产品单调，也可能影响销售量。因此，对系列化、多样化产品以及价格、销售之间的关系，要经过调查研究再加以确定。

（3）充分考虑消费者需求变化速度和变化方向　随着人们物质生活水平的提高，消费者的需求呈多样化趋势，并且变化速度很快。而开发一样新产品需要一定的时间，这个时间一定要比消费者需求变动的时间短，才能有市场，才能获得经济效益。

（4）企业产品创新满足市场需求的能力　曾经代表中国民族通信旗帜的巨龙、大唐、中兴、华为四家企业，面对的市场机会差不多，起步差不多，但经过三四年时间，华为、中兴已远远走在了前面，巨龙则几乎退出了通信市场。而决定四家企业差距的最关键因素就是各自推向市场的产品所包含的产品和技术创新的能力。

（5）企业技术力量储备和产品开发团队建设。

四、新产品开发的基本方式

企业开发新产品，选择合适的方式很重要。选择得当，适合企业实际，就能少承担风险，易获成功。一般有独创方式、引进方式、结合方式和改进方式四种。

（1）独创方式　从长远考虑，企业开发新产品最根本的途径是自行设计、自行研制，即所谓独创方式。采用这种方式开发新产品，有利于产品更新换代及形成企业的技术优势，也有利于产品竞争。自行研制、开发产品需要企业建立一支实力雄厚的研发队伍、一个深厚的技术平台和一个科学及高效率的产品开发流程。

（2）引进方式　技术引进是开发新产品的一种常用方式。企业采用这种方式可以很快地掌握新产品制造技术，减少研制经费和投入的力量，从而赢得时间，缩短与其他企业的差距，但引进技术不利于形成企业的技术优势和企业产品的更新换代。

（3）改进方式　这种方式是以企业的现有产品为基础，根据用户的需要，采取改变性能、变换型式或扩大用途等措施来开发新产品。采用这种方式可以依靠企业现有设备和技术力量，开发费用低，成功把握大。但是，长期采用改进方式开发新产品，会影响企业的发展速度。

（4）结合方式　是独创与引进相结合的方式。

五、新产品开发的意义

（1）新产品开发可以成为竞争优势的源泉。

（2）新产品开发可以加强战略优势。

（3）新产品开发能够增强企业形象。

（4）新产品开发有利于保持企业研究开发的能力。

（5）新产品开发可以充分利用生产和经营资源。

（6）新产品开发可以提高品牌权益。

（7）新产品开发可以影响人力资源。

六、新产品开发的程序

新产品开发是一项极其复杂的工作，从根据用户需要提出设想到正式生产产品投放市场为止，其中经历许多阶段，涉及面广、科学性强、持续时间长，因此必须按照一定的程序开展工作，这些程序之间互相促进、互相制约，才能使产品开发工作协调、顺利地进行。产品开发的程序是指从提出产品构思到正式投入生产的整个过程。由于行业的差别和产品生产技术的不同特点，特别是选择产品开发方式的不同，新产品开发所经历的阶段和具体内容并不完全一样。现以加工装配性质企业的自行研制产品开发方式为对象，来说明新产品开发需要经历的各个阶段。

1. 调查研究阶段

发展新产品的目的，是为了满足社会和用户需要。用户的要求是新产品开发选择决策的主要依据，为此必须认真做好调查计划工作。这个阶段主要是提出新产品构思以及新产品的原理、结构、功能、材料和工艺方面的开发设想和总体方案。

2. 新产品开发的构思创意阶段

新产品开发是一种创新活动，产品创意是开发新产品的关键。在这一阶段，要根据社会调查掌握的市场需求情况以及企业本身条件，充分考虑用户的使用要求和竞争对手的动向，有针对性地提出开发新产品的设想和构思。产品创意对新产品能否开发成功有至关重要的意义和作用。企业新产品开发构思创意主要来自三个方面：

（1）来自用户　企业着手开发新产品，首先要通过各种渠道掌握用户的需求，了解用户在使用老产品过程中有哪些改进意见和新的需求，并在此基础上形成新产品开发创意。

（2）来自本企业职工　特别是销售人员和技术服务人员，经常接触用户，用户对老产品的改进意见与需求变化他们都比较清楚。

（3）来自专业科研人员　科研人员具有比较丰富的专业理论和技术知识，要鼓励他们发扬这方面的专长，为企业提供新产品开发的创意。此外，企业还通过情报部门、工商管理部门、外贸等渠道，征集新产品开发创意。

新产品创意包括三个方面的内容：产品构思、构思筛选和产品概念的形成。

（1）产品构思　产品构思是在市场调查和技术分析的基础上，提出新产品的构想或有关产品改良的建议。

（2）构思筛选　并非所有的产品构思都能发展成为新产品。有的产品构思可能很好，但与企业的发展目标不符合，也缺乏相应的资源条件；有的产品构思可能本身就不切实际，缺乏开发的可能性。因此，必须对产品构思进行筛选。

（3）产品概念的形成　经过筛选后的构思仅仅是设计人员或管理者头脑中的概念，离产品还有相当的距离。还需要形成能够为消费者接受的、具体的产品概念。产品概念的形成过程实际上就是构思创意与消费者需求相结合的过程。

3. 新产品设计阶段

产品设计是指从确定产品设计任务书起到确定产品结构为止的一系列技术工作的准备和管理，是产品开发的重要环节，是产品生产过程的开始，必须严格遵循“三段设计”程序。

（1）初步设计阶段　这一般是为下一步技术设计作准备。这一阶段的主要工作就是编制设计任务书，让上级对设计任务书提出体现产品合理设计方案的改进性和推荐性意见，经上级批准后，作为新产品技术设计的依据。它的主要任务在于正确地确定产品最佳总体设计方案、设计依据、产品用途及使用范围、基本参数及主要技术性能指标、产品工作原理及系统标准化综合要求、关键技术解决办法及关键元器件，特殊材料资源分析、对新产品设计方案进行分析比较，运用价值工程，研究确定产品的合理性能（包括消除剩余功能）及通过不同结构原理和系统的比较分析，从中选出最佳方案等。

（2）技术设计阶段　技术设计阶段是新产品的定型阶段。它是在初步设计的基础上完成设计过程中必须的试验研究（新原理结构、材料元件工艺的功能或模具试验），并写出试验研究大纲和研究试验报告；做出产品设计计划书；画出产品总体尺寸图、产品主要零部件图，并校准；运用价值工程，对产品中造价高的、结构复杂的、体积笨重的、数量多的主要零部件的结构、材质精度等选择方案进行成本与功能关系的分析，并编制技术经济分析报告；绘出各种系统原理图；提出特殊元件、外购件、材料清单；对技术任务书的某些内容进行审查和修正；对产品进行可靠性、可维修性分析。

（3）工作图设计阶段　工作图设计的目的，是在技术设计的基础上完成供试制（生产）及随机出厂用的全部工作图样和设计文件。设计者必须严格遵守有关标准规程和指导性文件的规定，设计绘制各项产品工作图。

4. 新产品试制与评价鉴定阶段

新产品试制阶段又分为样品试制阶段和小批试制阶段。

（1）样品试制阶段　它的目的是考核产品设计质量，考验产品结构、性能及主要工艺，验证和修正设计图纸，使产品设计基本定型，同时也要验证产品结构工艺性，审查主要工艺上存在的问题。

（2）小批试制阶段　这一阶段的工作重点在于工艺准备，主要目的是考验产品的工艺，验证它在正常生产条件下（即在生产车间条件下）能否保证所规定的技术条件、质量和良好的经济效果。

试制后，必须进行鉴定，对新产品从技术上、经济上做出全面评价，然后才能得出全面定型结论，投入正式生产。

5. 生产技术准备阶段

在这个阶段，应完成全部工作图的设计，确定各种零部件的技术要求。

6. 正式生产和销售阶段

在这个阶段，不仅需要做好生产计划、劳动组织、物资供应、设备管理等一系列工作，还要考虑如何把新产品引入市场，如研究产品的促销宣传方式、价格策略、销售渠道和提供服务等方面的问题。新产品的市场开发既是新产品开发过程的终点，又是下一代新产品再开发的起点。通过市场开发，可确切地了解开发的产品是否适应需要以及适应的程度；分析与产品开发有关的市场情报，可为开发产品决策、改进下一批（代）产品、提高开发研制水平提供依据，同时还可取得有关潜在市场大小的数据资料。

七、新产品开发的策略

新产品的开发是企业产品策略的重要组成部分。新产品开发的主要策略有：

（1）领先策略　这种策略就是在激烈的产品竞争中采用新原理、新技术、新结构优先开发出全新产品，从而先入为主，领略市场上的无限风光。这类产品的开发多从属于发明创造范围，采用这种策略，投资数额大，科学研究工作量大，新产品实验时间长。

（2）超越自我策略　这种策略的着眼点不在于眼前利益而在于长远利益。这种暂时放弃一部分眼前利益、最终以更新更优的产品去获取更大利润的经营策略，要求企业有长远的“利润观”理念，要注意培育潜在市场，培养超越自我的气魄和勇气，不仅如此，更需要有强大的技术作后盾。

（3）紧跟策略　采用这类策略的企业往往针对市场上已有的产品进行仿造或进行局部的改进和创新，但基本原理和结构是与已有产品相似的。这种企业跟随既定技术的先驱者，以求用较少的投资得到成熟的定型技术，然后利用其特有的市场或价格方面的优势，在竞争中对早期开发者的商业地位进行侵蚀。

（4）补缺策略　每一个企业都不可能完全满足市场的任何需求，所以在市场上总存在着未被满足的需求，这就为企业留下了一定的发展空间。这就要求企业详细地分析市场上现有产品及消费者的需求，从中发现尚未被占领的市场。

八、成功开发的新产品应具有的特征

成功开发的新产品应具有以下特征。

（1）微型化、轻便化　在保障质量的前提下使产品的体积变小，质量变轻，便于移动。

（2）多功能化　使新产品具有多种用途，既方便购买者的使用，又能提高购买者的购买兴趣。

（3）时代感强　新产品能体现时代精神，培植和引发新的需求，形成新的市场。

（4）简易化　尽量在结构和使用方法上使使用者方便和容易维修。

（5）利于保护环境　新产品属节能型，或对原材料的消耗很低，或者有利于保护环境。对“三废”“三害”的消除有效。

（6）适应性强　新产品必须适应人们的消费习惯和人们对产品的观念。

（7）相对优点突出　新产品相对于市场原有的产品来说具有独特的长处，如性能好、质量高、使用方便、携带容易或价格低廉等。

（8）人体工程化　对生活消费品要更多考虑到这一点。

九、保障新产品开发成功的措施

新产品开发的风险是很大的，高层经理可能会对市场调研已做出了否定的报告不管不顾，强力推行他钟爱的产品构思；构思可能是好的，但是对市场规模估计过高；实际产品可能并没有达到设计要求；产品在市场上定位可能错误，没有开展有效的广告活动，或对产品定价过高，也可能产品的开发成本高于预计成本，或者竞争对手的激烈反击强于事先估计。

企业在开发新产品时一定要做到以下几个方面。

首先，必须进行细致、周密的市场调查，考查清楚市场对此新产品的需求，使该产品上市时能够被投入事先界定好的目标市场。

其次，开发时需要有安全、可靠的组织保证。企业可以把新产品开发工作交给它们的产业经理，或者直接设立一个新产品开发部，专门负责有关新产品开发的各项事宜，再通过设立一个管理委员会监督、审核新产品的开发。

十、缩短新产品开发周期的途径

不断开发新产品是形成竞争优势的一个主要因素。如何缩短新产品开发周期，是成功推出新产品的关键。

1. 有效的领导

在日本企业，开发新产品小组的负责人，具有很大的权力，他是领导者，而不是一般协调人。小组负责人的位置是一个受人羡慕的职位，容易得到进一步提升。相反，在美国企业，小组负责人没有实权，他的工作只是协调，他要说服来自不同职能部门的小组成员共同工作，这使得他在一个个问题面前束手无策。

2. 通力合作

在日本企业，为了开发新产品，由项目负责人组织一个小组，小组一直工作到新产品开发完成。小组成员来自不同的职能部门，包括市场评估、生产计划、设计、工艺、生产管道各部门的人员。尽管小组成员保持与各自的职能部门的联系，但他们的工作完全在项目负责人的控制之下，工作业绩同样是由项目负责人考核，项目负责人还可决定小组成员今后能否参加新项目的工作。

3. 相互沟通

西方企业在开发新产品时总是到最后才决定一些重大的决策问题。因为小组成员回避矛盾，加上工作是从一个部门到另一个部门序贯地进行，使成员之间沟通非常困难。相反，实行精益生产的日本企业，从一开始就将所有小组成员召集到一起，发誓要对项目负责。大家互相沟通，将一些重大问题一开始就定下来。虽然随着项目的进行，某些部门（如市场评估和产品计划）的人不必继续参加小组活动，但由于重大问题一开始就决定了，项目也能较顺利地进行。

4. 同步开发

将各部门人员放到一起可使许多行动同步地进行，从而大大缩短开发周期。在开发新产品过程中，模具设计和模具加工周期很长，为了加快开发速度，可使模具毛坯的准备与设计同时进行。由于模具设计者与设计者共同工作，模具设计者一开始就从设计者那里得到新设计产品的大致尺寸和零件的种类。于是，可以提前订购模具的毛坯。当设计最终完成时，毛坯就能准备好。在大量生产方式下，一般是序贯地进行各项工作，模具制造周期一般需要两年。而按同步开发方式，模具制造周期仅为一年，时间缩短了一半。

十一、新产品开发时应注意的问题

1. 以功能为中心制订产品开发计划

新产品开发是围绕实现一定的功能开展的，在进行市场研究弄清用户的确切需求后，就可以分析企业目前产品所提供的实际功能和客观需求之间的差距，得到哪些功能尚属空白、哪些功能尚未很好提供等有益信息。显然，在对企业的研究与开发力量及生产运作条件进行分析后，就能编制出旨在克服上述某种不足的产品开发计划，它包括的工作内容也就沿着功能这条主线开展。

2. 最大限度地降低产品总成本

产品具有竞争优势的一个重要前提是产品的总成本低，在传统观念中，企业仅仅考虑制造成本而忽视使用成本，并且认为制造成本是由生产运作过程所决定。这是一种片面的观点。实际上，产品成本责任的绝大部分（在研究报告中提出超过80%）取决于设计开发和生产运作部门，而制造部门的成本责任的绝大部分是由设计阶段所决定的。因此，应将降低产品总成本的努力贯穿于新产品开发的整个过程中，并协调统一好制造成本和使用成本的关系。例如，进行产品设计时，在满足用户对功能需求的前提下，产品的结构应尽量简单化，以便于制造和检修，从而降低产品的制造成本和使用成本；进行生产运作系统设计时，也应在产品设计已决定了的产品制造成本的大致范围内，通过采用和企业实际条件相符的先进适用技术和最优工艺方案，最大限度地降低产品制造成本。

3. *形成新产品开发的良性循环*

所谓良性循环是指产品能正常地更新换代。为此，企业必须高度重视新产品开发工作，并制订完善的新产品开发工作规划，力争做到在生产运作第一代产品的同时，就积极开发第二代，研究第三代，构思设想第四代，以确保有连续不断的新产品投放市场，使企业在整个生产经营过程中保持旺盛的生命力，不断谋求发展。

4. *开展创造性思维*

不管是更新换代新产品的开发，还是老产品的小改革，都要以创造性的设想为基础。新产品的开发源于有创造性的设想。因此，应借助智力激励法、检核表法、综摄法、缺点列举法等有效的创造技法来挖掘潜在的创造力，以获取有价值的产品构思创意。指导人们进行发展的、全方位立体思考。

拓展阅读

梦里寻她千百度，你想几度就几度

——五粮液“自由度”产品开发案例

2015 年底宜宾市自由度酒业有限公司成立，独立运作五粮液“自由度”。2016—2017 年，自由度上市一年来，乘风破浪，披荆斩棘，南征北战，自由之花竞相绽放。它独具匠心的创新理念，追求自由、崇尚自由的品牌精神，吸引着世界的目光，让自由度深得西方国家青睐。在社会需求日趋多元化的今天，随着人们饮酒习惯的差异和健康意识的增强，消费者对白酒产品的需求越来越精准细分。五粮液公司领导亲自挂帅主导，五粮液产研部经过上百次的实验，终于研发出可以由消费者自由勾调的创新白酒品牌——自由度。白酒也能“调”着喝，想喝几度调几度！这就是“自由度”的独特核心魅力。

“自由度”一代（图 7 – 4）产品有红黄两款包装，为一盒两瓶装，一瓶精选 69 度优级原度调和精华液 280mL 与另一瓶 38 度优级基酒 620mL，一个空瓶调酒分酒器，共 900mL 五粮液的优级酒。空瓶调酒器上标有经无数次实验而获得的精准的酒精度刻度。饮酒人通过两种酒的掺和，以及简单科学的手法自由勾调出不同的度数。

图7-4　"自由度"一代

2020年，五粮液创新科技全新升级版"自由度"二代（图7-5）惊艳面世，产品包装为900mL套瓶装，里层瓶内为精选69度优级原度调和精华液340mL与外层瓶内38度优级基酒410mL，酒瓶上标有经无数次实验而获得的精准的酒精度刻度。饮酒人通过旋转酒瓶到相应度数，可勾调出不同的度数。自由度二代是获三项专利保护的世界首款人工智能、旋转变度、自动勾调白酒。

图7-5　"自由度"二代

从此白酒生产划分为"固定酒精度数"和"非固定酒精度数"两个品类，"自由度"的诞生将白酒生产的最后一道勾调程序搬到了消费者的餐桌上，开创了中国白酒几千年来都只有一种固定度数饮酒方式的先河。自由度集好看、好喝、好玩于一体，饮酒人可根据自己的喜好自选酒精度，解决众口难调的烦恼，让喝酒变得更轻松，更符合现代人对欢乐与健康的双重需求。

自由度调酒方法“摇一摇”是五粮液勾调大师经过科学验证独创的科研成果。当高低度的酒分子相遇后，在外力作用下，迅速重新组合成新的羟氧基，加速酒的老熟，在经过摇出的酒花里的氧分子充分氧化，酒体变得更醇、更柔、更香，使自由度美酒具备了五粮液浓香型白酒的绵、甜、净、爽、醇、柔、香七大特征。摇得好的酒相当于存了五年以上的老酒，给人带来超凡神奇的口感体验。

【思考题】

1. 通过阅读上述案例，分析自由度产品成功的关键在哪里，你怎么看自由度这个产品？
2. 根据以上案例的启发，你认为产品开发最重要的是什么？

任务四　酒类企业的包装策略

一、产品包装概述

商品给顾客的第一印象，不是来自于产品的内在质量，而是它的外观包装。商品包装得漂亮得体，不仅能够吸引顾客，而且还能激起购买欲望，其作为营销竞争的重要手段，更多地应体现产品的特质、品质、个性。产品包装识别设计是为营销沟通提供更直接、更有效的途径，所以，产品的概念、卖点、品牌、符号等元素要在产品包装上有技巧地呈现出来。以营销为导向的产品包装设计，能够从眼花缭乱的商品中脱颖而出，吸引消费者的眼球，提高销售力。市场营销中的各种包装策略，都与市场营销因素相互适应，其最终目的是利用包装这个形式产品，来推销整体产品，提高市场占有率，实现企业的营销目标。

包装要素有包装对象、材料、造型、结构、防护技术、视觉传达等。一般来说，商品包装应该包括商标或品牌、形状、颜色、图案和材料等要素。

（1）商标或品牌　商标或品牌是包装中最主要的构成要素，应在包装整体上占据突出的位置。

（2）包装形状　适宜的包装形状有利于储存和陈列，也有利于产品销售，因此，形状是包装中不可缺少的组合要素。

（3）包装颜色　颜色是包装中最具刺激销售作用的构成元素。突出商品特性的色调组合，不仅能够加强品牌特征，而且对顾客有强烈的感召力。

（4）包装图案　图案在包装中如同广告中的画面，其重要性不可或缺、不言而喻。

（5）包装材料的选择　包装材料的选择不仅影响包装成本，而且也影响商品的市场竞争力。

（6）产品标签　在标签上一般都印有包装内容和商品所包含的主要成分、品牌标志、产品质量等级、产品商家、生产日期和有效期、使用方法。

二、包装在营销中的作用

（1）保护商品　这是包装最原始和最基本的功能。主要体现在两个方面：其一是保护商品本身，起到防震、防压、防风、防晒、防水、防虫等作用；其二是安全保护，比如防燃、防爆、防放射、防污染、防毒等。

（2）便于运输、携带、储存和使用　对于外形不固定的商品，或者是液态、气态或者粉末商品，如不进行包装，则无法运输和贮藏。所以，良好的包装便于商品的运输、携带、贮存和使用。

（3）美化商品，促进销售　商品给消费者的第一印象，不是商品的内在质量，而是其外包装美观与否。产品包装精美，不仅能吸引消费者，而且还能激发消费者的购买欲望。

（4）提高商品价值，增加企业利润。

三、白酒包装的消费心理

（1）意见领袖带动下的跟风心理　意见领袖带动多表现在政务与商务活动中，在这些活动里，每一层都有相对顶端的决策者存在，他们对于酒类消费有绝对的决定权，并在一定范围内有辐射力，其消费习惯影响聚饮场合的成员。

（2）自尊需要心理　如在政务商务活动、亲朋好友聚会、喜庆节日、喜宴酒席等场合，做东的人遇事"爱面子"，要"拿得出手"，在酒类消费行为中存在酒水质量、包装档次品牌知名度、品牌特色、价位高低等之分，是一种自我表现的需要。

（3）尊重及形象心理　为表达对宾客的尊重，维护自身的地位形象及宾客的形象，多有一种"非常人喝非常酒"的消费心理表现。此类"形象需求"的消费习惯也折射出国人待客与礼宾之道的一种尊重表现。

（4）奢侈炫耀心理　在一些大众聚会中存在高端消费的炫耀心理，把自身的经济优势转化为心理优势，以图达到象征权利和地位的作用。奢侈与炫耀的酒类消费属性为价格高、其物品稀缺甚至限量销售。

（5）健康及适度心理　在白酒产品消费中，为了身体健康或者工作健康的需要，把酒言欢之际，主客双方都需要慎重对待，做到适度消费，保持大脑清醒。此时健康需求就会体现，以防止一些如泄露机密、触及身体健康的问题出现。

（6）符合法律规定，兼顾社会利益　法律是企业市场营销活动的边界，包装设计作为企业营销活动的重要环节，在营销活动中必须严格依法行事。

此外，还要注意满足不同运输商、分销商的特殊要求。

四、白酒包装的特点分析

白酒市场竞争激烈，产品同质化日益严重，包装设计已从纯粹、简单的产品设计，发展到市场、企业、营销三个坐标共表现的品牌信息设计，来标新立异，吸引消费者的注意力，以提升竞争力。

五、包装策略

符合设计要求的包装固然是良好的包装，但优秀的包装只有同包装策略结合起来才能发挥应有的作用。常见的包装策略主要有以下几种。

（1）类似包装策略　企业对其生产的产品采用相同的图案、近似的色彩、相同的包装材料和相同的造型进行包装，便于顾客识别。对于忠诚于本产品的顾客，类似包装策略无疑具有促销作用，企业还可因此节省包装的设计、制作费用。一般仅适用于质量相同的产品，对于品种差异大、质量水平悬殊的产品测不宜采用。

（2）差异包装策略　企业的各种产品都有自己的独特包装，在设计上采用不同的风格、色调、材料。

（3）配套包装策略　按消费者习惯将数种有关联的产品配套包装在一起成套供应，便于消费者携带，同时扩大销量。在配套产品中如加入新产品，可使消费者不知不觉地习惯使用新产品，有利于新产品上市和普及。

（4）附赠包装策略　记载商品包装物附赠奖券或实物，或包装本身可以换取礼品，吸引顾客的惠顾效应，导致重复购买。

（5）更新包装策略　更新包装，一方面是通过改进包装使销售不佳的商品重新焕发生机，重新激起人们的购买欲；另一方面通过改进，使商品顺应市场变化。有些产品要改进质量比较困难，但总是老面孔，可能会让消费者感到厌烦。经常变换一下包装，给人带来一种新鲜感，销量就有可能上去。

（6）复用包装策略　复用是指包装再利用的价值，根据目的和用途分为两类：

①从回收再利用的角度，如产品运储周转箱、啤酒瓶、饮料瓶等，复用可以大幅降低包装成本，便于商品周转，有利于减少环境污染。

②从消费者角度，商品使用后，其包装还可以作为其他用途，以达到变废为宝的目的，如各种形状的酒瓶可作装饰物，包装袋可重复利用作为购物袋。这种包装策略可使消费者感到一物多用而引起购买欲望，而且包装物的重复使

用也起到了对产品的宣传作用。

（7）企业协作包装策略　企业在开拓新的市场时，由于宣传等原因其知名度可能并不高，所需的广告宣传投入费用又太大，而且很难立刻见效。这时可以联合当地具有良好信誉和知名度的企业共同推出新产品，在包装设计上重点突出联手企业的形象，这是一种非常实际有效的策略，在欧美、日本等发达国家是一种较为普遍的做法。如日本电子产品在进入美国市场时滞销，后采用西尔斯的商标，以此占领了美国市场。

（8）绿色包装策略　随着消费者环保意识的增强，绿色环保成为社会发展的主题，伴随着绿色产业、绿色消费而出现的绿色概念营销方式成为企业经营的主流。因此在包装设计时，选择可重复利用或可再生、易回收处理、对环境无污染的包装材料，容易赢得消费者的好感与认同，也有利于环境保护和与国际包装技术标准接轨，从而为企业的发展带来良好的前景。如用纸质包装替代塑料袋装，羊毛材质衣物中夹放轻柔垫纸来取代硬质衬板，既美化了包装，又顺应了发展潮流，一举两得。

（9）系列式包装策略　即企业生产经营的产品都用相同或相似的包装，引入CI设计的企业往往采取这种包装策略，因为系列包装可以使产品，甚至使企业形象更加明显。

（10）开窗式包装　开窗式包装策略是指在包装物上留有“窗口”，让消费者通过“窗口”来直接认识和了解产品，其目的在于直接让消费者体会、认识产品的品质。

（11）等级式包装　由于消费者的经济收入、消费习惯、文化程度、审美眼光、年龄等存在差异，对包装的需求心理也有所不同。一般来说，高收入者，文化程度较高的消费层，比较注重包装设计的制作审美、品位和个性化；而低收入消费层则更偏好经济实惠、简洁便利的包装设计。因此，企业将同一商品针对不同层次的消费者的需求特点制订不同等级的包装策略，以此来争取不同层次的消费群体。

（12）情趣式包装　情趣式包装追求包装造型、色彩、图案的艺术感，通过包装的造型、色彩等来赋予一定的象征意义，其目的在于激发消费者的情感，使消费者产生联想。

（13）年龄式包装　年龄式包装策略即按年龄段设计相应的包装，即包装采用年龄相关的造型、图案、色彩等，其目的在于满足不同年龄消费者的需要。

（14）性别式包装　性别式包装策略即按性别不同采用与性别相适应的包装。男性用品包装追求潇洒、质朴，女性用品包装崇尚温馨、秀丽、新颖、典雅，其目的在于满足不同性别消费者的需要。

（15）礼品式包装　这种包装策略是指包装华丽、富有欢乐色彩、包装物上常冠以“福”“禄”“寿”“喜”“如意”等字样及问候语，其目的在于增添节日气氛和欢乐，满足人们交往、礼仪之需要，借物寓情，以情达意。

（16）分量式包装策略　即对一些称重产品，根据消费者在不同时间、地点购买和购买量不同采用重量、大小不同的包装，也有一些价格较贵的产品，实行小包装给消费者以便利感，还有一些新产品，为让消费者试用而采用小包装，其目的在于给消费者以便利感、便宜感、安全感。

任务五　酒类企业的价格战略

一、企业定价依据

所有营利性组织和许多非营利性组织都必须为自己的产品或服务定价。在营销组合当中，价格是营销组合中唯一能创造收益的因素，其他因素都表现为成本。价格是最容易调节的营销组合因素，同时也是企业或产品或品牌的意愿价格同市场交流的纽带。价格通常是营销产品销售的关键因素，是营销成功与否的决定性因素之一。

（1）价格内涵　从最狭义的角度来说，价格是对一种产品或服务的标价；从广义的角度来看，价格是消费者在交换中所获得的产品或服务的价值。

（2）价格的构成　商品价格的形成要素及其组合，也称价格组成。它反映商品在生产和流通过程中物质耗费的补偿，以及新创造价值的分配，一般包括生产成本、流通费用、税金和利润四个部分。

价格＝生产成本＋流通费用＋税金＋利润

（3）影响定价决策的内部因素

①营销目标：产品的定价要遵循市场规律，并以企业的营销目标为转移，不同的目标决定了不同的策略和不同的定价方法技巧。同时，价格策略作为企业实现经营目标的手段，直接影响企业的经营成效，因此，企业在实施定价策略时，要结合企业内部情况、目标市场的经济、人文情况及竞争对手情况，根据对企业的生存和发展影响最大的战略因素来选择定价目标。

②营销组合战略：由于价格是营销组合因素之一，产品定价时要注意价格策略与产品的整体设计、分销和促销策略相匹配，形成一个协调的营销组合。如果产品是根据非价格图表来定位的，那么有关质量、促销和销售的决策就会极大地影响价格，价格制订不能脱离其他组合而单独决定。

③成本：产品从原材料到成品要经过一系列复杂的过程，在此过程中必定要消耗一定的资金和劳动，这种在产品的经营中所产生的实际耗费货币表现为

成本，它是产品价值的基础，也是制订产品价格的最低经济限，是维持简单生产和经营活动的基本前提。产品的价格必须能够补偿产品生产、分销和促销的所有支出，并能补偿企业为产品承担风险所付出的代价。

④组织考虑：每个企业规模有大小，财务状况不同，经济指标不同，企业价值取向不同，对于追求利润型企业，高价格是企业选择的定价方向，对于追求市场份额的企业，中、低价格定位是企业定价的方向。同时根据企业自身状况考虑综合因素（品牌、市场定位、推广费用、渠道建设情况、产品包装、产品规格）来制订价格。

（4）影响定价决策的外部因素

①市场和需求的性质：与成本决定价格的下限相反，市场和需求决定价格的上限。企业价格决策面临的竞争主要来自同行业生产者、经营者之间的竞争，尤其是市场处于买方市场的态势下，卖方间的竞争十分激烈，企业价格决策者必须熟悉本企业产品在市场竞争中所处的地位，分析市场中竞争对手的数量，它们的生产、供应能力及市场行为，从而做出相应的价格策略。不同的市场结构采用的定价策略是不同的。根据市场竞争程度的具体因素，可以把市场结构划分为完全竞争市场、垄断竞争市场、完全垄断市场、寡头垄断市场四种类型。

②竞争对手：竞争价格因素对定价的影响主要表现为竞争价格对产品价格水平的约束。同类产品的竞争最直接表现为价格竞争。如果企业采取高价格、高利润的战略，就会引来竞争；而低价格、低利润的战略可以阻止竞争对手进入市场或者把他们赶出市场。如果企业试图通过适当的价格和及时的价格调整来争取更多的顾客，这就意味着其他同类企业将失去部分市场，或维持原有市场份额要付出更多的营销努力。因而在竞争激励的市场上，企业都会认真分析竞争对手的价格策略，密切关注其价格动向并及时做出反映。

③其他外部因素：包括经济、中间商、政府、社会关注问题。

二、定价目标策划

企业定价目标是指企业对其产品定价时预先确定所要达到的目的和标准，是企业营销目标在价格决策上的反映，一般可分为利润目标、销售额目标、市场占有率目标和稳定价格目标。

（1）生存导向定价目标　即维持生存的目标，是特定时期过渡性目标。当企业经营不善，或由于市场竞争激励、顾客需求偏好突然变化时，会造成产品销路不畅，大量积压、资金周转不灵，甚至面临破产危险时，企业应以维持生存作为主要目标。短期而言，只要售价高过产品变动成本，足以弥补部分固定成本支出，则可继续经营。企业长期目标还是要获得发展。

（2）利润导向定价目标　是企业定价目标的重要组成部分，获取利润是企业生存和发展的必要条件，是企业经营的直接动力和最终目的。因此，利润导向定价目标为大多数企业所采用。

①以利润最大化为定价目标：以利润最大化为定价目标是指企业一定时期内综合考虑各种因素后，以总收入减去总成本的最大差额为基点，确定单位产品的价格，以获得最大利润总额。最大利润有长期和短期之分，还有单一产品最大利润和企业全部产品综合最大利润。一般而言，企业追求的应该是长期的、全部产品的综合最大利润，这样企业就可以取得较大的市场竞争优势，占领和扩大更多的市场份额。对于一些中小型、产品生命周期较短、产品在市场上供不应求的企业来说，也可以谋求短期最大利润。价格太高，会导致销售量下降，利润总额可能因此减少。高额利润是可以通过采用低价策略，待占领市场后再逐步提价来获得的；同时企业也可以通过对部分产品定低价，甚至亏本销售，以招徕顾客，带动其他产品的销售，进而谋取最大的整体效益。因而高价策略来达到的利润最大化只能是一种短期行为，最大利润应以公司长期最大利润和全部产品的总利润为目标。

②以投资收益为定价目标：投资收益为定价目标是指使企业实现在一定时期内能够收回投资并能获取预期的投资报酬的一种定价目标。投资收益又称为投资报酬率，是衡量企业经营实力和经营成果的重要标志，它等于净利润与总投资之比，一般以一年为计算期，其值越高，企业的经营状况就越好。采用这种定价目标的企业，一般是根据资额规定的收益率，计算出单位产品的利润额，加上产品成本作为销售价格。但必须注意两个问题：一要确定适度的投资收益率，一般投资收益率应高于同期的银行存款利息率，但不可过高，否则消费者难以接受；二是企业经营的必须是畅销产品，与竞争对手相比，企业具有明显的优势。

③以合理的利润为定价目标：合理的利润定价目标是指企业为避免不必要的价格竞争，在补偿正常情况下的社会平均成本的基础上，适当地加上一定量的利润作为产品价格，以适中、稳定的价格获得长期利润的一种定价目标。采用这种定价目标的原因很多：以适度利润为目标使产品价格不会显得太高，从而可以阻止激烈的市场竞争；某些企业为了协调投资者和消费者之间的关系，树立良好的企业形象。不仅使企业可以避免不必要的竞争，又能获得长期利润，而且由于价格适中，消费者愿意接受，还符合政府的价格指导方针，因此，这是一种兼顾企业利益和社会利益的定价目标。但实际运用时常常会受到各种限制，必须充分考虑产销量、投资成本、竞争格局和市场接受程度等因素。临时性的企业一般不宜采用这种定价目标。

（3）销售导向定价目标　又称为市场占有率目标，是在保证一定利润水平的前提下，谋求某种水平的销售量或市场占有率而确定的目标。以销售额为定价目标具有获取长期较好利润的可能性。采用销售额目标时，确保企业的利润水平尤为重要，销售额和利润必须同时考虑。因为某种产品在一定的时期、一定市场状况下的销售额由该产品的销售量和价格共同决定，销售额的增加并不必然带来利润的增加。有的企业销售额上升到一定程度，利润就很难上升，甚至销售额越大，亏损越多。因此，对于需求的价格弹性较大的商品，降低价格而导致的损失可以由销量的增加而得到补偿，因此企业宜采用薄利多销策略，保证总利润不低于企业最低利润的前提下，尽量降低价格，促进销售，扩大利益；反之，若商品需求的价格弹性较小，降价会导致收入减少，而提价则使销售额增加，企业应该采用高价、厚利、限销的策略。

（4）竞争导向定价目标　在产品营销竞争中，价格竞争是最有效、最敏感的手段。企业在设定定价前，一定要广泛搜集信息，把自己产品的质量、特点和成本与竞争者的产品进行比较，然后制订本企业的产品价格。根据企业的不同条件，一般有以下决策目标可供选择。

①稳定价格目标：是指以保证价格相对稳定，避免正面价格竞争为定价目标。稳定的价格通常是大多数企业获得一定目标收益的必要条件。其实质是通过本企业产品的定价来左右整个市场价格，可以使市场价格在一个较长的时间内相对稳定，减少企业之间因价格竞争而发生的损失。为达到稳定价格的目的，通常情况下，由那些拥有较高市场占有率、经营实力较强或具有竞争力和影响力的领导企业先决定定价，其他企业的价格则与之保持一定的距离或比例关系。这样，对大企业是稳妥的价格保护政策，中小企业也以此避免因价格竞争而带来的风险。

②追随定价目标：企业有意识地通过给产品定价主动应付和避免市场竞争。企业价格的制订，主要以对市场价格有影响的竞争者的价格为依据，根据具体产品的情况稍高或稍低于竞争者。竞争者的价格不变，实行此目标的企业也维持原价，竞争者的价格变动，此类企业也参照调整价格。一般情况下，中小企业的产品价格定得略低于行业中占主导地位的企业的价格。

③挑战定价目标：如果企业具有强大的实力和特殊优越的条件，可以主动出击，挑战竞争对手，获取更大的市场份额。一般常用的策略目标有：打击定价，实力较强的企业主动挑战竞争对手，扩大市场占有率，可采用低于竞争者的价格出售产品；特色定价，实力雄厚并拥有特殊技术或产品品质优良或能为消费者提供更多服务的企业，可采用高于竞争者的价格出售产品；阻截定价，为了防止其他竞争者加入同类产品的竞争行列，在一定条件下，往往采用低价入市，迫使弱小企业无利可图而退出市场或阻止竞争对手进入市场。

三、产品基本定价方法

1. 成本导向定价法

（1）成本加成定价法　是一种最简单的定价方法，即在产品单位成本的基础上，加上预期利润作为产品的销售价格。售价与成本之间的差额就是利润。由于利润的多少是有一定比例的，这种比例就是人们俗称的“几成”，因此这种方法就成为成本加成定价法。公式为：

$$P = C(1 + R)$$

式中　P——价格

C——单位成本

R——成本利润率

（2）目标定价法　即指根据估计的销售额和销售量来制订价格的一种方法。

$$P = F/Q$$

式中　P——价格

F——销售额

Q——销售量

2. 需求导向定价法

企业制订的每一种价格都会产生不同的需求水平。通常情况下，产品的需求量与产品价格成反比（需求定律）（当然，对于某些高档名牌产品来说，其需求量与价格可能成正比）。因此，需求决定产品价格的上限。

需求量对价格变动的反应敏感程度称为需求的价格弹性。需求的价格弹性计算公式为：

$$E = \Delta Q \div \Delta P$$

式中　E——需求的价格弹性

ΔQ——需求量变动百分比

ΔP——价格变动百分比

当 $E<1$ 时，需求缺乏弹性。此时企业提高产品售价可以增加总收益，因为需求减少的幅度小于提价的幅度。

当 $E>1$ 时，需求富有弹性。此时企业降低产品售价可以增加总收益，因为需求增加的幅度大于降价的幅度。

需求导向定价法具体形式主要有两种。

（1）认知价值定价法　即根据消费者对产品的认知价值及对该价值肯定程度的高低进行定价。定价的关键问题是了解消费者的价值观念，而不是产品的实际成本。

（2）需求区别定价法　又称差别定价法，是指对于具有不同购买力、不同需求强度、不同购买时间或不同购买地点的顾客，可以根据他们的需求强度和消费感觉的不同，对同一产品定出不同的价格。包括：

①以顾客为基础的差别定价。

②以时间为基础的差别定价。

③以地点为基础的差别定价。

④以产品的款式或外观等为基础的差别定价。

3. 竞争导向定价法

（1）随行就市定价法　随行就市定价法都是同质产品市场的常用定价方法。

（2）投标定价法　企业要想夺标，必须在其他供货条件相同的情况下使自己的报价低于竞争对手的报价。当然，企业的报价不能低于边际成本。

四、产品定价策略

1. 折扣定价策略

企业为了鼓励顾客及早付清货款、大量购买、淡季购买等，可以酌情降低商品的价格，这种价格调整即为折扣定价策略。折扣价格的主要类型包括：现金折扣、数量折扣、贸易折扣、季节折扣、价格折让等。

（1）现金折扣　现金折扣是对在规定的时间内提前付款或用现金付款者所给予的一种价格折扣，其目的是鼓励顾客尽早付款，加速资金周转，降低销售费用，减少财务风险。采用现金折扣一般要考虑三个因素：折扣比例；给予折扣的时间限制；付清全部货款的期限。

（2）数量折扣　指按购买数量的多少，分别给予不同的折扣，购买数量愈多，折扣愈大。其目的是鼓励大量购买，或集中向本企业购买。数量折扣包括累计数量折扣和一次性数量折扣两种形式。累计数量折扣规定顾客在一定时间内，购买商品若达到一定数量或金额，则按其总量给予一定折扣，其目的是鼓励顾客经常向本企业购买，成为可信赖的长期客户，它尤其适合于不宜一次大量购买易变质的产品，如食品、蔬菜、水果等。一次性数量折扣规定一次购买某种产品达到一定数量或购买多种产品达到一定金额，则给予折扣优惠，其目的是鼓励顾客大批量购买，促进产品多销、快销。

（3）贸易折扣　贸易折扣是指卖方在商品的卖价上，给予买方一定数量或比例的减让。采用这种贸易方式的买方，应切实地弄清商品的原价、底价、商品的质量。对于卖者来说，应做到货真价实。产生贸易折扣的原因：一是商品积压，或市场上同类商品较多，以减让价格来促销；二是对购货客户、老客户、定销商、包销商通过减让价格的办法，给予一定的照顾和支持；三是向顾客开展购销上的心理战术，迎合顾客爱买“便宜货”的心态。

（4）季节折扣　有些商品的生产是连续的，而其消费却具有明显的季节性。为了调节供需矛盾，这些商品的生产企业便采用季节折扣的方式，对在淡季购买商品的顾客给予一定的优惠，使企业的生产和销售在一年四季能保持相对稳定。例如，啤酒生产厂家对在冬季进货的商业单位给予大幅度让利，羽绒服生产企业则为夏季购买其产品的客户提供折扣。

（5）价格折让　价格折让就是根据价目表给顾客以价格折扣的另一种类型，是减价的一种形式。例如，新产品试销折让，如商品标价 115 元，去掉零头，减价 5 元，顾客只付 110 元；以旧换新折让，当顾客买了一件新产品时，可交还同类商品的旧货，在价格上给予折让。

2. 地区定价策略

（1）原产地定价（FOB）　指顾客按照厂价购买某种产品，企业只负责将产品运到产地某种运输工具上交货。交货后，从产地到目的地的一切风险和费用均由顾客承担。

（2）统一交货定价　指企业对于卖给不同地区顾客的某种产品，都按照相同的厂价加相同的运费定价。

（3）分区定价　指企业把全国（或某些地区）分为若干价格区，对于卖给不同价格区顾客的某种产品，分别制订不同的地区价格。

（4）基点定价　指企业选定某些城市作为基点，然后按一定的厂价加上从基点城市到顾客所在地的运费来定价，而不管货物实际上是从哪个城市启运的。

（5）运费免收定价　指企业因为急于和某些地区做生意，负担全部或部分实际运费。

3. 心理定价策略

（1）声望定价　指企业利用消费者仰慕名牌商品或名店的心理，有意给产品制订高昂价格以提高产品地位的定价策略。

（2）尾数定价　指企业利用消费者数字认知的心理特点，有意保留尾数、避免整数的定价策略。

（3）招徕定价　指零售商利用部分顾客求廉的心理，特意将某几种商品的价格定得很低，以吸引顾客购买正常价格的商品。

除此之外，还有中间价格定价法、便利定价法和习惯定价法等。

4. 差别定价策略

（1）顾客差别定价　顾客差别定价又称顾客细分定价，是指企业按照不同的价格把同一产品或服务卖给不同的顾客。该定价策略是根据顾客的付款能力来定价。一般来说，收入水平、年龄、职业、性别等不同的消费者对价格的接受程度有较大的差异。对于低收入者、弱势群体定价水平要低，对于高收入者定价水平要高。

（2）产品形式差别定价　企业按产品的不同型号、不同式样，制订不同的价格，但不同型号或式样的产品其价格之间的差额和成本之间的差额是不成比例的。比如，33 寸彩电比 29 寸彩电的价格高出一大截，可其成本差额远没有这么大；一件裙子 70 元，成本 50 元，可是在裙子上绣一组花，追加成本 5 元，但价格却可定到 100 元。

（3）产品地点差别定价　企业对处于不同位置或不同地点的产品和服务制订不同的价格，即使每个地点的产品或服务的成本是相同的。例如影剧院不同座位的成本费用都一样，却按不同的座位收取不同价格，因为公众对不同座位的偏好不同；火车卧铺从上铺到中铺、下铺，价格逐渐增高。

（4）销售时间差别定价　价格随着季节、日期甚至钟点的变化而变化。一些公用事业公司，对于用户按一天的不同时间、周末和平常日子的不同标准来收费。长途电信公司制订的晚上、清晨的电话费用可能只有白天的一半；航空公司（表 7－3）或旅游公司在淡季的价格便宜，而旺季一到价格立即上涨。这样可以促使消费需求均匀化，避免企业资源的闲置或超负荷运转。

差别定价的适用条件如下。

①市场可以细分，且各细分市场有不同的需求强度。

②不会有人低价买进、高价卖出。

③竞争者不会在企业高价销售的市场以低价竞销。

④价格歧视不会引起顾客反感而放弃购买。

⑤价格歧视形式不违法。

表 7－3　民航的差别定价

方式	举例
按顾客	一般人、教师、学生、军人、团体、儿童
按时间	早班、晚班、首航、寒暑假、节假日
按档次	特等舱、普通舱、包机
按距离	单程、来回程、联程
按出票时间	预购、即购

5. 新产品定价策略

（1）撇脂定价

所谓“撇脂定价法”又称高价法或吸脂定价，即在产品刚刚进入市场时将价格定位在较高水平（即使价格会限制一部分人的购买），在竞争者研制出相似的产品以前，尽快地收回投资，并且取得相当的利润。然后随着时间的推移，再逐步降低价格使新产品进入弹性大的市场。一般而言，对于全新产品、受专利保护的产品、需求的价格弹性小的产品、流行产品、未来市场形势难以测定的产品等，可以采用撇脂定价策略。

适用条件：①市场有足够的购买者，其需求缺乏弹性；②高价所造成的产销量减少、单位成本增加不致抵消高价所带来的收益；③独家经营，或产品具有差异性，无竞争者；④高价给人高档产品的印象。

（2）渗透定价　渗透定价是在产品进入市场初期时将其价格定在较低水平，尽可能吸引最多的消费者的营销策略。价格的高低与产品周期相关，它是以一个较低的产品价格打入市场，目的是在短期内加速市场成长，牺牲高毛利以期获得较高的销售量及市场占有率，进而产生显著的成本经济效益，使成本和价格得以不断降低。渗透价格并不意味着绝对的便宜，而是相对于价值来讲比较低。

适用条件：①市场对价格敏感；②生产经营费用随经验的增加而下降；③低价不会引起竞争。

6. 产品组合定价策略

（1）产品线定价　产品线中不同产品项目应有价格差异。

（2）选择品定价　选择品可以与主要产品一起销售，也可以分开销售，其价格可高可低。

（3）补充产品定价　企业可以将主要产品的价格定得较低，将附带产品的价格定得较高，通过低价促进主要产品的销售来带动附带产品的销售。

（4）分部定价　服务性企业经常收取一笔固定费用，再收取可变使用费。固定费用的价格可以定得较低，以推动服务销售，利润可以从使用费中获取。

（5）副产品定价　如果副产品的价值很低，处理费用很高，就会影响主产品的定价，因为副产品的处理费计入成本。通过为副产品制订合理的价格，企业可以免除处理费用，又可以获得收入。

（6）捆绑产品定价　企业可以将相关产品或服务组合在一起，为它们制订一个比分别购买更低的价格，进行一揽子销售。但要注意不能搞硬性搭配。

五、产品定价步骤

定价方法是企业在特定的定价目标指导下，依据对成本、需求及竞争等状况的研究，运用价格策略理论，对产品价格进行计算的方法。定价方法主要包括以成本为基础的定价方法、以购买者为基础的定价方法和以竞争为基础的定价方法三种类型。产品定价步骤见图 7－6。

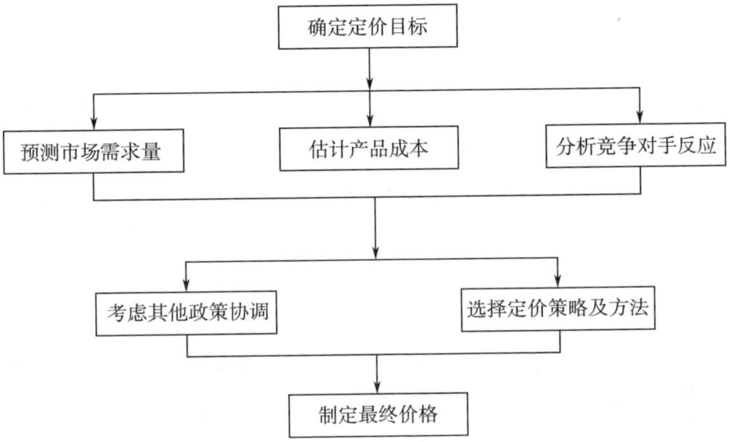

图7－6　企业定价的基本步骤

1. 确定白酒定价的基本目标

确定定价目标，是整个企业定价过程的核心，事关企业定价成效。在现在竞争日益激烈的市场上，一方面企业在长期利润最大化与短期利润最大化相矛盾时，往往“放长线，钓大鱼”，取前者而弃后者；另一方面，企业在追求短期利润最大化时，也会面临种种需求函数、成本函数、市场竞争状况等不确定因素。这些方面都促使企业定价的目标不再单一化，而是向多元化发展。一般而言，企业定价目标可分为利润目标、市场目标、信誉目标三类。

（1）利润目标定价法　是指企业定价的目的在于追求短期利润的增加。

（2）市场目标定价法　企业定价的市场目标，不在于追求短期利润的最大化，而在于谋求尽可能多的市场份额和市场地位，市场目标定价法一般包括维持或扩大市场份额、应付和防止竞争、产品线促销、保持价格稳定、谋求企业生存等五种目标。

（3）信誉目标定价法　企业定价的信誉目标是指企业定价是为了保持同营销渠道、公众和消费者的良好关系和树立企业信誉。

总之，不论企业采用何种定价目标，都必须就事论事，充分结合企业内外环境的变化及趋势，且不可盲目定价或主观臆断，并且充分考虑到定价目标的可行性、风险性、全局性及变化性。

2. 预测市场需求

价格是影响需求的重要因素，产品的定价目标确定之后，必须首先对这种价格下的市场需求进行预测。具体步骤包括：

（1）确定市场上是否有一个预期价格　对市场预期价格的准确测定，关系企业定价的科学程度，以及企业经济效益的大小。

（2）估计不同价格下的销售量 估计不同价格下的销售量的目的在于确定各种售价和销量的均衡点以及最优价格。

（3）估计产品成本 一般而言，市场需求为企业定价确定了一个上限，而企业产品成本则规定了价格的下限。成本核算应当包括企业所有的生产、分销和推销该产品的成本，以及生产经营和承担投资风险应该获取的正常利润。

3. 分析竞争对手的反应

竞争者的价格对企业定价具有极大影响。企业在定价时，应该根据竞争对手所提供的价格及产品特点采取相应的对策。若竞争对手的产品与本企业的产品差别不大，那么企业需把价格定得与竞争对手的价格接近。若竞争对手的产品优于本企业的产品，那企业需把价格定得比竞争对手的价格低一些。若竞争对手的产品比本企业的产品差，那企业需把价格定得比竞争对手的价格高一些。

4. 选择定价策略及方法

企业定价策略是指导企业在动态的市场环境中，根据定价目标的要求及与其他营销活动协调一致的需要来制订出最为恰当的产品价格的战略性决策。定价策略主要包括两方面：一是基本方针，即制定价格应遵循的方针，如实行高价还是低价等；二是如何对价格进行管理、如何进行销售、如何对付竞争、如何调整价格等一系列的战略问题。

企业可采取的定价方法有成本定价法、需求定价法、竞争定价法等。它属战略范畴，是确定产品价格的具体手段，是企业定价目标及定价策略的具体化。定价方法受定价目标和定价策略的决定，但定价目标和定价策略只有通过具体的定价方法和技巧才能实现。

5. 考虑与其他政策的协调

企业在制定最终价格前还必须综合、全面地考虑整个企业的生产经营计划，使其定价策略同企业的其他政策如产品政策、营销渠道、选择策略、推销计划等协调一致。

6. 制定最终价格

企业根据定价目标的要求，通过分析成本、需求及竞争因素，接着选择具体的定价策略、方法和技巧，然后再根据其他政策的协调要求对价格修订之后，就可以制定产品的最终价格。

7. 其他

企业选择定价策略时，需考虑企业的定价目标、商品需求弹性、企业自身经营状况和竞争对手状况等诸多因素，并将各种因素综合起来。同时企业亦须不断地根据市场变化、竞争对手策略变化、消费者消费心理变化、本企业经营状况变化等市场动态来调整自身定价策略。

拓展阅读

迪卡侬的“价格秘密”

对于那些熟悉的消费者而言，号称运动专业超市的迪卡侬并不仅仅是一家体育用品连锁企业。它的产品线极大丰富、品牌极大集成，几乎就是运动品牌的代名词，是体育用品的全能王。更重要的是，在全世界都“避重就轻”，在大家都模仿着苹果、耐克这种只掌控利润上游的产业链架构时，迪卡侬却“避轻就重”，干着貌似傻大粗的活：从原材料采购到营销渠道，无一不大包大揽，构建了包括采购、设计、生产、品牌、物流、零售等在内的完整的体育用品产业链。

自2003年迪卡侬中国进入高速发展期以来，四年间实体商场数量从70家增至267家。其中2017年新开门店52家，令中国成为其门店数量增速最高的海外市场。迪卡侬内部预计，到2020年底，中国将超越法国，成为迪卡侬实体门店数量第一的市场。从100家到1000家甚至5000家，很显然，迪卡侬模式已经进入复制阶段，滚雪球的速度会越来越快。在电商横行霸道，小而美企业、轻而快模式流行的时下，一意孤行执行着全产业链条的迪卡侬无疑是个另类。但迪卡侬却成功地创造了令众多企业不可企及的大者通吃的神话。

在中国，迪卡侬的“物美价廉”已深入人心，支撑这一定位的也正是迪卡侬的“供应链威力”。19.9元的背包，59元的纯棉高尔夫T恤，89元的Kalenji男式健身跑步鞋……同类产品比市场上便宜20%左右是诸多自发的迪卡侬拥趸者在网上比价后的“良心总结”，这还不包括迪卡侬“杀手锏”的“首推价”。但是，迪卡侬并不希望旗下自有品牌的“价格低廉”被误解为“物品廉价”。

迪卡侬用薄利的物品吸引客户流量，但迪卡侬并不是只卖低价用品。对于迪卡侬旗下20个自有品牌而言，其中的挑战在于，创新创造的价值要使整个产品“在水下和水面都可以呼吸”，即既有形象价值，也有经济价值。换言之，迪卡侬自有品牌的挑战在于既要提供有技术含量、质量好的产品，还需要保证价格便宜。

这点在迪卡侬店面里的“蓝色商品”（图7－7）上表现得最为明显。迪卡侬产品门类众多，每种门类下又分高中低不同档次，其中“蓝色商品”是迪卡侬推荐的高性价比的入门级产品，或者是每种级别里价格最优惠的商品，比如

图 7-7 迪卡侬的蓝色商品

三四十元的速干T恤，一百多元的跑步鞋，这些迪卡侬推荐的高性价比商品被称为蓝色货品，它们被摆在商场最显要的位置，价格比市面上的同类产品低至少20%。2014年迪卡侬Quechua品牌一款售价29元的双肩背包意外走红，从学生到跳广场舞的中国大妈都在背，成了名副其实老少皆宜的“街包”。

2012年优衣库曾以售价499元的轻型羽绒服引爆市场，一年后迪卡侬推出了售价399元的轻型羽绒服，到2014年，迪卡侬的轻型羽绒服已经切走了这个市场的一大块蛋糕。

可以说，迪卡侬一直十分清楚自己的核心竞争力在哪，并且将它坚持到底。在众多商家试图提价、努力挣扎着摆脱低价的形象往中高端走、挖空心思希望多赚钱的时候，迪卡侬却反其道而行之，从一开始就认定了“群众路线”，走大众化消费这条路，用高性价比的产品牢牢抓住了实用主义至上的消费者的需求。

【思考题】

1. 通过阅读案例，你认为迪卡侬采用了什么价格策略？
2. 这样的价格策略有什么优势？

实践训练

白酒产品的开发和定价

一、教学组织及运行

本实训项目按照教师讲解、布置任务、学生训练、学生汇报方式进行，通过训练过程考核及汇报检验教学效果。

二、实训内容及要求

1. 实训目标

(1) 知识目标

①熟悉白酒产品概念的五个层次。

②熟悉产品周期理论。

③熟悉并掌握新产品开发的基本流程。

新产品开发的基本过程包括：新产品构思、筛选、产品概念的形成和测试、制定市场营销战略、商业分析、新产品研制、市场试销、正式投放市场。

(2) 能力目标

①会采用适合的调查方法和工具收集市场信息。

②利用产品周期理论分析市场中的产品处于周期中哪个阶段。

③能对收集到的信息进行整合分析。

2. 实训重点及难点

(1) 实训重点　市场信息的收集。

(2) 实训难点　判别信息是否有用。

3. 实训开展方式

(1) 选定一家白酒企业对其现有产品线进行分析。

(2) 根据白酒企业现有产品的情况，为它设计一款新的产品。

(3) 制定产品的营销战略。

(4) 指导教师认真指导。

(5) 签订《学生实习安全责任书》，学生实习要遵守相应的规章制度，服从安排，维护自身的良好形象。

(6) 严格考勤和考核，确保实习任务圆满完成。

4. 实训内容及步骤

(1) 调查收集信息

①每五人一组，确定调查目标，选定区域市场进行有目的的调查，收集有效信息。

②细分调查任务，可采用多种方式进行调查。

(2) 整理信息、写调查报告、汇报

操作步骤1：市场信息的收集（以抽样调查为例）

①确定调查总体。

②抽样框架的确定及个体编号。

③选择调查样本。

④实施调查。

⑤测算结果。

标准与要求：

①抽样方法正确。

②调查方式正确。

③获得信息正确。

④安全操作，有团队合作精神。

操作步骤2：报告撰写与汇报

①将获得的调查信息整理、汇总。

②撰写调查报告（基本包括调查背景、目的、调查过程、结果数据汇总、结论与思考）。

③制作PPT汇报。

标准与要求：

①报告符合要求。

②汇报成功。

③办公软件使用正确。

④体现团队合作精神。

三、实训考核方法

学生练习过程中进行分单项技能考核、结合培养结果考核以及报告考核的方式进行项目考核，具体考核表和评分标准如下。

1. 调查结果

（1）结果评价　具有详细完整的调查记录和调查报告

（2）过程评价。

评价项目	确定调查目标（2分）	实施调查（3分）	调查数据（2分）	调查报告（2分）	学习态度（1分）
得分					

2. PPT汇报

四、课外拓展任务

（1）在市场调查的过程中，你认为哪个步骤最重要？原因是什么？

（2）怎样获得更加全面的调查信息？

项目八　白酒营销渠道

项目描述

营销渠道躲在消费者和企业在每一地方所购买的每一种产品的后面，是连接消费者和企业的纽带。营销渠道策略是整个销售系统的重要组成部分，它对降低企业成本和提高企业竞争力具有重要意义。科学的营销渠道管理才能充分把握销售市场，达到销售目的。因此，在白酒企业的营销组合中，白酒营销渠道占据了重要的位置。

知识目标

（1）熟悉白酒营销渠道的含义和渠道构成，熟悉白酒终端含义和终端类型。

（2）掌握团购的含义、分类、营销活动类型。熟悉品鉴会的目的和流程。

（3）掌握餐饮渠道的特点、分类、进店模式。

（4）掌握烟酒店渠道的特点、分类。

（5）掌握商超渠道的特点、分类。

（6）掌握终端陈列生动化的原则。

（7）了解电子商务渠道的类型。

能力素质目标

（1）能够通过有效途径获取团购资源，实现团购销售。能够策划和执行团购营销活动，能够制作团购渠道网点分布图。

（2）掌握餐饮渠道各阶段的重点，能够通过调研分析餐饮终端的特点，采取恰当的进店方式。能够制作餐饮渠道网点分布图。

(3) 掌握烟酒店渠道各阶段的重点，能够通过调研分析餐饮终端的特点，采取恰当的进店方式。能够制作餐饮渠道网点分布图。

(4) 掌握商超渠道消费者营销方式，能够制作商超渠道网点分布图。

(5) 掌握电子商务渠道的构建方式。

案例导入

洋河的渠道策略

洋河蓝色经典是洋河的中高端品牌，在江苏省内各大、中城市，以终端专卖、专柜、店中店和高档餐饮专卖买断的方式，来形成终端营销的竞争力。营销传播也主要是针对江苏市场以及华东部分城市的市场。这样的策略正是符合“在狭小的市场阵地上取得突破”的定位原理。

同时，在营销运作上，洋河制定了一整套营销战略，在同档次产品中率先开创出真正面向终端、掌控终端的一系列市场运作策略，特别是全新的“1+1”营销方式。所谓“1+1”模式就是，为了把控终端、最大限度地调动经销商的积极性和加强对洋河品牌的忠诚度，洋河首选当地一类优质经销商进行合作，但是为了避免客大欺主，洋河在依赖一级经销商的同时，还不断地培养实力并不是很强的二级经销商，并且随时准备用二批商来取代一批商。

事实上，洋河在选择经销商或者备选经销商时，除了倚重于经销商的渠道分销能力外，更看重于这些地头蛇的地缘关系。一旦发现该经销商具有良好的地缘关系，洋河便采取非常大尺度的促销支持，从而也制造了洋河的市场神话。

洋河自己深入终端，与消费者“零距离”接触，让消费者亲身感受洋河的营销力和亲和力，感受洋河蓝色品牌文化的博大和高遥，感受“绵柔”酒独特的品质内涵。

另外，洋河与经销商共享市场资源，共享市场空间，共享市场利润，真正实现了厂商荣辱与共。全国各地有许多经销商甚至出现争洋河蓝色经典经销权现象，洋河蓝色经典的成功也带动了洋河大曲和敦煌古酿等系列品牌的暖销。事实上洋河的这种地头蛇式的模式，在2012年出台“国八条”后戛然而止，无论是有实力的一级经销商，还是备选的二级经销商，传统具有的政商铺货能力都显得不再重要。“1+1”模式也就失去了原有的带动作用，这导致洋河在2012年和2013年的销售辐射面迅速收窄，业绩下滑。无法摆脱“1+1”模式的短板，也成为了制约洋河发展的又一重要因素。

2014 年 3 月，在白酒行业纷纷向低端产品下移之时，洋河却破天荒地推出了价位与蓝色经典雷同甚至稍高的邃之蓝、高之蓝和遥之蓝三款高价产品。在传统渠道拓展不利的情况下，通过 1 号手机 App 的推出和洋河“移动互联全柔性生产模式”等网络渠道，再次创造了一个蓝色帝国奇迹。

【思考题】

1. 分析洋河的渠道策略有什么特点？
2. 通过上述案例，请你预测白酒渠道未来的发展方向。

任务一　白酒营销渠道概述

一、营销渠道概述

1. 营销渠道概念

渠道，顾名思义，指水流的通道。引入商业领域中是指产品的销售路线，也称产品的销售网络。营销渠道是指促使产品或服务顺利地被使用或消费的一整套相互依存的组织，是产品或服务在生产环节之后所经历的一系列途径，直到被消费者购买并消费。

2. 白酒营销渠道构成

生产者和最终消费者是每个渠道的必然组成部分，在生产者和最终消费者之间，产品所通过的中间机构级数决定了渠道的纵向长度，产品最终接触到消费者的路径类型决定了渠道的横向宽度。

（1）渠道的长度　如图 8－1 所示渠道纵向销售链条中，由企业、经销商、分销商、终端商、消费者这几个角色构成，其中经销商到终端之间可能有一个分销商，也可有多个不同级别的分销商，这个环节层次的多少与企业的渠道规划策略及市场现状有关。

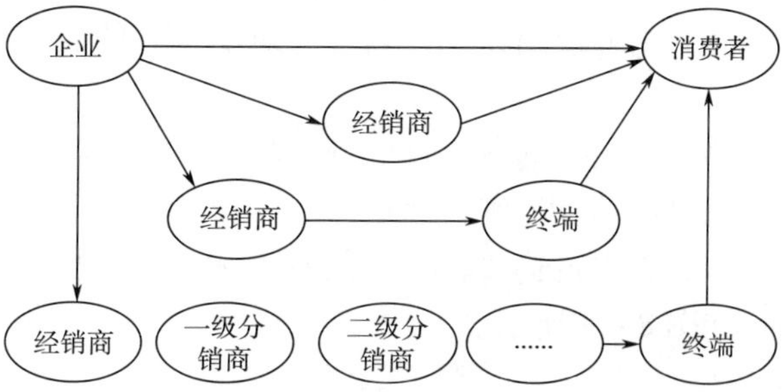

图 8－1　白酒营销渠道纵向构成

企业：产品的生产者、渠道销售策略的规划者。

经销商：企业某一区域产品经营销售者、产品销售渠道的第一个环节，负责把产品集中地往下游继续分销。

终端：产品直接面对消费者，是渠道链条中最后一个销售商家，直接决定企业产品销售状况。

消费者：渠道价值链的最末端，产品的购买者。

从企业角度来看，渠道级数越多，获得最终用户信息和进行控制也越发困难，随着市场的不断发展与变革，企业及经销商都想掌控市场的主动权，减少利益链的价值分割，因此，渠道逐渐扁平化发展，渠道链条中的很多环节也都随着市场形式变化而被取消或简化，以此出现了经销商直销和企业直销。

（2）渠道的宽度　白酒营销渠道的横向划分是以产品到达消费者手中的不同路径为基准的，根据不同类型路径特点，白酒营销渠道主要有流通渠道、酒店渠道、商超渠道、团购渠道、特殊渠道，如图 8－2 所示。

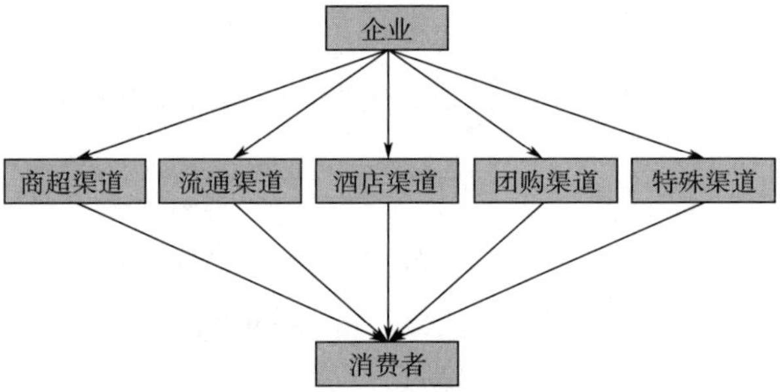

图 8－2　白酒产品消费渠道横向构成

商超渠道：产品展示、价格定位的功能，节假日消费者促销活动的开展渠道。

流通渠道：能够快速进入大街小巷而直接面对消费者的零售渠道。

酒店渠道：产品的主要使用场所，具备针对消费者的展示及终端氛围营造功能。

团购渠道：能够产生大宗消费，且引领主流消费的渠道。

特殊渠道：常规渠道的补充销售渠道。

综合上述横向和纵向渠道构成，使我们看到了一个更加完整和系统的白酒营销渠道全景图，如图 8－3 所示。

二、白酒终端概述

“得终端者得天下”已成为企业营销中不争的“哲训”，在过度竞争中的

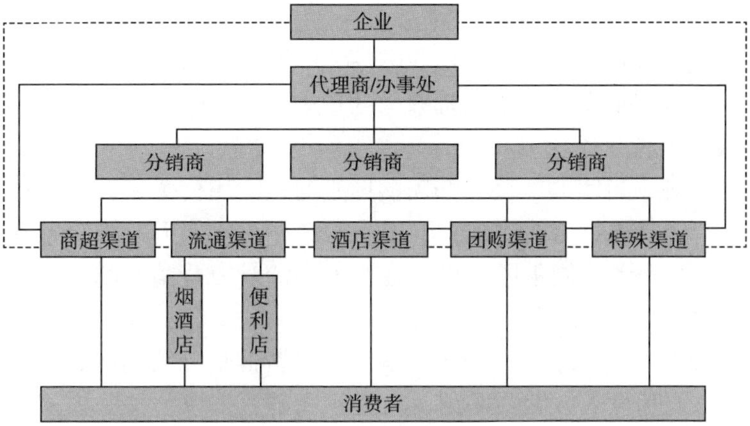

图 8－3　白酒产品渠道全景图

白酒行业，更是如此。有效武器的缺乏，使很多经销商在终端客户的流失和终端管理费用居高不下面前或是望“费”兴叹，或是止步不前，或是在等待中被终端、被顾客无情遗弃。

白酒终端处于产品从生产企业流向消费者这个流通过程的末端环节，是消费者直接认识、购买、消费白酒产品的最终场所。其终端类型见表 8－1。

表 8－1　主要白酒销售终端形式

终端类型	表现形式
购买终端	社区小店（如干杂店、便民店、酒类专卖店等）
	商超（如传统商场、国际大卖场、连锁店等）
	专卖店（品牌专卖、烟酒专卖等）
	批发（烟酒行、批发市场等）
	特殊渠道
饮用终端	餐饮（酒楼饭店、宾馆等）
	夜场（迪厅、酒吧、夜总会等）

任务二　团购渠道操作

一、团购渠道概述

1. 渠道定位

（1）启动“意见领袖”，形成“保龄球效应”，带动其他消费者指牌购买。

（2）促进其他渠道的启动。

（3）形成直接销售，支撑前期60%～80%的销量。

（4）树立良好形象，形成有辐射力的口碑。

2. 关键点和操作原理

（1）先公关，后团购　公关和团购区别对待。用公关来赢得消费领袖的认同和青睐，产生有辐射力的口碑，下属团购经办人才能无风险、顺利地进行大宗购买，普通消费者才能跟风选择。公关主要针对消费潮流的引领者；团购主要针对的是大宗采购的经办人。

（2）消费者分级管理　在公关团购中，消费群是分级别的，针对不同的消费者，营销方式和投入力度要不同。级别越高越要采取公关的方式，级别越低越倾向于采取团购等直接销售的方式。

（3）专职的团购公关队伍　“组织”比“方法”更重要。没有成立专职的团购公关部门，是团购公关工作无法有序开展、形成良性循环的最大障碍。

（4）强大的品牌力和产品力是维持长久团购关系的保证。

（5）客情和服务是关键环节。

二、团购分类

按团购信息的获取方式分为以下五类。

（1）经销商和团购业务人员现有团购资源。

（2）团购中间商（经销商）的团购资源。

（3）烟酒店背后的团购资源。

（4）酒店背后的团购资源。

（5）现有客户和品鉴顾问介绍的团购资源。

三、获取团购客户信息的方法

（1）招聘有团购资源的团购业务人员。

（2）利用烟酒店终端收集。

（3）通过酒店渠道收集客户信息：通过服务员、大堂经理、大型会议和宴会集客户信息。

（4）通过品鉴会等公关活动收集客户信息。

（5）通过俱乐部收集客户信息：车友会、高尔夫球会、全球通 VIP 俱乐部等。

（6）通过品鉴顾问收集客户信息。

（7）通过城市黄页收集客户信息。

（8）通过公关团购拜访获取客户信息。

四、团购渠道主要营销活动

1. 品牌顾问营销

选择社会关系与人脉关系较强的人、意见领袖等负责推荐新客户、协助公关、自身消费带动周边消费、品牌传播。公司针对品鉴顾问单独予以支持，同时要求对品鉴顾问的工作进行考核。

2. VIP 会员营销

VIP 会员营销即指大客户关系营销，主要是针对长期消费产品的重点客户进行关系服务，提供长期的增值服务，拉近企业与重点客户的感情关系。

如，向 VIP 会员发放“××高端白酒贵宾卡”，持卡可享受以下优惠。

①购酒打折：到指定售点购买××高端白酒系列产品享受一定折扣。

②消费打折：到指定的联盟酒店消费可获得幅度不等的折扣。

③可参加××高端白酒 VIP 会员专享活动：高尔夫俱乐部联谊会、知名专家的养生保健知识讲座、投资专家的投资理财知识讲座、节日聚会、集中旅游等。

3. 体验式营销

以品鉴顾问、VIP 会员、重要终端客户为主，邀请到工厂参观旅游，如“华夏酒文化寻根之旅”杜康酒厂一日游活动，提升信心、深度培养对产品的忠实度。每次人数以不超过 20 人为好。注重活动细节，安排好行程等，及时与各方沟通。保证活动效果（活动前的准备、活动中的安排、活动后的跟踪服务）。

4. 会议营销

由于很多企业每年都有一些大型会议，因此大型会议的赞助也是公关团购的有效推进策略之一。会议营销操作要点如下。

（1）要根据会议类型和规模的不同，确定不同的赞助方式和赞助目的。

（2）与会议主办单位尤其筹备组的密切沟通是核心。通过会前和会中的及时沟通，了解会议类型和规模，确定赞助方案和预算（会议用餐赞助或礼品赞助），并在筹备组的协助下在会议期间付诸实施。

（3）会后的跟进服务和定点公关。要及时通过筹备组拿到参会人员名单，在会后根据产品的推广进度、市场布局、人员安排等综合情况，快速确定跟进服务和定点公关的范围和对象，并配置好相应的销售资源，尽早达成销售。

5. 品鉴会营销

品鉴会分为大型品鉴会和一桌式品鉴会两种形式。

（1）大型品鉴会操作要点

①目的和用途：大型品鉴会多用于新品上市之初或重要节日期间召开，利

用企业和经销商的人脉资源，广泛邀请意见领袖参加。主要目的是通过高层的交流，对产品的推广造势，展示产品形象，强化品牌认知，促进各方交流，同时通过召集为后期的一桌式品鉴会、定点公关和团购推进奠定基础。

②活动对象：当地主要商业人士、精英。

③活动形式：通常以会议、论坛或与公益活动相结合的形式进行召集。

开业大品会：在专卖店或形象店开业时开展，一般用于市场启动期或成长期的团购型商家。

客户联谊会：一般在年终或重要节日开展，适用于成长期或成熟市场，或客户资源较好的市场，可与订货会相结合。

④活动人数：一般控制在 100 ~ 160 人。

⑤活动主题：××高端白酒××地区上市发布会暨大型品鉴会（适用于开业、上市时）。

××高端白酒 2018 年新春联谊会（适用于年终或重要节日开展）。

⑥活动流程

会前筹备：根据市场发展状况，设定品鉴会目的和邀请对象，拟定活动主题和活动形式，组建筹备组，负责会议统筹、费用预算、人员分工、物料和宣传品准备等工作。

场地选择：选择当地档次较高，影响力较好的酒店；发布会和用餐的地方尽量分开，即发布会要在专业的会议厅进行，这样既显得大气而浓重，又方便产品信息的传达；发布会现场要有主席台，方便礼仪小姐展示产品。

发出邀请：对邀请对象发出邀请函，并附送会议流程安排，可以小型品鉴会事先进行铺垫和沟通相关准备：背景墙（喷绘）画面、价签、签到本、礼仪小姐服装、分酒器、烟灰缸、签字笔、主持人演讲稿、嘉宾演讲稿、产品介绍稿、公司宣传片、产品广告片、投影仪等。

现场布置：

a 发布会和用餐背景墙悬挂，活动主题展示。

b 主席台、主持台、产品展示台、签到台和主要嘉宾就坐台布置，红地毯铺设。

c 会场、用餐地点、走廊、大厅及其他主要位置须合理排放 X 展架等宣传物料。

d 酒店门口悬挂活动条幅，建议用热转印和喷绘。

e 服务人员统一着装，就餐地方摆放分酒器、提前备好品鉴用酒、礼品等。

f 投影仪、音响、电脑、灯光等提前调试。

g 贵宾休息室安排，品鉴会场安排 2 名礼仪小姐现场提供茶水、餐点等服务性工作。

h 嘉宾签到入场，贵宾休息室接待。

i 开场节目表演（与品牌相关），主持人上场，宣布会议开始、嘉宾介绍。

Ⅰ. 品牌篇：

主持人介绍××控股及××高端白酒产品。

公司领导讲话（品牌、企业、发展愿景、当地市场目标期望）。

经销商讲话（期望、目标、市场发展规划）。

与品牌文化、历史、愿景相关的文艺表演。

产品篇：礼仪人员走秀、××高端白酒产品展示。

Ⅱ. 品鉴篇：

专业品酒师现场讲解酒文化及品酒文化，并将酒文化延伸扩展至商务礼仪中的酒文化部分。

重要嘉宾现场品酒、点评。

参会重要人士讲话。

订单签订。

主持人感谢到场嘉宾，宣布发布会取得成功，并请大家用餐品鉴××高端白酒。

⑦用餐、筵席间抽奖、互动、礼品赠送、送别。

（2）小型品鉴会操作要点

①小型品鉴会要作为公关团购部门的一项重要工作定期召开，每月不少于 3 次。作为日常沟通的基本方式，维护客情；同时积极为团购的产生进行沟通的准备。

②召集人选择：尽量选择一个核心人物，与核心人物共同制订品鉴会话题，并利用核心人物进行品鉴会的召集。

③话题把握：在一桌式品鉴会中，公关人员应尽量配合召集人的谈论话题，但应有意识地进行话题的引导，尽量对品牌及产品进行故事的阐述和演绎，强化参加者对品牌和产品的印象，制造消费者口碑传播。

④时间的选择：原则上应选择周六、周日的晚宴为主。

⑤地点选择：宴请酒店选择公司指定的买断酒店、客情好酒店、特色酒店，挑选 1 ~2 个包厢作为品鉴会的常用场所，对宴请场地进行系统化包装，充分展示××高端白酒的品牌形象，加深消费者印象，既可以将品鉴会现场的氛围做足，又可以增进和核心酒店的客情关系，同时对品鉴会费用的监控和节省都有一定的帮助。

⑥场地的要求：

a 包房内应有餐前品鉴区（即休息区）和就餐区（两个以上的台面）。

b 休息区原则上要求与就餐区分开，并能有效容纳 10 人左右休息。

c 总体面积应不少于 $30m^2$。

⑦嘉宾邀请：在品鉴会召开的前一周通过经销商或社会资源出面邀请相关人士并派发邀请函；品鉴会召开前五天电话确认邀请函收悉情况及是否参会；品鉴会召开前一天再次电话或短信提醒。

⑧人员安排：经销商、团购部经理、厂家业务人员担任主陪人员；形象大使 1 名，负责互动活动与解说；现场工作人员 2 人，负责品鉴会现场的嘉宾座位指引、酒店协调工作、礼品发放。

⑨对比品尝：品鉴会可以当场购买主要竞品的产品做品尝对比，即先喝本品，最后品尝竞品，有利于对品质的直接比较，加深品质记忆。

⑩订单签订：适合在现场签订订单的要尽量在现场签订，如商业系统的品鉴会。

⑪会后跟踪：对与会的相关人员留下联系方式，以便形成日后拜访；并及时建立档案。

小型品鉴会主要流程见表 8－2。

表 8－2　小型品鉴会主要流程

事项	物料准备
嘉宾签到	签到簿、参会嘉宾名单、名片盒
餐前自由交流	公关人员名片、广告片、品鉴手册
有奖对比品尝活动 品牌形象大使讲解××高端白酒品鉴之道	（与相关竞品暗测品尝，答对有奖） 讲解酒体风格、口感特点、酒质特征
正餐就座	座号牌、桌号牌（台卡）、面巾盒、牙签筒、造型餐具、酒杯、座椅套、台布、茶杯（茶具）、烟灰缸、打火机等
嘉宾致辞	
公司领导或经销商致辞	
就餐，品牌形象大使服务	
敬酒	
礼品赠送	

6. 婚寿宴营销

主要是以赞助或半赞助的形式参与一些有影响力的婚寿宴活动，扩大影响，培养产品的消费者。

（1）婚宴的渠道　酒店、商超、名烟名酒店、婚纱租赁店、摄影店、婚介所、婚车租赁处、床上用品店、服装店等。

（2）婚宴用酒促销计划

①可以将新人的祝福语印刷在盒子上；可以提供免费婚纱摄影。

②针对大众婚宴消费：提供婚车；提供专业的司仪；提供免费摄像服务；提供相应的赠品。

③针对酒店的奖励：购买一定金额的代金券；提供赠品奖励；免费布置场地。

④针对专卖店的奖励：提供赠品奖励；现金奖励；累计销售奖励；年终总量销售奖励。

⑤针对推广人员奖励：提成制；销售累计奖励；单品种奖励。

（3）婚宴渠道营销策略　婚纱店、摄影店渠道的联合促销政策，双方合作，用酒可免费摄影一套等。

（4）婚宴用酒政策（仅作参考）　一次购买 5 箱可给予价值 200 元的烟；一次购买 10 箱可提供免费摄像与专业司仪；一次购买 15 箱可提供 × ×2 白酒瓶，提供婚车与司仪及摄像等；并每桌免费赠送同品品鉴酒一瓶。

“订 × ×高端白酒，赢浪漫之旅”：一次购买 5 箱以上，每桌免费赠送同品品鉴酒一瓶，同时前 100 名订购者可参与“订 × ×高端白酒，赢浪漫之旅”抽奖活动。一等奖，价值 20000 元马尔代夫天堂岛 6 日蜜月游，中奖率 2%；二等奖，价值 10000 元巴厘岛 6 日游，中奖率 3%；三等奖，价值 10 元小礼品一份，中奖率 100%。

7. 团购分销

主要针对两种类型：一类是团购中介，更多的指个人，利用多年积累的人脉关系开展业务；另一类是团购经销商，只做大客户渠道，不在传统渠道操作。

对象特点：他们利用自身的人脉关系，或利用产品的特殊用途优势（如食用油、香油、肉制品等主要依靠单位的节日团购），成为独具特色的销售中间商。他们不做传统渠道，甚至平时还有其他事务，只是在过年过节前夕抓住机会开展团购业务。

开发目的：充分利用团购分销商的社会资源，共同开拓市场，营造市场氛围，以弥补一级经销商在团购渠道资源的不足。

开发原则：有足够丰富的社会关系资源；有一定的资金实力。

打款要求（举例）：首单打款 10 万元以上。

政策支持：在不影响渠道价格前提下，精心设计产品价格体系，以直接利润和批返、年返、奖励等后续利益的复合盈利方案，激发团购中间商的兴趣，促使他们向自己的客户全力推荐并达成销售。

市场支持：针对团购中间商的客户推广，给予小型品鉴会、赠酒、客情礼品等方面的支持。

8. 客情维护

(1) 原则　对客户进行分类专人管理，分析客户的需求规律，有针对性地提出解决方案。如，对男性我们可以开展 VIP 积分活动、品酒交流活动等；对女性则可以赠送美容卡、健身卡等。

(2) 主要方式

核心人物的定期拜访和沟通。

品牌手册、企业刊物、品牌礼品的赠送。

主题性公关活动的邀请。

品鉴会的邀请。

单位活动的赞助。

赠酒、VIP 客户服务等增值服务。

节假日、纪念日的走访和短信问候。

五、团购渠道的政策制订

团购政策主要包括三个方面：一是产品政策，二是价格政策，三是奖励政策。

(1) 产品政策　就是团购营销的产品要有一定的产品组合，而且要重点突出。

(2) 价格政策　团购政策不能与正常销售渠道撞车，也不能被“越位”；团购政策一定要参考竞争对手与终端的市场情报；最佳的价格体系是团购价格低于名烟酒店价格 10% ~15%，而比名烟酒店进价高 10%。

(3) 奖励政策　对私营单位自用酒，不以“回扣”作为激励手段，通过买赠等活动直接给予让利销售。

任务三　餐饮渠道操作

一、餐饮渠道概述

1. 餐饮渠道特点和定位

(1) 高端消费群体和意见领袖的集中场所，背后蕴藏着巨大的团购资源。

(2) 产品形象展示和口碑传播的窗口。

(3) 承担品牌氛围营造和口感导入功能。

(4) 高端白酒品牌推广的主要渠道之一。

2. 关键点和操作原理

（1）核心酒店的铺货率和生动化展示。

（2）酒店各层级人员的客情和利益驱动　处理好餐饮终端每一个环节的客情关系；充分发挥促销员和服务员的作用，挖掘客户资源；店长和老板是高端产品在餐饮渠道获得动销机会的核心要素，是向重要客户推荐用酒的高效率方法；主推产品应争取成为店长和老板的招待用酒。

（3）将店方变为团购推广的合作伙伴　利用品鉴会、VIP 客户消费、婚寿宴、店长抽成等策略，将店方变为团购推广的合作伙伴，能快速有效地做好店方管理层的客情公关，获得稳定的高质量的 VIP 客户资源。

3. 渠道分类

A 类：主销价位 200 元以上，营业面积 $2000m^2$ 以上，酒水月销售额 10000 元以上，当地窗口型酒店和政务系统、大型企事业单位的定点酒店。

B 类：主销价位 100～200 元，营业面积 $1000m^2$ 以上，酒水月销售额 5000 元以上。

C 类：主销价位 100 元以下，营业面积 $500m^2$ 以上，$1000m^2$ 以下，酒水月销售额 5000 元以下。

二、餐饮渠道运作模式

1. 餐饮渠道各阶段工作重点

餐饮渠道的运作主要分为准备期、导入期、成长期、成熟期，各阶段的工作重点有所不同，如表 8－3 所示。

表 8－3　餐饮渠道各阶段工作重点

	准备期	导入期	成长期	成熟期
工作重点	①招募人员，组建队伍；②收集、整理基础资料：酒店客户资料收集、建档、绘制业务网点分布图；③确定首批开发目标酒店，并拟定路线图；④调查目标酒店生意、信誉和风险状况；⑤选择适合的酒店，有针对性地进店	①核心终端铺货、陈列生动化；②店内人员公关，建立良好客情关系；③开展免费赠饮、买赠等促销活动，加快消费者对××高端白酒口感的认知和适应；④进行品牌形象推广，树立良好品牌形象；⑤派驻专职促销员或设置暗促，挖掘跟踪酒店重要客户的资料	①持续做好终端铺货、陈列生动化工作；②加强针对消费者的促销；③深入挖掘酒店重要客户，加强对其的团购公关；④细化渠道管理，降低运营费用	①维护基本面；②降低促销力度和渠道费用；③退出部分费销比高的酒店

2. 餐饮渠道进店操作模式

（1）单纯进场　把产品铺进酒店，只是在店方吧台陈列销售，而不做人员等促销投入。主要针对 B 类店和不能上促销员的 A 类店。此方式意在追求产品的覆盖率，扩大产品影响力。

（2）混场促销　和其他竞品在某一酒店联合开展人员促销活动。主要针对那些专场费用很高的 A 级酒店，而且与竞品必须不在一个档次上。

（3）买断专场促销权　即让店方保证同类产品只有自己一家开展人员等促销活动的入场方式，最大限度地避免与同类竞品在同一家酒店竞争，便于自己更好地推广产品和品牌。

（4）包量销售方式　即以协议的方式规定酒店在规定的时间内（一般为一年）完成一定的销量，在完成销量指标后厂家一次或分阶段给予店方一定比例或确定的费用。

（5）暗促销　针对别人已买了专场，或酒店的促销名额已满不能再上人员促销的酒店，厂商和店方达成协议，为避免引起已买专场促销的厂家的注意，由店方指定 1 ~ 2 名服务员协助促销本企业的产品，在完成每月基本销量任务后，由厂商给店方承担一定名额的店方服务人员工资或其他费用。

（6）买断酒水供应权　与酒店签订协议，该酒店销售的某一价格段的产品只能从自己一个品牌或一家供应商供货进货，而自己保证其充足的货源，并支付一定专供费用。

（7）混合进店　与经销商经营的其他产品一起混合进店，企业承担部分费用；或经营企业不同产品的经销商联合进场，× ×高端白酒承担部分费用。

3. 动销方式

（1）店内人员公关　对于酒店店内人员的公关，首先需要对店内人员进行分类，并认清每种类型的人在酒店中的重要作用，采用多种多样不同的公关方式。店内人员常见公关方式见表 8 -4。

表 8 -4　店内人员常见公关方式

公关对象	在组织中作用	公关方式
老板/店长	最高决策者	①刚性利益：差价、进店费、返利、专场促销费、店长提成 ②日常维护：赠酒、高档礼品、小品会、联谊会

续表

公关对象	在组织中作用	公关方式
服务员	客户服务 产品推荐 重点客户的资料收集	①开瓶费：走中间路线（不太高和太低），保持相对稳定，不受竞品影响。凭瓶盖和相关标识物（挂牌或酒盒上的标识）每周兑现一次 ②积分奖励：与瓶盖兑奖相结合，对销售的不同产品设置不同分值积分，达到一定积分兑换相应奖励，实现二次兑奖 ③节日赠酒：赠给核心服务员作为回家送给父母的礼物 ④联谊会：聚餐、K 歌等，每月组织 1 ~ 2 次，联络情感，收集信息，传达工作安排 ⑤小礼品、生活用品：抽纸、指甲套件、化妆品、小饰品、促销礼品等
餐厅主管	餐厅管理者	小礼品
吧台	产品展示	小礼品（小价值饰物等）
采购主管	采购组织者	礼品等
财务主管	资金控制者	礼品

（2）渠道促销　渠道促销常见促销方式：

①发展品牌顾问：针对 AB 类店老板/店长，由大客户经理专人联系，通过赠酒、高档礼品、小品会、旅游、联谊会等形式，帮助其扩大社交圈层，将其培养成为乐于推荐××高端白酒的品牌顾问。

②品鉴会定点消费：将 AB 类餐饮店设置为小型品鉴会、大型品鉴会定点消费单位，能帮助店方获得更多的熟客资源，是进场谈判、客情维护的有效手段。

③VIP 客户联合促销：设定××高端白酒的 VIP 客户资质和待遇，给予酒店一定数量的 VIP 会员名额，同店方签订 VIP 消费协议进行联合促销，对持有××高端白酒 VIP 会员卡的客户，在该店消费可享受指定价格的优惠，帮助酒店提升客户满意度和回头率。

④婚寿宴定点消费：指定某酒店为××高端白酒婚寿宴消费的定点酒店，将名烟名酒店、核心二批商的婚寿宴资源与酒店对接，提升其消费人气。

⑤店长提成：店长（大堂经理）是餐饮店老板的代言人，重要的客户往往都由其安排打理，设置合理的销售提成，可直接有效地提高团购资源的获得率。

⑥代驾补贴：结合酒店的代驾服务，对其推出代驾补贴，要求代驾人员穿着××高端白酒提供的代驾制服（补贴力度各市场自己确定）。

⑦服务员培训：向酒店推出服务员培训服务，帮助其提升人员形象和服务

技能。

⑧派驻专职促销员：跟踪酒店 VIP 客户，与服务员、领班联络感情，收集店内和竞品信息。

⑨阶段进货奖励：如在某一时间段累计进货或一次性进货 × ×，奖励旅游、本品或电子产品等。

（3）消费者促销　消费者促销常见促销方式：

①免费赠饮：产品上市阶段或主要节日期间选择核心酒店轮流开展，每天对前 5 ~ 10 桌或包间消费满一定金额的顾客（或由店长对重要客户安排）免费提供 100mL 装或 500mL 装品鉴酒 1 瓶（品项为当地主推品项或形象产品），连续开展 7 ~ 10 天。

②VIP 会员招募活动：对在酒店一次性消费达到一定条件的重要顾客（如，一次性消费达 3000 元以上的客户（限一桌客人）或一次性充值 2000 元酒水消费券的客户或连续 3 次消费酒水满 2000 元的客户），可获得由 × ×高端白酒与酒店共同颁发的 VIP 会员卡一张，享受在本店消费菜金 9 折，在本店消费 × ×高端白酒 8 折，一次性赠送 × ×高端白酒一瓶的待遇。

③买赠活动：产品上市阶段或主要节日期间选择核心酒店轮流开展，对购买一定数量 × ×高端白酒的顾客赠送 100mL 鉴藏酒或精美促销礼品（酒具、茶具、纪念品等）或名烟等赠品。

④婚寿宴促销活动：在某一时间段，凡在指定酒店举办婚寿宴并在该店购买 × ×高端白酒达一定数量的顾客，凭有效证件（登记证、身份证等）可享受 7 ~ 8折优惠，并可每桌获赠 × ×高端白酒同品一瓶。

⑤现场消费抽奖：在某一时间段，凡在指定酒店购买 × ×高端白酒满一定金额，即可获赠抽奖券一张（多买多赠），在指定时间（整点、半点或某一有意义的时间，如晚上 8 点 8 分）参加现场抽奖活动，有机会赢取：一等奖 × ×，二等奖 × ×……

⑥开盒或开盖刮奖：在酒盒或瓶盖内设置中奖信息，购买者有机会赢取一等奖 × ×，二等奖 × ×……

⑦集盖兑奖：集齐某种特制的酒瓶盖 × ×个，即可在指定地点兑换某种有吸引力的奖品。

（4）产品陈列和终端生动化　铺市要求见表 8 – 5。

表 8 – 5　铺市要求

铺市时间	省级市场	地级市场	县级市场
2012 年 10 ~ 12 月	60% 的 A 类酒店 其中形象店 30 ~ 50 家	60% 的 A 类酒店 其中形象店 10 ~ 20 家	60% 的 A 类酒店 其中形象店 5 ~ 10 家

续表

铺市时间	省级市场	地级市场	县级市场
2013 年 3～6 月	60% 的 A、B 类酒店 其中形象店 30～50 家	60% 的 A、B 类酒店 其中形象店 10～20 家	60% 的 A、B 类酒店 其中形象店 5～10 家

铺市方式见表 8－6。

表 8－6　铺市方式

铺市方式举例	
方式	举例说明
（1）本品搭赠	如，买六赠一
（2）铺货和陈列结合	如，一次进货××元，并签定陈列协议（专柜、4×6 等），每月返××产品
（3）分坎级奖励礼品	如，一次进货 2000 元，赠价值 300 元的名烟一条；一次进货 5000 元，赠价值 900 元的软中华一条或电暖气一台；一次性进货 10000 元，送价值 2000 元的笔记本电脑一部
（4）进货送店招制作	如，一次进货 15000 元，送店招制作
（5）搭赠促销活动	如，进货××件，搭赠酒一件，进行终端买赠活动

酒店渠道产品陈列和生动化要求见表 8－7。

表 8－7　酒店渠道产品陈列和生动化要求

酒店渠道产品陈列和生动化要求				
终端类型	陈列方式	品项要求	产品陈列要求	广宣物料
形象店 （位置较好或动销量大的核心酒店）	4 层×2 瓶吧台陈列	不少于 4 个单品	吧台显眼位置或紧贴最畅销竞品陈列 按价格由高到低垂直集中陈列 每个单品陈列面不少于 2 个 单排陈列面不少于 2 个 陈列高度不低于 60cm 价签醒目、牌面清洁 符合十项陈列原则	必备物料：门头、包间陈列柜展示、挂画布置、电梯广告、菜谱和台卡广告、海报、易拉宝或 X 展架、价签或跳跳卡
一般店（形象店之外的酒店）	3 层×2 瓶吧台陈列	不少于 3 个单品		必备物料：海报、易拉宝或 X 展架、电梯广告、菜谱、台卡广告、价签或跳跳卡

任务四 烟酒店促销渠道操作

一、烟酒店促销渠道概述

1. 烟酒店促销渠道特点和定位

（1）中高档产品的核心销售终端，承接前期的产品推介和后期大盘规模上量的任务。

（2）展示产品和品牌形象，营造市场氛围。

（3）与酒店、公关团购实现三盘互动，快速启动市场。

（4）挖掘店方背后的客户资源，对公关团购工作进行延伸。

2. 关键点和操作原理

（1）做好价格管理，守住产品生命线 由于货源广、壁垒低，价格竞争往往是名烟名酒店的根本竞争手段，管控不好就会出现乱价情况，将新产品扼杀在摇篮里。

（2）尽早布局，分级合作，稳步启动 对烟酒店要尽早布局，利用其展示产品，营造市场氛围，增大与消费者的接触面，同时与酒店、公关团购实现三盘互动，快速启动市场；但对烟酒店销量的启动要稳步进行，不能急于求成，避免大力度促销下的乱价，要做好分级合作和价格管控。

（3）五点联动 包括氛围营造、团购支持、终端拦截、免费赠饮和销售激励。

①氛围营造：通过店面装饰、产品陈列和终端生动化，形成旺销的形势；通过店外宣传，传播品牌、树立形象、营造氛围。

②团购支持：协助名烟名酒店做好客情维护、赠酒品鉴和团购促销，启动其背后团购资源。

③终端拦截：在核心烟酒店开展人员推广和买赠、婚宴等促销活动，达到终端拦截的目的。

④免费赠饮：提供专用促销小酒，针对重要客户提供免费品尝活动，加快产品认知。

⑤销售激励：通过对店方提供各种销售激励，提高其主动推荐的积极性。

二、烟酒店渠道运行方式

1. 烟酒店渠道分类

根据烟酒店的特点和推介能力，可将烟酒店分为资源型、区域位势型、以烟带酒型、机会型和跟风型，其分布特点和占比如表 8－8 所示。

表 8－8　烟酒店类型

门店分类	特点	推介能力	占比	分布特点
资源型	具有较强的社会、人脉资源，固定客户群较多	有较强推介能力	15%	（1）围绕酒店周边形成自带酒水源 （2）在商业中心附近形成自带酒水供应店 （3）在名烟酒店一条街，形成商业集群效应
区域位势型	位置优越、客源较广	推介能力较弱	25%	
以烟带酒型	在烟草方面有优势，以烟草构筑的信誉点，获得客户认可	推介能力较强	10%	
机会型	资源优势不明显，长期固定客户较少	有推介观念，但对消费者影响力不大	20%	
跟风型	竞争店做什么我就做什么，保证长期价格优势	受消费者需求影响，不具备主推介能力	30%	

2. 烟酒店渠道各阶段工作重点

在运作过程中可将烟酒店渠道分为导入期、成长期和成熟期三个时期，每个时期根据其特点有相应的工作重点，如表 8－9 所示。

表 8－9　烟酒店渠道各阶段工作重点

	导入期	成长期	成熟期
工作重点	（1）注重产品陈列、展示和终端生动化，营造市场氛围，增大与消费者的接触面，与公关团购和酒店形成互动 （2）注重开发步骤，做好价格管理 （3）实行分级管理，与核心客户逐步建立深度合作关系，利用团购支持（赠酒、小品会、客情费用支持），启动其团购资源 （4）适当开展消费者促销和团购促销，提高产品和品牌的认知度	（1）围绕产品的快速动销进行消费者促销和团购促销 （2）提高网络覆盖，增加与消费者的接触面 （3）适度控制陈列奖励等固定投入，驱动店方积极推荐	（1）围绕终端开展产品陈列促销，保证产品终端陈列面积 （2）阻击强势竞争品牌的侵入 （3）控制铺货面，有效控制价格下滑

3. 烟酒店的分级合作

企业与烟酒店渠道的合作分为三个层次，合作的程度不同，配置和政策支持不同，如表 8－10 所示。

表 8 - 10　烟酒店的分级合作

合作模式	配置	政策支持	选择原则
第一层次陈列合作	陈列：专架或 3 × 4 陈列 宣传：台卡、活动海报或 KT 板张贴	（1）只享受常规价格及常规进货政策和统一的促销活动支持 （2）享受月度返利支持	广泛客户合作，具备名烟名酒店特征即可
第二层次传播合作	陈列：专架或 3 × 6 陈列 宣传：台卡、活动海报或 KT 板张贴、产品形象展架、定期堆头陈列、终端空白墙体形象传播	（1）享受常规价格及常规进货政策和统一的促销活动支持 （2）享受陈列及广宣的投入支持 （3）享受月度 + 季度返利	选择具有初步优势的客户合作，能满足并配合企业部分要求
第三层次联营体战略合作	陈列：专架或 4 层 × 6 瓶 宣传：台卡、活动海报或 KT 板张贴、产品形象展架、定期堆头陈列、终端空白墙体形象传播、专场包装 推广：将企业产品作为各个价位段主推产品，完成各个月销量任务。对企业产品进行公关团购、品鉴营销、专场促销、签订包量销售协议	（1）享受常规价格及常规进货政策和统一的促销活动支持 （2）个性化费用支持　促销员支持、店招支持、团购费用支持、店面专场费用支持以及其他个性化的费用支持 （3）享受月度返利 + 季度返利支持 + 年度任务完成奖励。	在前两层合作的基础上，重点筛选，全方位合作能满足并达到企业个性化合作要求，限量优质客户

4. 烟酒店价格管控模式

（1）刚性价格管理　通过指定零售价格标示牌、暗访抽查等形式，保证刚性价格措施执行，对恶意降价销售的烟酒店实行停止供货、取消合作资格等处罚。

（2）核心烟酒店形成价格联盟　与核心烟酒店建立价格联盟，收取部分保证金，破坏价格体系的可以扣除保证金，或者根据情况对年终返利进行适度惩罚；控制非核心烟酒店的政策，为核心烟酒店“托价格”，避免恶性降价。

（3）利用固定投入保证烟酒店利润　多用固定的月度、季度、年度返利，陈列奖励，人员工资支持等固定投入来维护店方稳定的利润，把握价格体系的控制权。

5. 烟酒店客情关系维护

根据烟酒店的对象和特点不同，采取不同的客情方法，如表 8－11 所示。

表 8－11　烟酒店客情维护

对象	特点	客情方法
老板	（1）终端进货决策人，推介能力较强，与其固定客户关系较好，具有口碑传播能力 （2）需要直接的利润驱动，对眼前的利益需求较大，特别是对产品的陈列奖励等较为敏感	（1）定期开展品鉴公关或联谊会 （2）定期奖励 （3）进场参观，增强信心
营业员	（1）大部分时间能够向 30% 左右的消费者推介，并就部分团购提供决策建议 （2）对产品的陈列维护形成软性决定权，同时能够形成较好的口碑传播	（1）与销售额不完全挂钩的礼品奖励 （2）开展定期奖励，总费用 1%～2% 用于暗中提成，对于其一家人的营业员予以礼品奖励 （3）发展为暗促，每月 100～500 元不等的工资
门店店长	（1）决定店面产品陈列、传播，并积极推动 （2）决定是否执行或者帮助执行终端的消费者促销等活动 （3）能够在大部分时间对品牌推介施加影响力，对固定客户形成建议，对陌生顾客产生品牌选择的影响	（1）对店长开展利润总额 2%～3% 的销售提成 （2）对店长开展活动进行奖励，使得其成为企业的终端执行人

6. 烟酒店常用渠道促销

（1）进货奖励

①本品搭赠：如买六赠一。

②坎级＋礼品赠送：设置不同的进货坎级，赠送不同的礼品（旅游、生活用品、电子产品、烟和饮料等其他产品）。如，一次进货 5000 元，赠价值 900 元的软中华一条或电暖气一台；一次性进货 10000 元，送价值 2000 元的笔记本电脑一部。

③进货陈列相结合：如一次进货××元，并能按陈列要求进行陈列，每月给予××返利。

④进货和促销活动结合：进货××，将协助终端开展××促销活动。

（2）陈列促销　签订陈列协议（①专架陈列，②堆头陈列，③堆箱陈列，④陈列买断等），实现垄断性常年的端架陈列占有，每月给予陈列奖励（或产品）。

（3）返利促销　根据不同合作层次，制订月度返利、季度返利、年度包量销售奖励，超额销量奖励。

（4）资源买断　买断广告位，买断独家促销权，买断核心陈列位置等。

（5）团购支持

①支持烟酒店老板团购用酒、品酒卡、小品会费用和公关礼品等，设置团购提成。

②定期组织联谊活动维护其客户的忠诚度。

③定期对名烟酒店老板开展培训，特别是对产品品质、团购营销手段开展方法、大客户管理等培训。

7. 烟酒店常用消费者促销

（1）买赠促销

①买赠礼品：购买一定数量的××高端白酒赠送特色礼品一份；买赠小酒：购买一定数量的××高端白酒赠送100mL品鉴酒一瓶。

②买酒赠烟：购买不同价位的××高端白酒赠送不同价位的名烟。

（2）团购促销　最好分两步进行：①针对烟酒店背后的团购设计坎级进货奖励（如买××高端白酒××元，赠送苹果手机一部，购买××元，送旅游、购物券等）；②针对烟酒店提供奖励。

（3）宴席促销　针对婚宴、寿宴、谢师宴等宴席用酒开展本品买赠活动（如购买一定数量的产品，每桌赠送一瓶本品品鉴酒），并附加其他额外相配的消费品，如饮料、红酒、香烟、特色礼品等。

（4）抽奖促销　在每瓶中设置即开式刮奖卡，购买者有机会赢取：一等奖××，二等奖××……

注：①奖品设置一定要有价值感和特色，具有吸引力，不易买到；小奖设置要有一定的中奖率，维持消费者购买兴趣；②抽奖活动不宜在旺季开展。

（5）积分兑奖　对不同价位的××高端白酒产品设置不同的分值，针对长期客户赠送积分卡，积分累计到一定分值可兑换相应的礼品或产品（注：此活动主要用于维持老客户的忠诚度）。

三、烟酒店的陈列和终端生动化

1. 铺市要求与举例

烟酒店的铺市根据市场规格和铺市时间不同而不同，如表8－12所示。

表 8－12　烟酒店铺市要求

铺市时间	省级市场	地级市场	县级市场
2012 年 10～12 月	铺市率 20% 其中形象店 150 家	铺市率 20% 其中形象店 50 家	铺市率 20% 其中形象店 20 家
2013 年 3～6 月	铺市率 40% 其中形象店 200 家	铺市率 40% 其中形象店 50 家	铺市率 40% 其中形象店 20 家

方式	举例说明
本品搭赠	如买六赠一
铺货和陈列结合	如一次进货××元，并签定陈列协议（专柜、4×6 等），每月返××产品
分坎级奖励礼品	如，一次进货 2000 元，赠价值 300 元的名烟一条；一次进货 5000 元，赠价值 900 元的软中华一条或电暖气一台；一次性进货 10000 元，送价值 2000 元的笔记本电脑一部
进货送店招制作	如一次进货 15000 元，送店招制作
搭赠促销活动	如进货××件，搭赠酒一件，进行终端买赠活动

2. 烟酒店渠道产品陈列和生动化要求

烟酒店渠道根据不同的终端类型，产品陈列方式和生动化要求不同，如表 8－13 所示。

表 8－13　烟酒店渠道产品陈列和生动化要求

终端类型	陈列方式	品项要求	产品陈列要求	广宣物料
形象店	专柜或 4 层×6 瓶	5 个单品	面向店门显眼位置或紧贴最畅销竞品陈列 按价格由高到低垂直集中陈列 单排陈列面不少于 4～6 个 每单品的陈列面不少于 4～6 个 陈列高度不低于 60cm 价签醒目、牌面清洁 符合十项陈列原则	必备物料：店招 产品形象展架或易拉宝 终端空白墙体广告 价签（跳跳卡） 活动海报
重点店	3 层×4 瓶 垂直集中陈列	不少于 4 个单品		必备物料： 产品形象展架 终端空白墙体广告 价签（跳跳卡） 活动海报或 X 展架

3. 旺季特殊陈列

在春节、中秋节等节假日来临之际，为了营造氛围、宣传产品，常常需要对产品进行特殊陈列，如表 8－14 所示。

表 8－14 烟酒店旺季特殊陈列

<table>
<tr><th>陈列方式</th><th>项目</th><th>产品陈列要求</th></tr>
<tr><td rowspan="4">堆箱陈列</td><td>堆头标准化</td><td>形成两个层次大小的标准，对接不同的奖励标准，适应不同规模的店面，并分别进行价格标示
小标准陈列：3 层 ×4 箱 +10 单瓶或 2 层 ×4 箱 +10 单瓶 + 价签
大标准陈列：2 个小标准或 4 层 ×6 箱 +12 单瓶 + 价签
堆头高度控制在 135～150cm</td></tr>
<tr><td>主题活动跟进</td><td>在堆箱的周围开展主题促销活动公告（堆箱上的台卡、X 展架或者海报告示、促销赠品）</td></tr>
<tr><td>传播物料跟进</td><td>通过堆箱上的台卡 、X 展架或者海报告示、促销赠品告知产品形象和活动主题</td></tr>
<tr><td>促销人员跟进</td><td>对联销体名烟酒店派出促销人员进行活动宣传及现场推广</td></tr>
<tr><td colspan="3">在零售终端开展各种形式的堆箱陈列，可以极大地刺激批零终端的客户购买热情，形象地展示产品；最好的效果是名烟名酒店店内外的空箱堆头陈列，增加几个箱子的成本，效果极佳。实物陈列效果更好</td></tr>
</table>

任务五 商超渠道操作

一、商超渠道概述

1. 渠道定位

（1）标示价格。

（2）展示形象。

（3）帮助消费者详细了解产品信息。

2. 关键点和操作原理

（1）做好与采购人员的客情关系，有效利用商超资源。

（2）做好与部门主管的客情关系，获得优势陈列位置和空间。

（3）做好终端的生动化陈列和形象展示。

（4）针对消费者的促销活动。

（5）驻场促销员终端拦截、推销和库存把控。

二、商超分类

按照营业面积和规模可将商超分为 A、B、C 三类，如表 8－15 所示。

表 8－15　商超分类

类型	举例
A 类	国际、全国性大卖场和地方性大超市
B 类	中型卖场、超市
C 类	普通卖场、小型超市、连锁店

三、商超渠道运行方式

商超渠道常见消费者促销方式和举例，如表 8－16 所示。

表 8－16　商超渠道消费者促销

促销方式	说明（举例）
买赠促销	买赠礼品：购买一定数量的××高端白酒赠送特色礼品一份（酒具茶具、精品打火机、特产等） 买赠小酒：购买一定数量的××高端白酒赠送 100mL 品鉴酒一瓶 买酒赠烟：购买不同价位的××高端白酒赠送不同价位的名烟、红酒等 注：买赠活动主要用于新产品上市、产品换包装、终端拦截等目的，赠品费用控制在 10%～15%
抽奖促销	在每瓶中设置即开式刮奖卡，购买者有机会赢取：一等奖××，二等奖××…… 注：①奖品设置一定要有价值感和特色，具有吸引力，不易买到；小奖设置要有一定中奖率，维持消费者购买兴趣；②抽奖活动不宜在旺季开展
返券促销	一次性购买 xx 高端白酒满××元，返超市购物券××元。费用一般控制在 10%～15%
返现金促销	分不同产品给予不同的现金折扣，如购买××中端白酒一瓶返现金 10 元，购买高端白酒一瓶返现金 20 元……活动力度控制在 10%～15%
联合促销	一次性购买××高端白酒××元（瓶），赠××牌产品一份

四、商超陈列和终端生动化

1. 铺市要求

商超渠道铺市根据市场规格和铺市时间不同而不同，如表 8－17 所示。

表 8－17 商超铺市要求举例

铺市时间	省级市场	地级市场	县级市场
2012 年 10～12 月	所有 A 类商超	所有 A 类商超	所有 A 类商超
2013 年 3～6 月	高档社区店	高档社区店	高档社区店

2. 商超渠道产品陈列和生动化要求

根据终端类型不同，商超渠道陈列方式、产品陈列要求和准备的物料要求见表 8－18。

表 8－18 商超渠道产品陈列和生动化要求

<table>
<tr><th>终端类型</th><th>陈列方式</th><th>品项要求</th><th>产品陈列要求</th><th>广宣物料</th></tr>
<tr><td>形象店</td><td>4 层 ×6 瓶集中陈列</td><td>5 个单品</td><td rowspan="2">面向主通道显眼位置
紧贴最畅销竞品陈列
按价格由高到低垂直集中陈列
单品单排陈列面不少 4～6 个
陈列高度不低于 60cm
价签醒目、牌面清洁
符合“十项陈列原则”</td><td>必备物料：海报、吊旗、寄存处广告贴、电梯广告、包柱广告、货架顶端广告、价格签</td></tr>
<tr><td>重点店</td><td>3 层 ×4 瓶垂直集中陈列</td><td>5 个单品</td><td>必备物料：货架顶端广告、吊旗、海报、价格签</td></tr>
</table>

3. 旺季特殊陈列

春节、国庆期间为白酒销售的旺季，可采用特殊陈列方式吸引消费者，如表 8－19 所示。

表 8－19 商超旺季特殊陈列

陈列方式	产品陈列要求
地堆陈列	即促销区，通常用栈板、铁筐或周转箱堆积而成的货物堆，堆头所陈列产品一般选择较为畅销的产品，并与其他产品组合搭配，同时要求有一定的促销活动予以辅助。选择堆头位置时尽量避免靠近收银台等一些人流通道的出口，以避免购物高峰时期被拥挤的人流覆盖陈列效果，产品陈列呈阶梯型，高度控制在 135～150cm

续表

陈列方式	产品陈列要求
端架陈列	货架两端的位置，也是顾客在卖场回游经过频率最高的地方，根据卖场的实际情况，可在中秋、春节两季进行端架陈列，也可进行全年性的端架陈列进行形象展示
精品柜陈列	将××高端白酒放在商超酒水区精品陈列柜中进行陈列，可以较好地提升品牌形象。产品纵向集中陈列，每个单品不低于两瓶组合。陈列位置在消费者视线的正前方
特殊陈列指中秋和春节的付费陈列（地堆、端架）或超市给予特价商品的免费陈列	

任务六　电子商务渠道

一、电子商务渠道概述

电子商务渠道的兴起是基于计算机技术的普及，现代物流的发展，以及通信、支付平台的发达，其目的是为了消费者更为快捷方便的购物，先决条件是网络的开发和普及，基础建立于计算机技术浏览器、服务器应用方式之上，特点是买卖双方并不谋面的交易，其中需要经过在线沟通平台、在线交易平台、在线电子支付平台以及全球性的物流配送平台。

电子商务的概念很广，这里所指的电子商务渠道，专指与酒类营销相关的电子商务渠道。电子商务渠道是新兴渠道与传统行业的结合，是酒类营销的必然趋势。

1. 电子商务渠道的特性

（1）足不出户的便利　消费者只要动动手指，就可以完成选货、对比、议价、付款、收货、评价一连串的购买动作，甚至于不满意的退货、换货、投诉，都可以通过网络轻松搞定，这对于没有时间、没有兴趣逛街或者懒于出门的人，都是极大的便利。便利性是电子商务得以大行其道的根本。

（2）突破地域限制的买卖　在网络交易面前，地域限制只是物流远近的问题，丝毫不会影响消费者购买，这在现实交易中是不可能的，这也是电子商务渠道最大的特征之一。因此，电子商务渠道的发展会促进白酒品牌的全国化进程，尤其是有特色的地方名酒，可以借助网络的力量加速扩张。

（3）买卖双方互不谋面的信任　传统的买卖双方面对面的交流已经被网络交流工具所取代，买卖过程中彼此之间建立的信任，由面对面的审视改变为严谨的数字流程，七天无条件退货、送货上门、货到付款，这些承诺并非空口无凭，网络购物的风险系数甚至比面对面的交易还要低。

（4）多个环节的统一协调　从消费者的角度网络购物越方便快捷，从商家的角度需要协调的环节就越多，从产品、经销商，到银行、物流、通信、技术服务，都是不可或缺的环节，每一个环节都需要细致沟通。要让消费者需要做的越少，商家需要沟通协调处理的就越多。

（5）商务活动的集约处理　电子商务让交易相关的一系列事务形成一个缜密的工作流程，通过人工操作和电子信息处理，将所有交易信息高度集成统一作业，大大降低了人力、物力消耗，提高了商务效率。这种集约的特性，使得网络营销的促销活动比实体销售中的促销活动执行过程更为简单，效果也更明显。

2. 电子商务渠道对于酒类营销的主要作用

（1）形象展示　通过官方网站、门户网站广告、搜索引擎等方式，对企业形象进行宣传展示，作为对线下宣传的有益补充。网络上的各种形式需相互配合，互为补充，单一的某种形式往往不能形成扩散效应，只有多种形式组合，才能发挥网络平台的利好作用。

（2）公关宣传　公关是电子商务渠道必不可少的环节，其必要性体现在网络传播的无障碍扩散，与网络言论的不可控制，这两个因素导致企业随时可能面临无限制言论的负面影响，因此，网络公关的首要作用在于自我保护。在此基础上，利用网络的平台，通过热门话题及新闻事件对自身企业形象进行侧面宣传，这种形式的宣传比直接吆喝更容易博得好感。

（3）网络交易　实现销售是电子商务渠道的另一功用，也是该渠道最见收效的方式，网络交易有多种模式，如通过综合电子商务平台的白酒频道交易，通过专业酒水交易网站交易，通过团购网站进行交易等。如今不少专业酒水交易平台兴起，越来越多的厂家也开始试着从这一渠道谋取利润，网络交易成为白酒电子商务渠道的核心。

二、电子商务渠道运行方式

电子商务渠道经过多年的发展已经颇具规模，多种形式被开发出来，不少形式都受到消费者的热捧，常见的电子商务渠道营销主要有以下几种形式。

（1）企业官方网站。

（2）搜索引擎。

（3）网上商城。

（4）团购网站。

（5）微博。

这几种形式从建立到发挥作用，大致需要经过以下流程（图 8－4）。

上述这几种形式作为企业网络营销构建的骨干，各自发挥着不同的作用，这些作用的合力（图 8－5）能够对企业产品的销售及企业品牌的传播带来意想不到的收获。

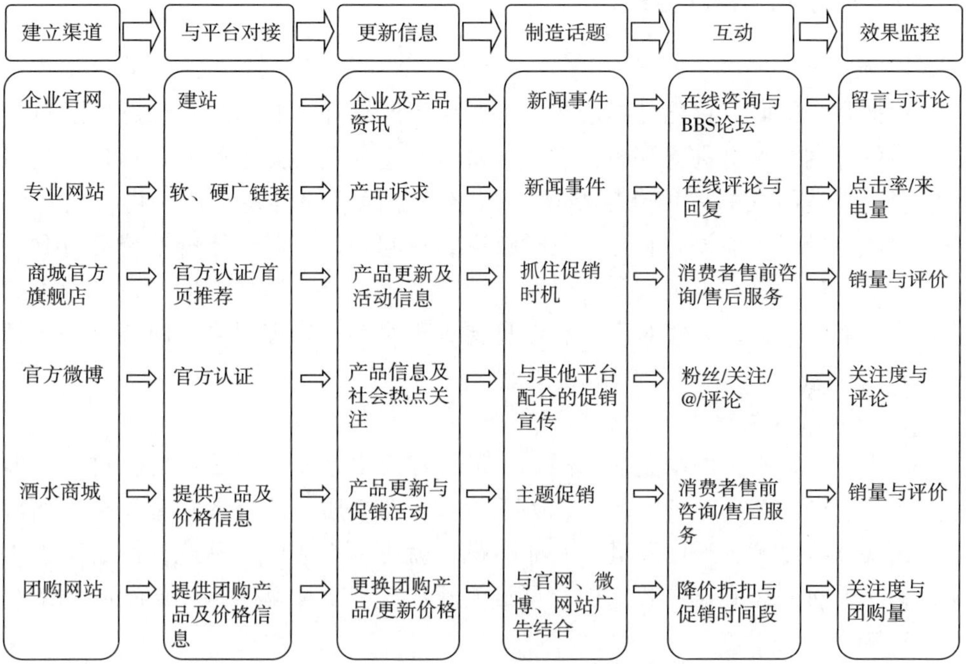

图 8-4　电子商务营销渠道建立过程

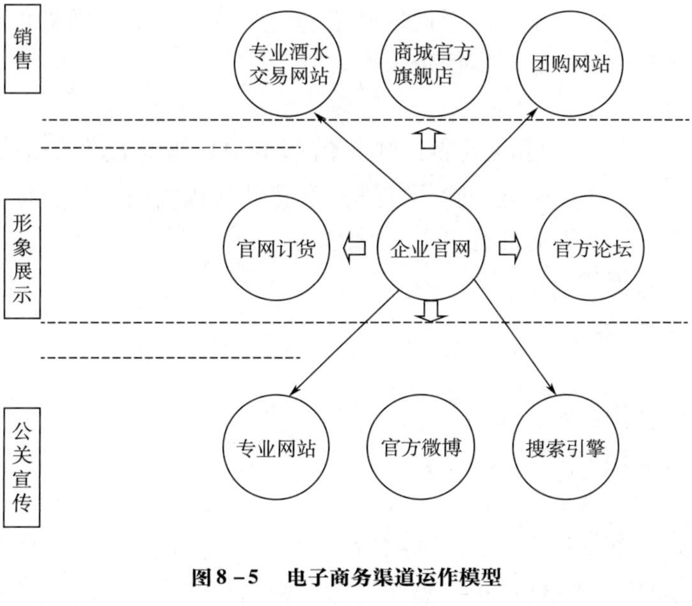

图 8-5　电子商务渠道运作模型

三、电子商务操作要点

1. 做好线上公关

包括几个层面，首先是制造热点，利用新闻事件来制造热点话题，通过微博、微信等网络平台进行散布，引起消费者注意。其次是正确处理评价，消费者们会以其他网友的评价来判断产品的好坏，而且评价是企业不可自己控制的，因此，做好售前售后服务，及时解决客户问题，是对于评价系统最有利的处理方式。最后是对不利信息的处理，消费者很容易被诱导或煽动，一点不利信息都可能被放大，因此对于不利信息要处理及时，处理得当，回避和冲突都不是办法。

2. 做好防伪工作

由来已久，不是酒水企业的问题，最终却要由企业来买单。解决这一问题牵涉到国家的政策、治理举措、相关法律、行业素质、消费者心智等多方面因素，需要逐步完善，循序渐进，并非一蹴而就可以完成的。因此，做足防伪工作，善于通过法律武器自我保护，是目前酒水行业面对假酒唯一能做的举措。

3. 做好价格体系

低价格是消费者选择电子商务渠道的重要原因，酒仙网在成立之初，就做出普降三成的承诺，个别货品折扣甚至更低。但是，低价格给传统渠道带来的冲击不容忽视，因此，企业在制定价格时，需要结合其他渠道定价以及电子商务各个分渠道的定价。可以考虑提供网络专供，改变包装，模糊价格，以免不统一的售价给客户对产品的信任带来影响。

4. 线上线下活动

网络是一个充满话题的世界，缺乏话题会很快被淹没在茫茫的咨询海洋中。因此，在电子商务渠道，除了推进正常营销进程之外，各类促销活动必须常办常新。常规的促销活动有以下几种方式。

（1）节假日促销。

（2）旺季促销。

（3）事件促销。

（4）话题促销。

（5）联合促销。

5. 做好物流工作

现代物流是电子商务渠道的标志性特征之一，不同于实体店的进货、发货，电子商务的物流发货量小、路途遥远、中间环节多、目的地不确定，因此需要店方格外重视。

6. 重视服务质量

电子商务渠道的服务包含售前和售后两个方面，售前服务只是产品咨询，疑问解答，起到为消费者介绍产品、推荐产品、消除顾虑的作用，售后服务则包括客户回访、反馈信息搜集、对于客户不满意的解疑、中差评处理、退换货服务等。

拓展阅读

泸州老窖“三人炫”白酒电子商务营销

48 小时 40 吨，84 天 100 万瓶……好评率高达 99%，一个月内重复购买率高达 98%。这些数字由泸州老窖“三人炫”在 2014 年创造，它一经上市，便震撼业界，成为白酒行业这两年来的一款现象级产品。

由泸州老窖集团总裁张良、酒仙网董事长郝鸿峰及艺术设计大师许燎源三人联手打造的泸州老窖“三人炫”借鉴小米模式，1000mL 装的“三人炫”在酒仙网首发价仅为 139 元，上市之初还买一送一，这种空前优惠力度对于熟悉白酒行业，熟悉泸州老窖品牌的消费者来说，简直是不可想象。如此“高性价比”特性在这款产品上得以充分体现。

在产品发布之初，“三人炫”还采用“内测”“公测”流程，经过 10 位泸州老窖调酒大师盲测、200 多位酒仙网员工盲品、1000 名资深酒友票选，最终将最符合消费口感的“三人炫”展示在众人面前。

尽管“三人炫”也遭到不少酒友的吐槽，但是这款产品创意与设计并重，处处彰显细节的力量，并充分尊重消费者的体验，可以说是近年来具有互联网高度与思维的新型白酒产品。

产品彰显差异化。

规格：1000mL，2 瓶装；酒精度数：52°；香型：浓香。

其最大的创举便在于，厂家通过酒仙网的大数据，了解消费者的喜好，生产出了消费者各个消费层面都满意的产品，并且通过互联网营销，节省渠道营运成本，做到价廉物美。

包装上，这款酒采用类似绒布一样的材质包装，避免了传统纸盒不耐脏，不方便打开等弊端，也解决了一般酒盒怕摔怕碰无法二次使用的缺陷，这款酒的包装既富有文化气息又解决了实际问题，布艺环保，黑白相间配色的深邃感加上金色质地很好的系绳，让人耳目一新。

三人炫的成功让很多名酒企业看到了互联网专属产品的商机和新的希望。尤其是在全国一二线名酒阵营和势力范围基本瓜分完毕，一些区域三线品牌严阵以待的情况下，用传统模式打造一款全国性品牌几乎不可能。于是，区别于传统渠道的网络专属产品被越来越多的企业所接受。而将名酒与互联网结合，本身也有着不可言喻的价值碰撞和利益共享。

对于互联网平台来说，其背后的大数据对众多的企业具有极强的诱惑力。名酒企业凭借品牌张力和雄厚的实力，为市场提供极高的性价比产品足以让消费者对之产生极大的吸引力。与此同时，出色的市场营销策略会对产品的动销起到事半功倍的效果。而这些对于互联网平台来说是优势所在。

首先，互联网平台让很多的区域名酒突破了区域的限制，让跨区域营销成为轻松之举。

其次，优秀的电商平台背后的大数据汇集实现了产品与消费者的最佳匹配，让名酒企业的产品实现精准定位，实现资源的合理配置。

最后，互联网可以实现与消费者的快速互动，并且高效便捷。而这也是传统的渠道所不能比拟的。

有业内人士表示，目前，不少名酒与电商平台的结合就是抓住目标消费者的精准需求，并通过一定的创新产生巨大的体验价值，从而占据目标市场。白酒要想通过互联网平台获得成功，一是大胆颠覆，二是目标清晰。酒仙网作为专业的酒类垂直电商，根据长期积累的大数据资源并依靠其具备的敏锐产品“嗅觉”，打造出消费者满意的网络产品“三人炫”也不是难事。关键则是看如何把好的品牌故事，差异化的产品特色，切中要害的营销手段以及高性价比的概念进行有机结合。

1年狂卖300万瓶，销售额超过2亿。2015年“三人炫”持续引爆着销量，同时也面临阻碍。

泸州老窖“三人炫”在赢得市场、赢得口碑的同时，也引发白酒行业的模仿与追随，类三人炫产品层出不穷。而“三人炫”在诞生前，张良与郝鸿峰达成共识：每瓶酒只赚1元，多赚1分钱都不厚道。要给到消费者最大利益。利润空间小，又要保证给到消费者一如既往的优异品质，与此同时，同类产品及山寨者涌现，这些模仿者们又有着更低廉的价格，“三人炫”面临着巨大的挑战。

面对激烈的竞争，“三人炫”在坚持消费者利益最大化的同时，需要做出改变。2016年，“三人炫”秉承不断求新，欲冲出竞品的包围。

想靠一款单品持续保持消费者的忠诚度是不易的。产品更新，丰富SKU（库存量单位），能使玩法更加多样，能给消费者更多新鲜感，增加老客户黏性。据悉，泸州老窖“三人炫”在保有高品质酒品的前提下，在2016年推出多种与互联网及时事相结合的新版产品。同时针对大客户，将启动C2B模式，满足不同大客户个性化需求。用互联网的思维，在产品端发力，赋予产品更高的热度和稀有性，差异于竞品并极大地丰富产品线。与此同时，在粉丝经济大展奇效的环境下，泸州老窖“三人炫”紧跟时代脉搏，对内建立三人炫专属会员体制，增强与目标人群的黏性，激发目标人群的活跃指数。对外与强势品牌联合推广，直接影响有效人群，迅速扩张粉丝领域。同时，还会借助酒仙网的“酒快到”平台，渐进式启动O2O模式。

2017年1月，国家级张良酿酒技能大师工作室领办人张良再次出马，联合泸州老窖股份有限公司副总经理、酒体设计总工程师张宿义，国家一级品酒师、酒业专家、博士邹江鹏，三人共同打造泸州老窖匠人版三人炫。

互联网定制就是要有新概念，2017年11月，张良又联合中国著名词作家，著名导演甲丁和联合国世界旅游组织专家、德安杰环球顾问集团董事长贾云峰，又推出定制款泸州老窖三人炫的新品。

此款依然是黑色瓶身，浮雕一样的设计，上刻三位名人的签名，与之前的三人炫瓶身不同的是，又增加了三位大咖的卡通画像。2019年“三人炫”定制款新品，又一次成为行业单品神话，更是酒业又一款互联网爆品。

任务七　白酒营销终端陈列生动化

一、终端陈列生动化概述

1. 陈列

陈列是指在通过销售点刺激消费者，实现产品从卖进终端渠道转为卖出给消费者的行为，它包括了所有在终端吸引顾客购买某种产品的活动。

这些活动包括：产品陈列、使用宣传资料（POP）以及最重要的把产品正面陈列在顾客能够看到的地方。

2. 终端陈列生动化

所谓终端陈列生动化，是指在终端使酒类产品更加生动地展示在消费者面前。由于在快消品消费中，大多数消费者的购买行为处于无计划状态，所以生动活跃的销售氛围，整齐而又不落俗套的产品陈列以及独具特色的销售辅助用具可极大地刺激消费者的选择、购买欲望，从而促进产品销售。

同时，终端生动化不仅仅只针对产品陈列，它更是一个品牌运作的综合系统。它需要大量的辅助用品及用具、高昂的资金预算及人力成本，并且厂家需联合经销商共同进行。

3. 终端陈列生动化的意义

在竞争激烈的白酒市场上，白酒终端生动化建设的意义日益凸显：一方面，在中国市场上只要某种产品畅销，一夜之间就会有名目繁多的同质化产品出现。另一方面，快速消费品是一种冲动性消费的产品，且消费者品牌忠诚度不高。因此，作为快速消费品的酒类产品，尤其是中低档产品，单靠品牌拉力不足以拉动市场消费。所以企业对终端生动合理地进行规划、改良，可以在展示企业文化及品牌形象的同时，传递品牌信息、提示消费者，从而刺激消费者的冲动型消费及及时性购买，终端陈列的改良可提高产品20%以上的销量。

终端陈列生动化建设是酒类行业亟需重视的问题，也是提升产品销量的重要手段，只着眼于客情关系的维护、销售服务的改善，而忽视“第二销售员”——终端生动化建设，企业、品牌形象及产品销量将会大打折扣。相反，建立统一的生动化标准，使白酒产品的所有终端陈列均突破陈规、新颖独特且保持一致，将有助于形成强烈的视觉冲击及消费者的深刻记忆。

4. 酒类产品终端陈列原则

（1）显而易见原则　在眼球经济时代，谁的商品能抓住消费者的注意力，谁就是赢家。商品陈列要让消费者显而易见，这是达成销售的首要条件，让消费者看清楚商品并引起注意，才能激起冲动性的购买心理。所以要求商品陈列要醒目，展示面要大、力求生动美观。

（2）最大化陈列原则　商品陈列的目标是占据较多的陈列空间，尽可能增加货架上的陈列数量。只有比竞争品牌占据较多的陈列空间，顾客才会购买你的商品。

（3）垂直集中陈列原则　垂直集中陈列原则不仅可以抢夺消费者的视线，而且容易做出生动有效的陈列面，因为人们视觉的习惯是先上下，后左右。垂直集中陈列，符合人们的习惯视线，使商品陈列更有层次、更有气势。除非商场有特殊规定，一定要把公司所有规格和品种的商品集中展示。

（4）下重上轻原则　将重的、大的商品摆在下面，小的、轻的商品摆在上面，便于消费者拿取，也符合人们的习惯审美观。

（5）全品项原则　尽可能多地把一个公司的商品全品项分类陈列在一个货架上，既可满足不同消费者的需求，增加销量，又可提升公司形象，加大商品的影响力。

（6）满陈列原则　要让自己的商品摆满陈列架，做到满陈列。这样既可以增加商品展示的饱满度和可见度，又能防止陈列位置被竞品挤占，达到有序、整洁、美观的效果。

（7）陈列动感原则　在满陈列的基础上要有意拿掉货架最外层陈列的几个产品，这样既有利于消费者拿取，又可显示产品良好的销售状况（畅销的动感）。

（8）重点突出原则　在一个堆头或陈列架上陈列一系列产品时，除了全品项和最大化之外，一定要突出主打产品位置，这样才能主次分明，让顾客一目了然。

（9）伸手可取原则　要将产品放在让消费者最方便、最容易拿取的地方，根据不同主要消费者的不同的年龄、身高特点，进行有效的陈列。如儿童产品应放在 1 米以下。

（10）统一性原则　所有陈列在货架上的产品，标签必须统一将中文商标正面朝向消费者，可达到整齐划一、美观醒目的展示效果，商品整体陈列的风格和基调要统一。

（11）整洁性原则　保证所有陈列的商品整齐、清洁。如果你是消费者，你一定不会购买脏乱不堪的产品。

（12）价格醒目原则　标示清楚、醒目的价格牌，是增加购买的动力之一，既可增加产品陈列的宣传告示效果，又让消费者买得明白。可对同类产品进行价格比较，还可以写出特价和折扣数字以吸引消费者。如果消费者不了解价格，即使很想购买产品也会犹豫，从而丧失一次销售机会。

（13）先进先出原则　按出厂日期将先出厂的产品摆放在最外一层，最近出厂的产品放在里面，避免产品滞留过期。专架、堆头的货物，至少每两个星期翻动一次，把先出厂的产品放在外面。

（14）最低储量原则　确保店内库存产品的品种和规格不低于“安全库存线”。

$$安全库存数 = 日平均销量 \times 补货所需天数$$

（15）堆头规范原则　堆头陈列与货架陈列不同的是：更集中、突出地展示某厂家的商品。不管是批发市场的堆箱陈列还是超市的堆头陈列，都应该遵循整体、协调、规范的原则。特别是超市堆头往往是超市最佳的位置，是厂家花高代价买下做专项产品陈列的，从堆围、价格牌、产品摆放到 POP 配置都要符合上述的陈列原则。常见堆头陈列四方法如下。

①堆箱陈列法：注意垫底稳固性，可以使用交叉堆法，或使用垫箱陈列板。除承重的底箱外，均应割箱陈列；POP 及产品包装正面均应面对消费者，高度不可过高或过低，要容易拿取。

②割箱陈列法：在无固定、特制的堆头及陈列架的情况下，将成箱产品，按箱体结构和商标印刷格式合理切割，一般以正面梯形剖至下腰部，既可使产品充分展示，又可利用箱体进行简易陈列。此法可用于超市、批发市场、零售店堆箱陈列。

③岛型落地陈列：多用于超市卖场，位于客流主通道中央。可以从四个方向拿到产品，除最下面一层外全部割箱且要露出商标。

④梯形落地陈列：多用于超市卖场，背靠墙壁。可以从三面拿到产品，除最下面一层外全部割箱，层层缩进。

(16) 色彩对比原则　商品陈列虽然很容易做到色彩斑斓，但品种多了就容易给消费者造成一片花花绿绿的视觉，不知所以然。好的陈列要将色彩有机地组合，使用相得益彰，不少企业将产品包装设计成可组合为一幅动人的图画。

(17) 利用空间原则　利用空间进行陈列不仅可以直接提高商品陈列面积，而且可以加强陈列的生动性并能达到最大化原则。

(18) 生动化陈列原则　为了强化销售点广告，增加可见度，吸引消费者对产品的注意力，提醒消费者购买本公司产品，必须体现陈列展售的四要素：位置、外观（广告、POP 的配合）、价格牌、产品摆放次序和比例，并根据商品特点及展售地点环境进行创意。生动化陈列是商品陈列十项原则中最完美的境界。

二、白酒产品终端生动化建设

1. 商超终端生动化

白酒产品的商超生动化，主要强调产品陈列的生动化。产品的陈列可分为货架陈列和堆头陈列，见图 8－6。

图 8－6　白酒的货架陈列（左）和堆头陈列（右）

(1) 货架陈列

①货架陈列规范

a. 面向顾客：商品的正面（品名清晰、图案、色彩丰富的一面）应正立或根据不同的高度调整，使正向面向顾客。

b. 朝向一致、分界成线：同种商品的各陈列面应朝向一致。相邻两种商品之间的分界线应一目了然，严禁交叉混放；陈列商品的前端及左右分界处应成直线。

c. 前进补缺：一般情况下，商品所占的空间应占所分配的陈列空间的1/2，前端商品销售后，应及时将后端商品陈列到前端。如出现断货时，可用同类品种的畅销商品或陈列位左右临近的商品补充缺货位。

d. 形色搭配：相邻商品之间颜色、形状、大小反差不应过大；纵向陈列的商品上下之间的颜色反差不应过大。颜色搭配适度，一般由暖至冷色过度（冷暖交替陈列应注意配色的和谐）。

e. 顶层整齐：货架顶上陈列的商品可分为外围层和内层，外围层为靠近货架的边缘、面向通道一层，内层高度不得超过外围层；外围层应保持前缘成一直线，高度偏差不超过10cm，以商品的演示为主；各顶层陈列高度应基本一致，临通道顶层为商品演示区，若无法实现需要用相同纸箱或精致隔板装点。

②货架陈列要素

a. 货架陈列要素与分析表8－20。

表8－20　货架陈列要素分析表

货架陈列要素	最佳选择	效果
数量	多	强化视觉冲击力，营造产品多样、丰富之感
集中度	高	产品集中陈列，可获得关联性、整体化的品牌联想及影响力
颜色	醒目、独特	可营造产品丰富、选择性强之感及企业具有实力的印象
照明	强化产品色彩的光线	可加深精致、高贵的美感效果，并营造浪漫、热情、清爽等不同的购物氛围，凸显产品亲和力
主导产品	大（空间）	销量大的产品应占有最大陈列空间
位置	突出	关键产品陈列与第一最佳位置（与视线平行的位置）
陈列位	60～160cm	货架黄金位，平视可见，伸手可得，出货率50%
	160～180cm或30～60cm	次位置，出货率30%
	180cm以上或30cm以下	即上下端，出货率15%
消费者行走方向	东方人绝大多数方向感偏右，会对右手的商品更加留意，因此同一个通道，往往是人流方向右边的货架较好	

b. 货架高度的调整对销量的影响：以高度为标准，可将货架陈列位分为“直视可至、伸手可及、齐膝”三层，在表8－20中，陈列位的不同导致产品出货率各异。而不同高度的陈列位之间的调整对销量也影响重大。

（2）堆头陈列

①陈列方法：见247页。

②陈列要求：堆头承载着许多重要信息。堆头陈列不但要主题创意新颖，码放整齐清洁，而且相应的促销信息要让消费者一目了然。在实践操作中，应注意用良好的传播方式，以吸引消费者眼球。

a. 价格要标示清楚、直接。

b. 品牌及活动要标示清楚。

c. 赠品明确展示。

d. 瓶盒分离陈列。

e. 严禁破旧包装上堆头陈列。

2. 酒店终端生动化

酒店生动化是白酒企业终端致胜战略之一。强化酒类产品在酒店终端的生动化陈列，能够使产品成为主角，而推销人员则站在产品背后，让产品自己说话，以产品的魅力而非推销人员的个人魅力征服消费者。

酒店产品生动化具体应该包括：酒水吧台的产品展示、包间产品陈列、酒店内部的整体POP宣传及产品专柜或专架的设置等。总之，酒店生动化的原则是“利用酒店内部一切可利用的空间资源”。

在酒店生动化中，通常可以采用以下几种方式。

（1）精巧品牌小提示，完善白酒产品生动化。如从酒店大厅门口的灯箱，到迎宾台的小贴示广告，再到餐厅的桌布、餐盘、餐巾纸等处，均可不断重复出现品牌小贴示，从而最大限度地达到生动化的目的。

（2）积极规划、实施各种节假日促销活动，进行产品在酒楼饭店的生动化。

（3）配合酒楼饭店的促销或其他活动，设计、布置或营造独特的消费氛围。有条件的企业可采用买断包厢布置权的方式，来完成产品的生动化传播工作。

另外，酒店终端生动化还需注意六大配合：

①加强理货，提高效果。

②加强POP广告，营造生动化消费氛围。

③提高终端店服务员对品牌的亲和力。

④加强推销培训，提高推销技能。

⑤开展具有人性化的促销活动。

⑥加强与重点消费者的沟通。

搞好白酒终端酒店生动化营销，关键就是要把得意的事情做到位、做细致，在营销技巧上不断创新，要有新意、有内涵、有层次，要充满情感、充满尊重和关怀，这也是“以消费者为中心”营销理念的真正体现。

3. 名烟酒店生动化

（1）烟酒店陈列原则

①陈列位置最优（可视性、可选性、可得性）。

②陈列面积最大；

③陈列高度适中（位于视线水平高度，介于胸部和下腭之间）。

④陈列地点及位置最多（尽量多地占领空间，这意味着将会有更多的注意力经济）。

⑤品种齐全，数量充足。

⑥品类集中以带动连带购买。

⑦按固定顺序摆放，给顾客以视觉冲击。

⑧产品正面向外，以传递产品及促销信息。

⑨干净整洁，包装完整；先进先出，保持产品有序出入。

（2）端架陈列标准

①集中专柜陈列，追求上下一体最少三层的竖式陈列效果。

②遵循货架纵向中上部陈列原则，每个单品不少于三个陈列位，主推产品置于视觉（1.5～1.7m）位置。

③陈列位置追求在烟酒柜前方，与人的视线平齐。

④陈列位置追求在烟酒柜前方主流品牌陈列柜旁边。

⑤陈列位置追求在收银台附近位置。

⑥务必进行瓶盒综合展示。

⑦务必进行价格牌展示。

⑧务必进行全品相陈列。

⑨有促销活动，务必进行惊爆卡活动内容展示。

（3）堆头陈列标准

①目的就是要做出品牌在烟酒店的气势，以绝对的优势占据烟酒店店内的注意力资源。

②烟酒店存货数量较少时，充分利用箱体和酒盒来丰富陈列数量。

③下面两层外箱，上层可空箱，下层箱里四角放酒稳定即可，共 8 个箱子即可。

④第三层是产品空盒，需 12 个空盒即可。

⑤第四层放一个空瓶，旁边放一个空盒，上面粘贴促销卡。

⑥对于烟酒店陈列面积小的地方，紧挨着门口柜台作陈列，一定把促销信息和促销礼品放在产品上。

⑦务必进行价格展示和促销信息传递。

（4）烟酒店终端生动化的传播策略原则　活动执行要求就是月月有主题，天天有活动，烟酒店不仅是销售产品的终端，更是新老品牌打造的基地。

①主题鲜明原则：终端陈列的产品，促销主题要鲜明。店内相关销售人员容易理解，容易介绍给消费者。

②物料创新原则：对陈列所需物料进行样式创新、内容创新，杜绝不换样重复现象。

③买断使用原则：核心店的核心陈列位置必须买断陈列权，构建竞争壁垒，拦截竞争对手。

④无孔不入原则：不放过任何一块能做陈列或物料布展的地方，提高空间的利用率。

4. 实施终端生动化的注意事项

在从事生动化建设的实际操作中，企业总会遭遇这样或那样的突发事件，从而影响生动化效果。所以，企业也应密切关注影响市场运作的突发因素。因此，实施酒类产品的生动化还必须注意。

（1）生动化建设必须有助于改良、完善企业形象、品牌及产品形象，同时企业需成立专项形象管理部门，开展对企业形象、品牌及产品形象的规划、建立、改良、评估等工作。

（2）拥有了专项形象管理部门，企业还可另外建立专业的形象执行部门或小组，当然也可以对组建的销售队伍进行专业培训、考评，选拔优秀的人才从事终端执行管理工作，针对每一次生动化活动的执行进行管理、监督、跟踪、评估，并组织好活动前、中、后的工作。

（3）生动化建设的目的是树立、维护及完善企业形象、品牌形象、产品形象，并且使三者有机统一，从而长期提升产品销量。因此，对终端生动化的谋划和建设不能急功近利，不能用简单的销售回报作为检验生动化建设的唯一方式，否则，以生动化建设为目的的活动将会因短期利益而迷失方向。其效应的发挥应在于积累，只有持续不断从事产品终端生动化的工作，一贯地同消费者实现全面沟通，企业、品牌、产品才会深入人心，而产品销量最终才能稳中求升。

（4）生动化建设需综合考虑市场的竞争因素，针对竞争对手的实际情况来制订生动化建设方案，并结合一定的销售技巧，以切实保证企业及产品在竞争中处于有利位置。

（5）最后，终端生动化必须充分发挥创意的魅力。比如，白酒企业的生动化活动可结合当地民俗、民情、区域市场突发事件、各类时尚或流行话题而开展。总之，生动化建设必须别出心裁，不断创新。

拓展阅读

"超市大妈"创意陈列

"超市大妈"是从2013年8月一组超市大妈们制作的卫生纸长裙在微博上走红，由此产生的网络名词。超市大妈们用实际行动告诉我们，当下时尚圈最大气、最时尚、最上档次的面料不是缎面、不是丝绒、不是雪纺纱，必须是卫生纸！超市大妈们意在经常变换超市陈列，通过将商品摆放成一些特定形状，让顾客保持对超市的新鲜感，不断刺激消费者的购买欲，提高超市促销商品对消费者的吸引力。2014年以来，超市大妈的杰作如雨后春笋层出不穷，大量有创意、高质量的杰出作品从全国各地大量涌出（图8－7）。

图8－7　创意陈列

"这可不是'大妈'的杰作，差不多都是超市企划部或者商家策划的，很少是她们自己想出来的。"一些大型的超市都会有自己的企划部和美工部，这些创意一般都源于这两个部门。企划部主要负责公司整体形象的塑造，店面的形象整体设计，以及公司全年促销活动的策划。美工部主要负责超市内促销活动的场地布置、道具及氛围布置。企划部和美工部平时的工作一般都是以部门为单位，根据商品类型、季节和节日的变化，对接下来要主推的商品来进行"头脑风暴"，最后推出一些"创意陈列"。比如夏季推出的"凉席铠甲战士"，中秋推出的"龙猫蜜柚"等。他们做出创意策划后，接下来才是超市"大妈"大显身手的时候。"公司企划部设计好造型和道具后，超市的那些推销人员再负责用货物拼接出来。"这样才有了我们看到的那些"神作品"。

另外，有很多供应商家，为了促销自己的商品也会对商品的陈列做出一些策划方案，并提供材料和道具，要求超市按其创意进行设计。

当然，有些也是心灵手巧的超市"大妈"们自己的创意。据这位超市的工作人员表示，他们会鼓励员工发挥想象力，自己动脑设计一些好玩的创意陈列，好的作品还会得到公司的奖励。

其实"让你好看"的目标还是为了"让你掏钱"，借"大妈神作"来吸引消费者，提高销售业绩。就如某客户一样，本来只是去超市买抽纸，但被"自行车"牙膏的创意吸引驻足，一看还挺实惠，就多买了支牙膏。很多市民看到超市的创意陈列总是自然而然被吸引，凑近看看研究下怎么摆出来的，从而进一步关注该商品。平时普通的货物陈列，很难吸引顾客关注，现在这种创意陈列特别能吸引住顾客驻足围观。

除了厂家促销需要创意陈列外，节假日到来时，超市也会用这种创意陈列营造节日气氛，聚集人气。增添超市活力的同时，也能让顾客心情愉悦。

【思考题】

1. 创意陈列给商品销售带来哪些好处？
2. 白酒的陈列能否借鉴？谈谈自己的看法。

实践训练

白酒营销渠道的运作

一、教学组织及运行

本实训项目按照教师讲解、布置任务、学生训练、学生汇报方式进行，通过训练过程考核及汇报检验教学效果。

二、实训内容及要求

1. 实训目标

（1）知识目标

①熟悉常见的白酒市场渠道。

②掌握常见白酒渠道运作模式。

③熟悉并掌握白酒渠道运作的基本流程。

（2）能力目标

①会采用适合的调查方法和渠道收集白酒渠道信息。

②能判别收集到的信息是否有用。

③能对收集到的信息进行整合分析。

2. 实训重点及难点

（1）实训重点　渠道信息的收集。

（2）实训难点　渠道信息的整理。

3. 实训开展方式

（1）制订科学、周密的实习计划。

（2）联系实习场所。

（3）指导教师认真指导。

（4）签订《学生实习安全责任书》，学生实习要遵守相应的规章制度，服从安排，维护自身的良好形象。

（5）严格考勤和考核，确保实习任务圆满完成。

4. 实训内容及步骤

（1）调查收集信息

①每五人一组，选定一个渠道进行有目的的调查，收集有效信息。

②细分调查任务，可采用多种方式进行调查。

（2）整理信息、汇报

操作步骤1：渠道信息的收集

①确定一个分销渠道。

②实地调查跟踪了解渠道运作的原理和步骤。

标准与要求：

①目的正确。

②调查方式正确。

③获得信息正确。

④安全操作，有团队合作精神。

操作步骤2：报告撰写与汇报

①将获得的调查信息整理、汇总。

②撰写调查报告（基本包括调查背景、目的、调查过程、结果数据汇总、结论与思考）。

③制作PPT汇报。

标准与要求：

①报告符合要求。

②汇报成功。

③办公软件使用正确。

④体现团队合作精神。

三、实训考核方法

学生练习过程中进行分单项技能考核，结合培养结果考核以及报告考核的方式进行项目考核，具体考核表和评分标准如下。

1. 调查结果

（1）结果评价　填写下列表格。

白酒销售渠道学习任务单

<table>
<tr><td>学习任务</td><td colspan="5">白酒销售渠道</td></tr>
<tr><td>姓名</td><td></td><td>班级</td><td></td><td>组别</td><td></td></tr>
<tr><td colspan="6">任务目标
（1）进一步熟悉白酒的销售渠道
（2）了解销售渠道的结构构成；
（3）了解销售渠道的运作方式。</td></tr>
<tr><td rowspan="4">任务步骤</td><td colspan="3">内容描述</td><td>完成人</td><td>检查人</td></tr>
<tr><td colspan="3">（1）白酒销售渠道类型</td><td></td><td></td></tr>
<tr><td colspan="3">（2）某地白酒销售渠道调查</td><td></td><td></td></tr>
<tr><td colspan="3">（3）举例某一销售渠道的运作方式</td><td></td><td></td></tr>
<tr><td colspan="6">任务要求：找出实习当地白酒销售渠道及其运作方法</td></tr>
<tr><td rowspan="2">任务互评</td><td>态度（20%）</td><td>规范（30%）</td><td colspan="2">结果（50%）</td><td>总分</td></tr>
<tr><td></td><td></td><td colspan="2"></td><td></td></tr>
</table>

白酒销售渠道调查报告单

序号	名称	数量	作用

续表

序号	名称	数量	作用
调查地：			
调查组：			

（2）过程评价

评价项目	确定调查目标（2分）	实施调查（3分）	调查数据（2分）	调查报告（2分）	学习态度（1分）
得分					

2. PPT 汇报

四、课外拓展任务

（1）在白酒营销渠道运作中，你认为哪个步骤最重要？原因是什么？

（2）针对你调查的这个渠道，分析其优、缺点，针对存在的问题提出解决措施。

项目九　白酒促销策略

项目描述

“酒香也怕巷子深”，在互联网时代，信息大爆炸，新兴媒体层出不穷，传播方式不断更新升级，信息犹如核裂变般汹涌而来，受众注意力被极大分散，时间被汹涌而来的信息冲击得粉碎。如此复杂的传播环境对酒类企业的发展无疑也提出了更高的要求，酒类企业必须对消费者采取“360 度的视角”，全面理解传播影响消费者日常行为的所有不同方式，采取全方位促销战略，采用广告、销售促进、公共关系、人员推销等手段相结合的立体营销战术，才能在激烈的市场竞争中脱颖而出。

企业通过促销活动传递产品销售情报、诱导或激发消费者需求、宣传本企业产品相较竞争对手产品的不同特点、告知给消费者带来的特殊利益、反馈信息等，使消费者或中间商对企业及其产品产生兴趣、建立好感与信任，进而在做出购物决策上起到非常重要的作用，利于扩大销售力度。

其实质为一种沟通活动，即营销者发出作为刺激消费者的各种信息，把信息传递到一个或更多的目标对象，以影响其态度和行为。

知识目标

（1）掌握促销的含义和作用。

（2）掌握广告的类型和媒体。

（3）掌握人员推销的概念和优点。

（4）掌握营业推广的含义和常见方式。

（5）掌握公共关系的概念和常见工具。

（6）掌握营销组合的含义和常见的组合方式。

能力素质目标

(1) 掌握应用促销策略中的推理模式，提高产品销量。

(2) 掌握营业推广的手段，促进销售。

(3) 灵活运用公共关系工具进行危机公关。

(4) 能独立设计恰当的促销策略应用于白酒销售过程。

(5) 应用促销组合理论分析白酒企业促销实践中存在的问题。

(6) 建立吃苦耐劳、积极向上的精神。

(7) 培养团结协作的团队精神，专注做一事的工匠精神。

案例导入

郎酒斥资33亿集中购买卫视资源

斥资了亿元，郎酒品牌登陆全国12家卫视“遍地开花”。2003年6月1日起，郎酒集团所属品牌酱香典范红花郎、和谐兼香新郎酒、传世酱香老郎酒、让勇敢充满自己的郎牌特曲、有滋有味的兼香小郎，将同时分别登陆江苏卫视、浙江卫视、东方卫视、北京卫视、广东卫视、深圳卫视、安徽卫视、山东卫视、四川卫视、辽宁卫视、河南卫视、湖南卫视等全国12家省级卫视。至此，郎酒集团基本建成以高空央视和省级卫视为骨架的立体品牌传播网络，让郎酒品牌“锦上添花”。

红花郎定位高端消费群体，选择北京卫视、东方卫视、广东卫视、四川卫视等全省新闻联播节目，以“提示收看”，硬广等形式向当地高端人群传递红花郎酱香典范的雍容华贵和品质感。

新郎酒定位为高端商务群体，选择四川卫视、东方夜新闻、江苏卫视、广东卫视、浙江卫视的新闻节目，以东方卫视、浙江卫视、四川卫视为主导媒体，传递“和谐兼香”以及“中国浓酱兼香型白酒代表”概念。

郎牌特曲定位于年轻、时尚群体、选择江苏卫视、深圳卫视等吸引时尚年轻人的卫视为主导媒体，传递“让勇敢充满自己”的生命主旨。

【思考题】

1. 郎酒采用了哪种促销策略？

2. 请你对这种促销策略优势和缺陷进行分析？

任务一　促销策略概述

一、促销与促销组合

1. 促销

促销是指企业将产品或劳务的信息传递给目标顾客，从而引起兴趣，促进购买，实现企业产品销售的一系列活动。促销的实质是实现营销者与目标顾客之间的信息沟通，促进产品的销售。一般来说，营销者会确立以下促销目标：

（1）提供信息　只有将企业产品和劳务等信息传递给消费者，才能引起消费者的注意，并有可能产生购买欲望。例如，当企业有新产品投放市场时，通过广告、免费试用等方式告知消费者或用户，说明这种新产品会给他们带来哪些好处，以便引起消费者和用户重视。

（2）增加需求　大多数促销活动所追求的目标是增加对产品或服务的需求。有效的促销活动不仅可以诱导和激发需求，还可以创造需求。例如，当经济不景气时，企业可以用“买一赠”等方式来吸引顾客，或用免费试用的方式吸引新顾客。

（3）实现产品差异化　当消费者认为公司的产品与其竞争者没有什么差别时，就会产生对许多产品的同质需求。企业可以通过促销活动，宣传、说明本企业产品有别于其他同类产品之处，即实现产品的差异化，使得企业在价格变更等营销策略上具有更大的灵活性。

（4）强化产品的价值　促销可通过向购买者解释拥有某种产品的极大效用，建立品牌形象，确立品牌价值，强化产品的价值，并为较高的市场定价提供依据。

（5）巩固市场地位　促销可以减少因市场需求的周期性、季节性或不规则性导致的全年销售波动。企业可以在淡季赞助举办销售竞赛，向完成销售与指标的销售人员提供奖励。

2. 促销与促销组合

广告、销售促进、公共关系和人员推销是四种主要的促销组合工具。不同促销工具以不同的方式与人们进行沟通，产生不同的影响。

（1）广告是一种收费的、以大众媒体为界面的说服方式。全世界每年大约有 5000 亿美元花在广告上，而这仅仅是指在媒体时间与版面上的支出。如果再加上制作广告的全部花销以及从事这一行业的人员工资支出，每年在广告业上的投资则超过 10000 亿美元。随着经济的增长，用于广告的费用还在逐年增加。

（2）销售促进也称营业推广，是刺激消费者迅速购买商品而采取的营业促销措施，是配合一定的营销任务而采取的特种推销方式。营业推广的方式很多，大致可以分为三类：第一类是直接针对消费者的；第二类是属于促成交易的；第三类是鼓励推销人员的。

第二类，公共关系是指企业通过各种活动使社会各界公众了解本企业。以取得他们的信赖和好感，为企业创造一种良好的舆论环境和社会环境。

（3）人员推销是指企业派出人员或委托推销人员，亲自向目标顾客对商品或服务进行介绍、推广宣传和销售。人员推销是最古老的促销形式，可以追溯到贸易和商业的开创时期。在公元前300年到公元1600年间，贸易商牵着马和骆驼沿着丝绸之路往返于中国和欧洲之间，极大地扩大了市场并丰富了产品的种类。仅在美国就大约有1400万人从事推销工作。

二、制定促销组合考略的因素

1. 产品和市场类型

消费品、便利品主要供个人和家庭生活之用，涉及面广，量大，存在众多潜在顾客，而且客户分散，人员推销成本高，因此人员推销相对较少，常常以广告促销为主，辅以公共关系和营业推广。生产资料商品具有技术专用性强、价格高、风险大、批量大等特性，购买者的数量有限，要有专门的推销人员进行介绍和演示操作，人员推销往往非常有效，辅以公共关系和营业推广，而广告相对使用较少。

2. 产品的生命周期

在产品引入阶段，人员推销有助于向市场介绍新产品或服务的优点，解答客户的疑问，保持营销中介对产品的兴趣，承诺销售自己的产品，并适时根据需要对促销组合进行调整。这一阶段的广告和促销目标是形成产品意识并创造最初的购买。

随着产品或服务进入成长阶段和成熟阶段，广告在劝说消费者购买方面有着相对的重要性。随着更多的竞争者进入市场，广告开始强调产品的差异性以说服消费者购买公司的品牌。到了产品生命周期的成熟阶段和衰落阶段的初期，企业通常会减少广告支出和促销费用。成熟产品往往需要创新的促销方式来保持产品在消费者心目中的形象。

3. 价格

广告在低单价产品的促销组合中占有支配地位，这主要是因为人员推销的单位成本太高了。广告因为面向大众而使其单位销售额的促销成本较低。对于一些低价的日用消费品而言，广告是最合适的促销手段。

4. 促销投入

促销策略的真正障碍往往是促销预算的约束。像中央电视台新闻联播前后和热播电视剧期间这样的广告黄金时段，每秒广告报价都超过了万元。虽然数以千万甚至过亿的观众看了广告，使得单位接触成本相当低，但是这样的支出显然超过了成百上千企业的整体广告预算。

促销是指产品商直接针对最终用户施加促销影响，以扩大产品的知名度，刺激消费者的购买欲望，进而产生购买行为。如图 9－1 所示，拉动式促销策略一般以广告促销为主要手段，直接诱发消费者的购买欲望，由消费者向零售商、零售商向批发商、批发商向制造商求购，层层拉动以实现产品销售。运用这种策略的企业一般具有较强的经济实力，能够花费昂贵的广告和公共关系费用。当营销中介积压了大量竞争性产品并对其中的任何产品都显得没有兴趣时，公司就需要实施拉动策略来激励营销中介对该产品的经营。广告和促销常常属于企业的拉动策略。

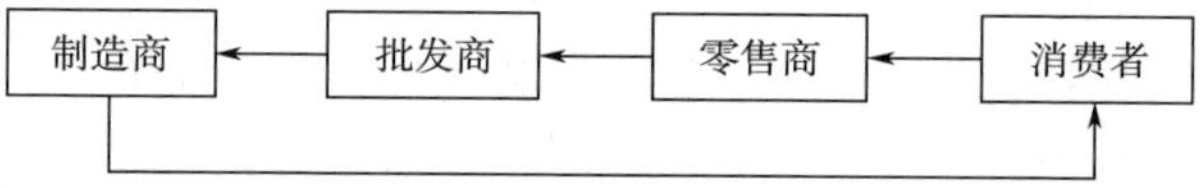

图 9－1　拉动式促销策略

推动式促销战略旨在把产品推销给营销渠道成员，而不是推销给最终用户。该策略主要是运用人员推销、营业推广等手段，把产品从制造商推向批发商，由批发商推向零售商，再由零售商推向最终消费者，如图 9－2 所示。为了实现这一目标，营销者会更多地依靠人员推销，采用合作性广告补贴、贸易折扣以及其他针对经销商的支持手段，激励批发商或零售商花更大的精力向客户推销本公司的产品，从而赢得市场成功。

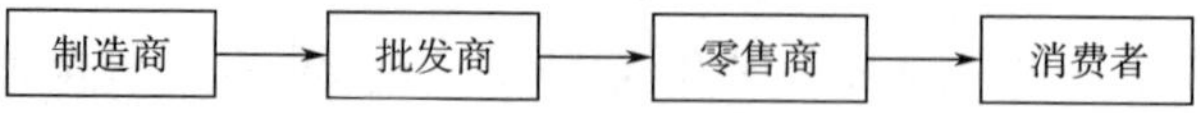

图 9－2　推动式促销策略

三、促销预算

促销预算是企业在促销方面的计划支出，因行业和企业不同，促销费用差别也很大。例如，机械行业的促销费用一般占销售额的 10%～20%，而化妆品行业的促销费用则可能高达销售额的 30%～50%，同一行业的企业由于实力不同，其促销费用也有较大区别。下面介绍几种确定企业促销费用的常用方法。

1. 量力而行法

量力而行法也即量力支出法，指企业根据本身的实力，大致估算出促销活动的经费。这种方法是能拿出多少就花多少的做法，没有考虑促销对销售的影响和对整个企业的影响。由于企业每年的财力不同，促销的经费就会随之不同，这样就很难制订长期的促销规划。

2. 销售百分比法

销售百分比法是以销售额的一定百分比或销售价格的一定百分比作为促销的费用。例如，汽车厂商通常在价格的基础上提取固定百分比用作销售费用，而石油公司则以每升汽油所获得收入的一定百分比确定促销预算。销售百分比法分两种：过去销售百分比法和未来销售百分比法。

（1）过去销售百分比法　假设销售量与生产成本之间有一种固定的关系，先以过去的经验或者是业界用于促销活动的平均水平指数来得出一个百分比率。这个百分比率配合上一年的销售数字，就可以编制促销总预算，或某项特定活动的预算。

（2）未来销售百分比法　企业估计下一年度的销售额，然后以某一百分比率计算金额。例如某一家公司预计下一年度的销售额是 1000 万元，其预算百分比率是 5%，则下一年度的促销预算是 50 万元。此方法虽然考虑了未来的经济变化，但是百分比率的高低不易确定。

总之，销售百分比法顾及了促销成本、单位价格与单位利润之间的关系，但此种方法是根据资金而不是根据市场机会制订预算，且百分比率确定也缺乏可靠的依据。

3. 竞争对等法

竞争对等法是企业根据主要竞争者的促销支出来确定自己的促销预算。竞争对手的费用有参考价值，能代表该行业的整体水平。另外，使用这种方法可以保持竞争的均势，避免促销战的发生。

4. 目标任务法

目标任务法是以预算目标为导向，先决定预算目标，再规划要达到目标的行动方案。例如，某公司的营销总目标是“增加市场占有率 4%”，该公司认为要实现这一目标，广告实现的目标应是“提高超市货架上品牌包装认知度 20%”。为实现这个目标，该公司决定进行全国性的电视广告 90 次，花费 70 万元；在全国性的杂志上投放广告 60 页，花费 41 万元。完成这两项任务的同时还要支出管理成本 50 万元、制作成本 25 万元、研究费用 30 万元、杂项开支 38 万元，合计广告预算 254 万元。

任务二　广告促销策略

一、广告的概念

广告是一种有偿行为，它运用大众媒体来引起人们的注意，以达到说服受众的目的。其中有三个要点：①沟通是有偿的；②沟通通过大众媒体传递给受众；③沟通以说服受众为目的。尽管公益广告看上去和听上去非常像广告，但它们也并非广告，因为它们不像广告那样需要付费。如果没有说服的企图，沟通可能只是新闻，而不是广告了。广告是所有促销手段的鼻祖，影响最显著，被研究得最彻底。在品牌促销中，广告上的投入大于其他促销方式。

二、广告目标的确定

营销者借助广告信息实现三个主要目标：告知、劝说和提醒。这些目标可以单独使用，但通常都是配合使用。

（1）告知广告　告知式广告常见于产品生命周期的引入阶段，旨在形成对某种商品或服务的需求，目的是为产品创造最初的需求。这一阶段的营销成功通常只需要宣布可以购买得到即可。

（2）劝说性广告　劝说性广告主要应用在产品成长期，旨在为特定的厂家确定选择性的需求。目前，大多数的广告属于这种类型。通过劝说性广告使消费者相信，它的产品与市场上的其他任何品牌的产品都不同，从而突出自己产品的优势。许多劝说性广告已变成了对比性广告。对比性广告广泛用于那些竞争比较激烈的产品，如，清洁剂、快餐食品、牙膏、轮胎、汽车。

（3）提醒式广告　提醒式广告主要应用在产品生命周期的成长阶段后期和整个衰退期间，目的是保持顾客对产品的记忆，提醒消费者可能很快就会需要某种产品，并提醒消费者购买的地点，这种提醒可以促使消费者在淡季也能记住这些产品，使产品保持较高的知名度。

图9-3描述了广告目标与产品生命周期各阶段的关系。告知式广告在早期阶段最有效，提醒式广告则在后期较有效。如果使用得当，劝说性广告在产品的整个生命周期中都会很有效。

三、广告媒体及其选择

现代广告媒体种类繁多，选择余地越来越大，不同的媒体具有不同的优越性和局限性。以下是现代广告的五大媒体。

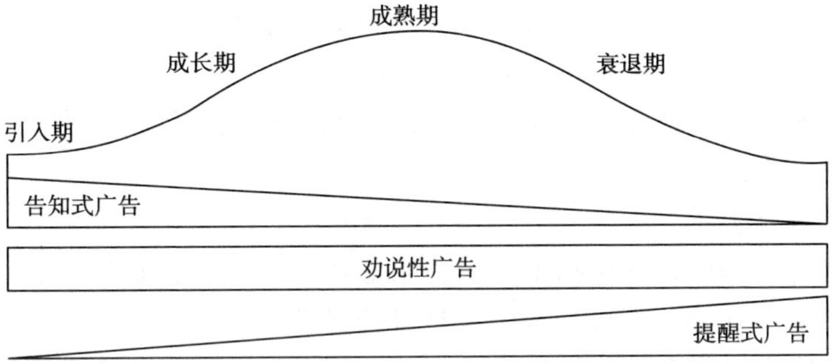

图 9-3　广告目标与产品生命周期各阶段的关系

1. 电视广告

电视广告的优点是结合视、声、动作和特殊视觉效果，诉诸感官，冲击力大，覆盖面广，不仅可以影响当地市场，还可以影响全国市场。媒体不但可以展示产品，还可以做产品说明，富有灵活性和较大的影响力。电视广告的平均费用低，但绝对费用高，内容庞杂，缺乏永久性，宣传短暂，观众可选择性差。

2. 报纸

报纸媒体的弹性和时效性特点十分突出。报纸可在很短时间内插入或取消广告，并有从小分类广告到多页广告的多种广告尺寸。报纸的广告不像电视和广播那样受到限制，广告页可增加或减少。报纸可用来覆盖整个城市，如果有区域版，还可选择区域版报纸。报纸媒体的千人成本相对低廉。报纸的不足表现为保存时间非常短，形式相对比较单一，想要设计突出的广告比较困难，而且，网络已成为其新的强劲竞争对手。

3. 广播广告

广播广告的优点包括：成本低，灵活性高，具有可移动性，时效性很强。广播广告从制作到播出可以在一周内完成，成本远低于电视，内容变换也更容易。但广播广告只能产生声音印象，完全依赖听众保留所听到信息的能力，需要展示商品形象等视觉信息的广告受到限制，而且广播听众的注意力通常都比较低。

4. 杂志广告

杂志广告可覆盖到全国市场。杂志的专业性较强，一般都有固定的读者群。近年来，特殊兴趣杂志快速增加，让广告主能更容易地接触到选择性目标受众市场。此外，杂志的保存时间相对较长，从一周到一个月不等，而且可大量传阅。杂志对传播冗长、复杂信息或需要高质量彩色印刷时尤其有用。现在，大尺寸的折页、可截取的单元等越来越普遍。与报纸相比，杂志的出版时间没有多少弹性，通常要求广告在发行前数周递交上来。此外，杂志出版时间是每周或每月，因此，很难发布时效性强的广告信息。

以上四种广告媒体是最常用的，因此我们通常把报纸、杂志、电视、广播称为传统的四大媒体。

5. 直接邮寄广告

直接邮寄广告形式，包括销售信、明信片、传单、折页广告、宣传册、产品目录和企业专刊等。直接邮寄广告具有选择性强、覆盖密集、速度快、形式灵活、信息完整以及个性化等特点。直接邮寄广告的缺点是单位成本高，对邮件地址的依赖和一些消费者的抵制。

6. 户外广告

户外广告包括广告牌、彩色布告牌、海报、霓虹灯、建筑物上的幕墙广告等形式，其优点是能够立即传达简单的概念，反复曝光广告信息，对在当地可购买的产品起到很强的广告作用。大部分户外广告是针对本地商业客户群。受众接触户外广告的时间有限，很多行人只是匆忙地一瞥，因此户外广告往往都很显眼，简单明了，卖点突出。

7. 互联网广告

互联网广告具有四大优势：一是具有很强的互动性、趣味性、个性化，目标顾客的选择性强；二是内容全面、详尽、具体，浏览者可以随时在相应网页上查到所需信息的具体细节；三是不受时间和空间的限制；四是成本低。有些促销预算很少的企业可以通过互联网接触到广大的区域市场。不足的一面是消费者需比较熟练使用计算机或其他网络接入工具。另外，网站要抓住浏览者的兴趣并不是件容易的事情。

8. 其他广告媒体

除了主要媒体外，企业可利用的其他广告载体包括公共汽车、地铁及地铁站以及列车内外、出租车、座椅、娱乐和体育竞技场所、T恤衫、商店的地板、影剧院的节目单、录像带的剧情介绍、购物袋等。

任务三　人员推销策略

人员推销是促销组合中一种最传统也是最不可缺少的促销方式，它在现代企业市场营销和社会经济生活中占有重要地位。人员销售的形式多种多样，从事这一行业的人有很多名称：推销员、销售代表、客户主管、销售顾问、销售工程师、代理人、区域经理以及营销代表。这些名称只是其中的一部分。在许多企业，人员推销是最大的一笔单项促销费用。

一、人员推销的概念

人员推销就是为了达成销售目的，用口头介绍的方式，向一个或多个潜在顾客执行面对面的商场营销通报和沟通。这种面对面的通报和沟通，适用于每个商业经营层次：生产企业的推销员拜访零售企业和批发企业，以及个人消费者，批发企业的推销员拜访零售企业，零售企业的销售人员通过售货现场或上门推销商品给消费者。

随着市场营销的日益发展，推销人员已经不再是单纯地从事推销工作。人员推销与非人员推销相比，既有优点，又有缺点，其优点表现在以下三个方面。

（1）人员推销灵活机动　推销员可根据不同顾客的购买动机和行为，采取有针对性的解说和推荐不同的商品，并能与关键的决策者建立长期的私人关系。

（2）推销效率高　如果企业已完成了市场细分工作，并确定了目标市场，人员推销工作的重点就可以放在有购买潜力的个人或企业客户身上，这样可让营销资源的浪费降到最低。反之，广告信息可能会浪费在无潜力的客户身上。

（3）在多数情况下可以促成即时的购买行为　广告的目标主要用来吸引目标受众的注意力、提供信息和唤起需求，但很少刺激消费者做出购买行动或完成买卖。

人员推销也有缺点：一是费用开支大，如果产品市场广大而分散时公司将难以承担；二是推销人员必须熟悉新产品的特点、功能、使用、保养和维修等知识与技术，对推销人员的要求较高。对技术含量高的产品，培养出胜任的推销人员比较困难，而且耗费也大。

在以下情况下，应该由人员推销负责大部分的促销工作：一是市场区域集中在数个行业或数个大客户身上。二是产品价值对潜在顾客尚不明显。三是产品单价高，技术含量高，或需要展示产品。四是产品需要适应客户个性化需求。五是产品处于其生命周期的导入期。

人员推销有三种基本形式：一是上门推销，是最常见、最“正宗”的推销形式。它是由推销人员携带产品的样品、说明书和订单走访顾客，推销产品。二是柜台推销，又称门市推销，是指企业在适当地点设置固定的门市，由营业员接待进入门市的顾客，推销产品。三是会议推销。会议推销是指利用各种会议向与会人员宣传和介绍产品，进而开展的推销活动。例如，在订货会、交易会、展览会、物资交流会等会议上推销产品均属会议推销。这种推销形式接触面广，推销集中，可以同时向多个对象推销产品，而且成交额大，推销效果好。

二、人员推销的作用

销售人员既服务于买方，也服务于卖方。对于消费者而言，推销人员代表的是企业，负责向消费者传播企业产品和服务的信息，通过接近顾客、展示产品、解答疑问、协调产品价格和条件直至成交来完成产品的销售。销售人员对于企业而言代表消费者，在企业内部充当消费者利益的维护者。销售人员将顾客对企业的产品促销活动的意见反馈给那些与此直接相关的人员。

三、推销人员的甄选与培训

1. 甄选

认真地挑选销售人员十分重要，一是选择过程会花费大量的钱财和时间；二是选择错误会对客户关系和销售业绩产生危害，即便能纠正，也会损失不小。

大公司招募销售人员的完整过程包括七个步骤：申请、初步面试、深度面试、考试、证明资料审查、体检、分析及雇用决定。首先对申请进行筛选，然后进行初步面试。如果申请人表现出有发展前途，那么可能对他进行深度面试。在面试中，销售经理会考察申请人的品行，如热心和良好的组织能力、志向、说服力、服从能力以及交际能力。之后，公司可能采用选择程序中的考试步骤，包括智力、能力、兴趣、知识以及人格测试。考试之后是证明资料审查，以防申请人作假。在最后进行分析和雇用之前，通常还要对申请人进行体检。

2. 培训

通过培训，让推销员了解企业以及主要市场、产品或服务、顾客和竞争对手的特点，以及不同类型的顾客的购买动机及购买习惯。同时，也让销售员了解整个营销过程中自己的职责，学会在实际客户和潜在顾客之间分配时间，并进行有效的联系，同时还要学会使用支出账目、准备报告等。

销售管理的一个重要职能就是按销售任务培训销售人员。销售培训的主要方式包括在岗培训、个别指导、课堂学习和外部研讨等。常见的培训手段包括指导性的录像带、讲座、角色练习、幻灯片等。培训时间长短取决于许多因素，从几个星期到一年多不等。在美国，销售人员平均的培训时间是四个月。宝洁公司的培训一般持续 12 ~ 18 个月。

四、人员推销的过程

人员推销一般要经过以下七个过程。

1. 搜寻客户信息

潜在客户信息的来源包括：贸易展览会、以前的顾客、朋友和邻居、公司里的非销售人员、供应商以及有社交和职业联系的人。搜寻是一个持续不断的过程，因为随着时间的推移，肯定会有老客户的流失和新的潜在客户的出现。

通过察看潜在客户的经济实力、交易额、地理优势和发展前景，可以找出合适的潜在客户。潜在客户变成现实客户有两个条件必不可少，一是潜在客户对产品和服务感兴趣，并且有财力购买；二是潜在客户有权做出购买决策。

2. 接触

推销人员必须知道如何与潜在客户会面和沟通，使关系一开始就很融洽。这过程涉及推销人员对仪表、开场白和后续讲话的准备，即收集与潜在客户相关的信息，如购买习惯、态度、行为和观念等。这种准备工作对赢得客户非常有帮助。

3. 陈述

销售人员通过陈述将销售信息传递给潜在客户。陈述时，销售人员应描述产品的主要特征，指出产品的优势，并通过引用成功事例来做总结。“性能-利益”模式是一种常用的陈述形式，按照这种模式，销售人员的任务是介绍对消费者来说很有意义的、正在商谈中的产品和服务。陈述应该清晰简洁。为了使陈述适合每一个潜在客户，推销人员有必要进行恰当的计划，对客户反应保持敏感，并针对客户的具体情况灵活进行。

4. 展示

一个好的展示应能吸引客户的注意力，保持客户的兴趣，具有很强说服力。使展示成功的关键在于计划，在展示进行之前，销售人员必须对展示的所有方面进行反复检查。为了使展示活动更为有效，许多公司纷纷采用了新技术，多媒体互动展示已很普遍。

5. 回绝

回绝是指销售活动遭到潜在顾客的拒绝。回绝一般与产品的特征、价格以及销售企业所提供的服务有关。销售人员应该把每次回绝都当成要为潜在顾客提供额外信息的一个信号，把回绝看成是提供更多关于产品和服务信息的机会。在进行产品介绍和要求订货时，客户总会对产品心存疑虑。他们担心的问题可能客观存在，也可能是心理作用引起。有时，这种担心很少露于言表。推销人员应该采取主动的方式，发现客户的疑问，并请客户讲出来，消除客户订货的障碍。每位推销人员都需要在处理客户疑患方面进行训练。

6. 成交

成交是指销售人员最终获得客户的订单。很多技巧有助于有效地完成销售任务，销售人员必须审时度势地用直接、礼貌的方式获得订单。如果一个销售人员已经成功地建立了互利的购销关系，那么直接完成法将是消费者最能接受的方法。

7. 后续工作

销售完成后，还有两个独特的、非常重要的工作。首先，销售人员必须确保所有承诺已经兑现，包括发货日期、安装、融资和任何必要的培训。其次，追踪消费者的购后行为，消减消费者遭遇的不愉快，提高消费者的满意度。追踪消费者的购后行为的另一个重要内容就是征询客户对其他产品的需求。许多消费者都会购买一些商品作为对初次采购的补充。这样，有较宽产品系列的公司就有机会向消费者推销产品。

五、销售团队管理

1. 激励

销售人员经常需要得到鼓励而促使他们全身心地去工作。销售过程是一个解决问题的过程，推销人员常常是一个人工作，所以经常会有相当大的精神压力。激励销售人员的方法通常包括听取汇报、分享信息以及精神上和经济上的鼓励。公司可以采用以金钱回报进行正面鼓励的方法，也可以满足推销人员感情方面的需求，比如自我需求、得到承认以及同行的认可都是进行心理激励的例子。其他的鼓励方式包括提供俱乐部会员资格、例外短休、休闲旅游、礼品、荣誉宴请、纪念性奖品等机会。

2. 报酬

推销人员薪水的水平必须与推销工作的类型和所需技巧相一致，才能吸引合格的推销人员加入。推销人员的酬金由四部分构成：固定金额、可变金额、消费补助和小额奖励。固定金额指薪水，即定期固定给予销售员的收入部分。可变金额为佣金或红利，是与销售人员实现的销售额或者利润直接挂钩的一种报酬。消费补助用来支付推销人员的工作消费，以便推销人员能采用合适的推销手段。小额奖励指支付休假或意外费用、进修金和生活保障金。

金钱回报是鼓励下属的一个重要因素。由于销售工作具有较大的独立性、流动性和自主性，难以对其进行日常控制，而且销售人员的工作环境很不稳定，风险较大，因此，销售人员的报酬制度应当具有较大的灵活性。销售报酬可按固定金额、佣金或者这些方式的某种组合来支付。单纯的薪金支付减少了扩大销售的动力，所以，很多公司把薪金计划和佣金计划结合在一起。

任务四　营业推广策略

一、营业推广策略概念

营业推广又称为销售促进，是指企业运用各种短期诱因鼓励消费者和中间商购买、经销或代理企业产品或服务的促销活动。营业推广通过鼓励试用、批量购买和再购买，以扩大销售。只要选择的营业推广方式合理，企业就会很快地收到明显的增销效果，不像广告和公共关系那样需要较长时间才能见效。营业推广通常由制造商和中间商主导，瞄准的目标可能是终极客户、商业客户、零售商和批发商以及销售队伍成员。

营业推广企业往往是一种辅助性促销方式，一般不单独使用，常常配合其他促销方式使用，使其他的促销方式更好地发挥作用。比如，营业推广对广告形成了补充作用。广告的目的是在一个较长的时间内建立品牌的知名度、形象和偏好，培育长期的专一的再购买消费者，而营业推广就是引诱消费者马上购买。营销者将两者结合常常可以获得最佳效果。

二、制订营业推广目标

营业推广必须有明确的目标。企业应当根据目标市场和整体策略来确定营业推广目标。

1. 针对消费者的营业推广目标

针对消费者可供选择的营业推广目标如下。

（1）鼓励尝试性购买　当一家企业想吸引新的购买者时，或企业有新品牌面市时，营业推广活动能够降低消费者的试用风险，营造一个能积极参与的氛围，引起关注和鼓励试用。

（2）鼓励再次购买和批量购买　企业可以利用营业推广引发消费者的冲动购买和情绪购买，比如，在售出的产品中附送下次使用的赠券或对再次购买进行计点奖励都有助于消费者专注于特定品牌。降价或买一送一可以刺激消费者增加采购量。

（3）抗衡或瓦解竞争对手的营销策略　在竞争对手面市一种新品牌或推出一个新的广告活动时，企业可以通过大幅降价或即买即送以瓦解其策略。在降价的基础上再附送用于下次购买的赠券，这样企业便可以使竞争对手的营业推广活动大打折扣。

需要注意的是，商品的营业推广活动应该成为一种建立与消费者关系的手段，并建立与消费者的长期关系，而不能仅仅是创造短期销售量或是暂时改变品牌。营销人员应注意避免只顾价格的快速成交式促销，而偏向于对保证品牌价值有利的促销。

2. 针对中间商的营业推广目标

营业推广针对中间商与针对消费者市场并无二致，依然是刺激短期需求，缩短产品流通时间，并使企业购买者对品牌产生及时、积极的反应。

（1）获得初始分销　由于消费品市场上品牌众多，因此制造商对商店货架的竞争也十分激烈。营业推广可以帮助企业获得初始分销和商店货架。同消费者选择商品一样，中间商也要筛选其货架商品。一项好的营业推广活动可以改变中间商的决策。

（2）扩大采购批量　商品流通的一个焦点问题是库存。制造商希望中间商能够多采购，以便减少自己的存货成本。而中间商则喜欢多批次、少批量采购。营业推广可以鼓励批发商和零售商扩大采购批量，以转嫁存货成本。

（3）配合消费者市场的营业推广　没有中间商的配合，制造商在消费者市场的营业推广活动将会事倍功半，因为营业推广期间需要批发商增加库存，也需要零售商提供特殊的展示或管理。为了获得协同效应，制造商经常双管齐下，同时开展消费者营业推广和中间商营业推广。

（4）增加商店光顾人数　进门抽奖、展示性摆台设计等能引起目标顾客广泛兴趣的营业推广活动会增加逛商店的人数。零售商、制造商都可以通过营业推广活动增加商店的光顾人数。

3. 针对推销人员的营业推广目标

企业为了提高产品销售额，也应对本企业推销人员展开营业推广，具体的目标有：调动销售积极性，鼓励推销新产品，不断开拓新客户，淡季销售产品，稳定销售人员队伍等。

三、选择营业推广方式

1. 向消费者推广的方式

营业推广的刺激手段是降低价格、提供奖励或鼓励惠顾。具体有以下六种方式。

（1）赠券　是刺激再购买的绝好方法。赠券是一种凭证，让顾客在购买某些特定商品时享受折扣优惠，它是最古老、最广泛使用的一种营业推广方式。一旦消费者喜欢上一种品牌，随商品分发的赠券能够刺激再次购买。

（2）降价　是一种便捷的销售推广手段，通常是降低10% ~25%。消费者喜欢降价，因为它直截了当地增加了品牌的价值。有些消费者还会在降价时储存一些商品。

（3）样品　是提供给顾客试用的商品。让消费者尝试一种品牌，会对他们未来的决策产生显著影响。样品可以是挨家挨户派送的，也可通过邮寄的方式或在商店里分发。送样品是最有效但同时又是最昂贵的营业推广方式。

（4）奖品　是消费者在购买一件商品时得到一件免费或降价商品。许多商家的奖励是一件免费的相关商品。奖励销售推广有两种形式：一是免费奖励，最常见的方式是“买一送一”或随送一件相关商品。有的公司也随送不相关的商品，如皮球、杯子等。二是广告特制品，广告特制品是作为给消费者礼品的物品，上面通常印有厂商的名字。典型的广告特制品包括钢笔、日历、钥匙扣、帽子、茶杯、扇子等。

（5）会员制　企业可以使用会员制的方法，吸引老顾客，巩固顾客群。当消费者购买到一定数量的产品后，可以成为某一企业的会员，优先享受各种优惠。在很多大型超市、专卖店，都运用了会员制的方法，以吸引回头客。

（6）参展　参展是难得的营业推广机会和有效的促销方式。展销可以集中消费者的注意力和购买力。在展销期间，质量精良、价格优惠、提供周到服务的商品备受青睐。

2. 向中间商推广的方式

（1）让利　让利优惠是最常见的中间商营业推广方式。制造商向零售商和批发商提供各种折让，以换取他们对自己品牌的重视。比如，以低于标价的价格销售，对零售商的宣传活动做出补偿，提供免费商品或提供免费的特别广告实物（上面通常印有公司的名称）等。

（2）售点展示　是在实际购买地附近设计特别的展览与展示方式或其他促销活动。购物者的很多购买决定是在店内做出的，销售点的产品展示和产品手册是接近消费者、增加消费者的注意力和销售额的一种方法。售点展示能帮助促销厂家获得充分的商店货架和陈列。

（3）展览　企业在推出新产品时，针对中间商进行展览和展示。例如，展览会、博览会、演示会等。目的是促进中间商对新产品的了解，从而促进购买。

（4）服务支持　企业可以为中间商提供各种服务支持来调动中间商的积极性，包括业务会议、发行企业刊物、培训销售人员、采购支持、退货保证等措施。

3. 向推销人员推广的方式

以推销人员为目标的营业推广活动的促销目的是鼓励其开拓新市场，包括鼓励推销人员推销某种新产品、促使他们扩大销售量等。针对推销人员的营业推广形式主要有：销售红利、推销竞赛、特别推销奖或补助等。

任务五　公共关系策略

一、 公共关系概念

公共关系简称公关，是指通过获得有利的公众宣传与企业的不同公众建立良好关系，对付或消除不利的谣言、传闻或事件，树立良好的企业形象。公共关系所针对的大众包括现实客户、潜在客户、股东、员工、当地社区和政府。

公共关系以远低于广告的代价对公众心理产生较强的影响，企业不需要为新闻媒体中的广告篇幅和时间付钱，这与花费巨资做广告带来的效果相同，并且可信度要比广告高得多。

二、公共关系工具

企业在利用公共关系达到促销的功能时，选择运用何种公共关系工具十分重要，主要公共关系工具有以下几种。

（1）新闻稿件　新闻是主要的公共关系工具，通过正面的故事，企业可以享受免费的新闻报道，使企业能够借助新闻媒体获得正面宣传。能够产生正面公共关系的新闻稿件内容包括：新产品、科学新发现、公司新设施、年度股东大会、慈善活动和社区服务等。

（2）特写故事　与新闻稿件不同，特写故事只提供独家信息，只有在企业发生重要事件时，才邀请记者撰写较长的独家报道。

（3）企业形象材料　书面材料包括内部刊物（比如公司简报）、小册子、文章等。现在，越来越多的公司利用诸如电影、电视节目等视听材料作为宣传工具。企业形象材料能帮助创立企业的形象地位并很快被公众接受。今天越来越多的企业在互联网上建立了自己的域名和网页，24h 向全球发布信息和招揽生意。

（4）采访、记者招待会　采访和记者招待会是一种非常有效的公共关系手段。通常，采访和记者招待会在危机处理中不可或缺，记者招待会利用新闻形式宣传企业的重要信息，具有重要和可信的特点。

（5）公益活动　公益活动是一种新型的支持性媒体。企业可以通过向公益活动捐钱来提高在公众中的声誉，获得正面的宣传。

（6）特别活动　特别活动是一个普遍的公共关系工具。包括大型开幕式、烟火展示、激光节目、热气球升空、媒体展示以及各种展览会等。

三、公共关系活动的程序

1. 制定公共关系目标

（1）建立商赞　这是公共关系的公众形象职能，它强调积极参与那些对企业有利的行业事件和社区活动。

（2）推介产品或服务　通过公共关系，可以以新闻公告或活动的方式来提高企业品牌的知名度。

（3）内部沟通　在企业内部传播真实信息和纠正错误信息能够减少谣言影响和提高员工支持。在诸如裁员和合并之类的事件中，内部沟通可以大大缩小谣言在员工中的传播。

（4）反击负面报道　反击负面报道是公共关系的损失控制职能。适当控制和纠正对企业不利的公众舆论，及时将改进措施公布于众，避免扩大不良影响，化消极为积极，尽快恢复企业声誉，避免消极报道对企业和品牌形象的损害。

（5）建议和咨询　利用公共关系的信息进行综合分析，考察企业的决策和行为在公众中产生的影响，预测企业决策和行为与公众可能意向之间的吻合程度，有助于管理层预测公众的反应，确定有关公众问题的立场。

2. 选择公共关系主题及载体

企业在进行公共关系活动时要确立活动的主题，并选择合适的载体，这样才能达到公共关系目的。公共关系主题要服从企业整体的营销和宣传战略。选择载体要符合企业公共关系活动的整体要求，与其他宣传手段整体协调。

3. 执行公共关系计划

执行公共关系计划需要小心谨慎。为确保公共关系实施的效果最佳，正确地选择公共关系媒介和确定公共关系的活动方式十分重要。

4. 评估公共关系效果

评估公共关系效果的一个简单的方法是计算公共关系活动产生的媒体曝光率。公共关系有效性评估的另一种方法是定期监测企业和各个品牌的形象，评估知晓度、民意和态度上的变化，这要求在一次活动开始前后都要进行知晓度和态度的调研。

任务六　整合营销策略

一、整合营销传播的概念

美国市场营销协会将整合营销传播定义为“一种用来确保产品、服务、组织客户或者潜在客户所接收的所有品牌接触都与该客户相关，并且保持一致的计划制订过程”。这种计划过程对普通酒类广告、酒类销售促进、酒企公共关系、口碑营销、社会化营销等各种传播方式的战略作用进行评估，并将这些方式巧妙地结合起来，通过信息的无缝整合，产生清晰、连贯一致和最大化的影响力。

整合营销传播的核心思想是将与酒类企业进行市场营销所有关的一切传播活动一元化。整合营销传播一方面把广告、促销、公关、直销、CI（企业识别）设计、包装、新闻媒体、网络等一切传播活动都涵盖到酒企的营销活动的范围之内：另一方面则使酒企能够将传统的传播资讯传达给消费者。所以，整合营销传播也被称为Speak with Voice（用一个声音说话）即营销传播的一元化策略。

二、整合营销传播的两个特性

战术的连续性是指所有通过不同营销传播工具在不同媒体传播的信息都应彼此关联呼应。战略的导向性强调在一个营销战术中所有包括物理和心理的要素都应保持一贯性。

1. 战术的连续性

战术的连续性是指在所有营销传播中的创意要素要有一贯性。譬如在一个营销传播战术中可以使用相同的口号、标签说明以及在所有广告和其他形式的营销传播中表现相同行业特性等。心理的连续性是指对该机构和品牌的一贯态度，它是消费者对公司的“声音”与“性格”的知觉，这可通过贯穿所有广告和其他形式的营销传播的一贯主题、形象或语调等来达成。

2. 战略的导向性

战略的导向性是设计来完成战略性的公司目标。许多营销传播专家虽然制作出超凡的创意广告作品，能够深深地感动受众甚至获得广告或传播大奖，但是未必有助于本机构的战略目标，例如销售量市场份额及利润目标等。能够促使一个营销传播战术整合的就是其战略焦点，信息必须设计来达成特殊的战略目标，而媒体则必须通过有利于战略目标考虑来对其进行选择。

三、整合营销传播的七个层次

（1）认知的整合　这是实现整合营销传播的第一个层次，这里只要求营销人员认识或明了营销传播的需要。

（2）形象的整合　第二个层次牵涉到确保信息与媒体一致性的决策，信息与媒体一致性一是指广告的文字与其他视觉要素之间要达到的一致性；二是指在不同媒体上投放广告的一致性。

（3）功能的整合　把不同的营销传播方案编制出来，作为服务于营销目标（如销售额与市场份额）的直接功能，也就是说每个营销传播要素的优势劣势都经过详尽的分析，并与特定的营销目标紧密结合起来。

（4）协调的整合　第四个层次是人员推销功能与其他营销传播要素（广告公关促销和直销）等被直接整合在一起，这意味着各种手段都用来确保人际营销传播与非人际形式的营销传播的高度一致。例如推销人员所说的内容必须与其他媒体上的广告内容协调一致。

（5）基于消费者的整合　营销策略必须在了解消费者的需求和欲求的基础上锁定目标，在给产品以明确的定位以后才能开始营销策划，换句话说，营销策略的整合使得战略定位的信息直接到达目标消费者的心中。

（6）基于风险共担者的整合　这是营销人员认识到目标消费者不是本机构应该传播的唯一群体，其他共担的经营者也应该包含在整体的整合营销传播战术之内，例如本机构的员工、供应商、配销商以及股东等。

（7）关系管理的整合　这一层次被认为是整合营销的最高阶段。关系管理的整和就是要向不同的关系单位做出有效的传播，公司必须发展有效的战略。这些战略不只是营销战略，还有制造战略、工程战略、财务战略、人力资源战略以及会计战略等，也就是说，公司必须在每个功能环节内（如制造、工程、研发、营销等环节）发展出营销战略以达成不同功能部门的协调，同时对社会资源也要做出战略整合。

四、整合营销传播的六种方法

1. 建立消费者资料库

这个方法的起点是建立消费者和潜在消费者的资料库，资料库的内容至少应包括人员统计资料、心理统计、消费者态度的信息和以往购买记录等。整合营销传播和传播营销沟通的最大不同在于整合营销传播是将整个焦点置于消费者、潜在消费者身上，因为所有的厂商、营销组织，无论是在销售量或利润上的成果，最终都依赖消费者的购买行为。

2. 研究消费者

这是第二个重要的步骤，就是要尽可能使用消费者及潜在消费者行为方面的资料作为市场划分的依据，相信消费者“行为”资讯比起其他资料如“态度与意向”测量结果更能够清楚地显现消费者在未来将会采取什么行动，因为用过去的行为推论未来的行为更为直接有效。在整合营销传播中，可以将消费者分为三类：对本品牌的忠诚消费者、其他品牌的忠诚消费者和游离不定的消费者。很明显这三类消费者有着各自不同的“品牌网路”，而想要了解消费者的品牌网路就必须借助消费者行为资讯才行。

3. 接触管理

所谓接触管理就是企业可以在某一时间、某一地点或某一场合与消费者进行沟通，这是20世纪90年代市场营销中一个非常重要的课题，在以往，消费者自己会主动找寻产品信息的年代里，决定“说什么”要比“什么时候与消费者接触”重要。然而，现在的市场由于资讯超载、媒体繁多，干扰的“噪声”大为增大。目前最重的是决定“如何、何时与消费者接触”，以及采用什么样的方式与消费者接触。

4. 发展传播沟通策略

这意味着什么样的接触管理之下，该传播什么样的信息。为整合营销传播计划制订明确的营销目标，对大多数的企业来说，营销目标必须非常正确同时在本质上也必须是数字化的目标。例如对一个擅长竞争的品牌来说，营销目标就可能是以下三个方面：激发消费者试用本品牌产品、消费者试用过后积极鼓励继续使用并增加用量，促使他牌的忠诚者转换品牌并建立起本品牌的忠诚度。

5. 营销工具的创新

营销目标一旦确定之后，第五步就是决定要用什么营销工具来完成此目标，显而易见，如果我们将产品、价格、通路都视为是和消费者沟通的要素，整合营销传播企划人将拥有更多样、广泛的营销工具来完成企划，其关键在于哪些工具、哪种结合最能够协助企业达成传播目标。

6. 传播手段的组合

所以这最后一步就是选择有助于达成营销目标的传播手段，这里所用的传播手段可以无限宽广，除了广告，直销、公关及事件营销以外。事实上产品包装、商品展示、店面促销活动等，只要能协助达成营销及传播目标的方法，都是整合营销传播中的有力手段。

五、整合营销传播的分类

1. 直复营销

(1) 直复营销含义　直复营销是指营销者运用一定信息传递工具和媒介使顾客或潜在顾客了解产品和服务，发生订货行为，再通过恰当的方式将产品或服务送达顾客手中，收取款项的营销行为和系统。

构建直复营销平台的时机已经成熟，整个酒类行业的营销水平在发展，竞争激烈性促使酒类企业寻找新的突破口，具备了直复营销发展的土壤。庞大的促销员队伍，各地公关部对部分高端消费者的信息掌握，为直复营销平台的建立提供了数据库。社会化媒体的发展，为直复营销提供了工具。网络通讯技术的推广促进了直复营销的发展，媒体是直复营销成功的关键。

（2）直复营销平台的四大职能

①客户数据库：建立强大的数据库是精准营销的保证，通过前期人员搜集和后期消费者主动登记来获取和完善，形成对目标群体的精确把握。

②推广中心：借助数据库的容量和强大分析能力，通过短信中心、电子邮件、直邮等手段推广产品和服务，促进对品牌的认知和销量达成。

③配货中心：如何将产品通过合适的渠道配送到消费者手中，涉及与传统渠道的联动。

④接单功能：运用呼叫中心、网络订单和其他方式接单。在不同的阶段接单方式有所变化。

（3）直复营销模式对于酒类企业的价值

①营销模式创新应对日益恶化的竞争环境，为酒类企业的竞争突围提供了利器。降低了企业成本。直复营销剔除了中间商加价环节，从而降低了商品价格；同时让顾客无需出门就可购物，使他们的时间、体力和精神成本几乎降为零。

②为酒类企业精准锁定最终消费者，提高营销效率，节约了成本。直复营销的人员可以从顾客名单和数据库中的有关信息中，挑选出有可能成为自己顾客的人作为目标顾客，然后与单个目标顾客或特定的商业用户进行直接的信息交流。从而使目标顾客准确，沟通有针对性。

③顺应顾客讲求时间效率的趋势。相比较逛街购物，现代人更愿意把宝贵的时间投入工作、学习、交际、运动、休闲等更有意义的事情中，而直复营销电话（或网络）订货、送货上门的优点为顾客的购物提供了极大的便利。

④帮助酒类企业更好地培养新兴消费群体，适应新型消费习惯，为企业长久发展奠定基础。

⑤对于培养消费者忠诚度，构建伟大的品牌有积极作用。直复营销顺应营销 3.0 的大势，致力于满足顾客个性化需求。通过直复营销，生产商可根据每位顾客的特殊需要定制产品，从而为顾客提供完全满意的商品。

⑥关注顾客终生价值和长期沟通，将企业的客户（包括最终客户、分销商和合作伙伴）作为最重要的企业资源，通过完善的客户服务和深入的客户分析来满足客户的需求，关注和帮助顾客实现终生价值。直复营销强调根据有关个人的信息进行分析决策，最终使顾客终生价值达到最大化。

2. 互动营销

（1）互动营销的概念　互动营销是指企业在营销过程中充分利用消费者的意见和建议，用于产品的规划和设计，为企业的市场运作服务。互动营销的实质就是充分考虑消费者的实际需求，切实实现商品的实用性，是精准营销模式的核心组成部分，是实现和客户互动的主要手段之一，互动营销强调和客户的良性互动。

互动营销的表现方式：目前的主要有付费搜索广告、手机短信营销、广告网络营销、博客广告和电子邮件市场营销等，主要借助互联网技术实现营销人员和目标客户之间的互动。

（2）互动营销的几种模式

①会议营销：会议营销是截流终端客户的做法，酒类企业的促销员就把还没走到终端的客户邀请到会场上，促使他们一次购买半年、一年的量。在终端促销员等不到客户了，终端客户订货量小、价格低，传统营销越来越不好做，客户越来越少。且传统营销体系需要庞大的资金支持和维护，需要广告的拉动，中小企业很难做起来。传统营销投资大，风险大，没有实力的企业做不来。而会议营销投资小，见效快，风险也少，投资和收益成正比。在广告渠道效果下滑，创新乏力的大环境下，会议营销度被寄予厚望，但由于进入门槛低，有大量跟风者、不规范操作、欺诈行为猖獗等，市场有待进一步治理。

②路演：路演又称为路边秀，译自英文 Roadshow，是国际上广泛采用的证券发行推广方式，指证券发行商发行证券前针对机构投资者的推介活动。酒类企业效仿证券业的路演方式来宣传推广企业的产品。酒类企业路演成为包括产品发布会、产品展示、产品试用、优惠、热卖、现场咨询、填表抽奖、礼品派送、有奖问答、文艺表演、游戏比赛等多项内容的现场活动。

③终端促销：在传统营销中，促销活动是品牌营销的重要环节，主要是推动终端的销售工作。为了新产品上市的影响力而进行的促销的时机，着重点是突出产品的“个性”，根据产品的定位，找出目标消费群，终端现场的促销活动要以吸引目标消费群为特色，让现场消费者了解并认同产品的“个性”，刺激目标消费群产生购买。旧产品退出市场前进行促销主要目的是降低不良库存，为新产品让路，避免新产品推出后新旧产品产生内部矛盾。退出市场前的产品应以低价或中档价格外加促销品的策略，让消费者确实感觉到给他们带来了实惠。为了提升整体销售量采取的促销多集中在产品的淡、旺季差别明显的商品上，一般旺季投入大，产品从广告到终端促销都很激烈。反“促销”而进行的促销是指在竞争对手采取促销的情况下，为了遏制竞争对手的势头而进行的促销，在反“促销”中最关键的就是因敌变化而取胜。

④网络营销：新型的网络营销也是一种互动模式，而且其成本较低，网络营销存在一种高效率的互动关系，顾客选定自己感兴趣的产品，产生购买行为。通过网络营销的互动，可以更好地了解消费者心中所想，便于企业掌握所需要的消费者信息。微博营销、微信营销、搜索引擎营销等皆属于此范畴。

3. 口碑营销

（1）口碑营销的概念　口碑营销是指企业努力使消费者通过亲朋好友之间

的交流将自己的产品信息、品牌传播开来。这种营销方式成功率高、可信度强，这种以口碑传播为途径的营销方式，称为口碑营销。

（2）口碑营销必要性　调查显示，消费者对媒介宣传渠道的信任度依次是：亲友推荐、专业人士推荐（非销售方）、出版物的独立评论、电视广告、制造商或品牌网站等。排在前三位的都是口碑。消费者对口碑的高度信任，表明好的口碑极大影响消费者对产品的印象及公众对企业形象的认知。

口碑营销最早的形式是通过亲朋好友口耳相传的方式来进行的，随着媒体的发展，也有了变化，但其本质优势依然是——成本低廉，效果显著。

企业有意识或无意识地生成、制作、发布口碑题材，并借助一定的渠道和途径进行口碑传播，和其他营销手段相比，具有投入低、产出高、收益好、风险低等特点。

①酒类口碑营销成本低：酒类口碑营销几乎是零成本，当一个品牌的酒很好喝、很实惠，很能打动人心时，消费者总是愿意主动将它推介给朋友、亲人，这时，酒类公司没有花一分钱就做了广告宣传。一个企业的产品或服务一旦有了良好的口碑，人们会不经意地进行主动传播，发掘潜在客源。

②酒类口碑营销可信度高：酒类口碑营销一般都发生在朋友、亲友、同事等关系较为亲近的群体之间，他们之间特殊的关系或友谊，相对于单纯的广告、促销、公关、商家推荐，可信度更高，口碑带来的客户容易培养忠实度。

③酒类口碑营销针对性强：每个顾客都有自己的交际圈、生活圈，他们彼此之间有一定的了解，推荐某种商品或者店家都有很强的针对性。

④酒类口碑提升企业形象：口碑是企业形象的象征。拥有良好的口碑，往往会在无形中对酒类企业长期发展以及产品销售、推广都有很大的影响。

酒类口碑营销很大程度上，体现在意见领袖对于消费的引导和拉动。“意见领袖”往往能够引起更多的关注，并成为口碑传播的中心，更便于口碑营销的推进。“偶像崇拜”心理，促使我们有意无意地模仿偶像的言行举止，不论是大众偶像或者我们身边的“个人偶像”。我们如果认为这个人在某个领域懂得比自己更多，就会更加相信权威人士推荐。

在互联网时代，大量网络论坛的出现和大量网络信息让人们更多地会选择从网上获得关于产品、生产商、销售商的信息，使口碑效应的应用范围更加广大，在网络上，最好的推广方式就是口碑相传了。如何有效地利用口碑营销已经变成了一个很重要的营销课题，在信息化的今天，口碑更是营销成功的诀窍。最古老有效也是最便宜易行的口碑营销，让满意的客户成为义务宣传员。

4. 人员营销

人员营销在酒类营销中，是举足轻重的环节。经销商、二批商、零售终端以及公关团购中的品鉴顾问、兼职团购业务员都是人员营销的方方面面。意见领袖的作用在人员营销中有重量级的体现。以酒类的品鉴顾问和兼职团购业务员为例：酒类产品需要充分利用品鉴顾问的活动能量，对目标消费者形成影响。品鉴顾问成为团购公关推广的主流手段之。品鉴顾问一般选择行业意见领袖，以顾问身份发挥其能量，展开消费引领或者兼职团购作用。

第一，20%的领袖级消费者，影响和引导着白酒消费的潮流和趋势，80%的普通消费者是被影响的社会大众，抓住了这20%的人就抓住了启动市场的关键。品鉴顾问往往由于身份特殊，人脉资源丰富，可以促进当地商务消费和高端酒水消费。

第二，红酒通过品鉴会，推介产品，增加品牌影响力，或者利用品鉴会增强人气，形成一种关系不太紧密的俱乐部组织，或者利用品鉴会增加和目标消费群的接触，拉近与目标消费者的距离。

兼职团购业务，对于酒类产品的拓市有很重要的作用。对于快速启动市场，聘请兼职业务员，可能收到事半功倍的效果。

兼职团购业务的可选择性非常广泛，拥有家庭背景、有影响力的人物，还要靠职业关系建立起来的人脉资源，如大客户经理、星级酒店销售部客户经理、高档酒店销售人员和大堂经理、奢侈品销售人员、旅游公司、办公用品、汽车、保险等行业的资深销售人员等。对此类人员可以不限数量地广为招聘，作为兼职团购销售人员，以具有竞争力的佣金吸引他们的兴趣，激发和调动积极性，进行产品推广与团购业绩提升。

不过兼职团购人员是难以管理的，市场一般启动起来快，产品死亡也快，主要原因是各团购人员恶性竞争，容易造成产品价格的混乱。要激发酒类兼职团购业务的销售积极性，还要适度管理。

5. 微博营销

2009年，微博迅速火爆起来，凭借仅有140字的简捷、快速、互动性强等特点备受关注。微博用户如潮水般涌向微博服务商，微博改变了人们的生活。随之，各行业的微博营销和传播也应运而生，越来越多的酒类企业也积极参与其中，从帝亚吉欧到百威英博，从五粮液到古井贡……不胜枚举的酒类相关的微博不断涌现。

第一，价值至上。微博基于信任链的病毒式传播，其内容生产成本降低，传播速度较快、及时、可快速复制特点使其传播加速，而从目前系列社会热点事件经由微博放大和快速传播来看，微博给予了普通民众平等的话语权，满足了用户自我实现等最基础需求，用户之间在微博创造的多功能聚合社区中进行平等的对话和交流，所以微博成为高社会化、低成本的社会化媒体。

不少的酿酒企业或个人开设了微博，在新浪微博中简单检索可以发现，许多企业，都提高了企业在微博平台上的曝光率。酒行业职业经理人，管理者等也纷纷开设微博，发布各类职业、生活等微博信息，吸引了大量的粉丝关注。

酒业微博具有很高的应用价值，主要体现在：一是互动性，让写微博的人和看微博的人能够随时交流，而且微博内容越生动，互动效果越好；二是具有价值感，无论是写微博还是看微博的人都花费了时间或者金钱来投入，而通过各类消息的传播表现出来的新闻性，各取所需，从而体现价值；三是参与人员数目庞大，拥有如此之多的参与人数；四是用户资源的开放性，酒行业企业或个人都可以利用微博进行品牌宣传，且费用大大低于酒类企业在传统媒体投放广告的费用，成本低廉，且很容易关注到竞争对手的粉丝和关注对象，进而有针对性地快速渗透这些群体。这些都凸显了微博的价值。

第二，锦上添花。由于酒类产品的特性，微博不可能完全替代传统媒体进行营销和传播，微博会是个有益补充，各种营销和传播方式之间的相互补充作用很明显。

微博刷新非常快，企业发布的信息转瞬即近，容易被信息淹没和忽略，效果不能立竿见影。酒类产品在销售中依赖感官体验，又有物流限制、假货干扰等现象，单纯的文字传播并不能很大程度地推动营销工作，因此，企业不能对微博营销和传播抱太大希望。目前微博对企业的作用主要是传播，真正实现有效营销还没有来到。随着微博的进一步发展和完善，未来其营销作用会逐渐加强，酒类企业应该及早着手，积极主动地探寻多元化微博营销和传播之路。

世界500强的企业都涉水微博，微博营销和传播已广泛地应用起来。目前，微博营销和传播已经出现了15种模型，品牌及产品曝光、微活动、微柜台、微服务、互动精准广告、CRM（客户管理系统）、微调研、微口碑、微招聘、微搜索、微植入、微舆情、危机公关、O2O整合联动、2.0产品开发等内容。官方微博主要有四种：定位品牌微博、产品微博、销售目的微博、客户服务微博，诸多模型和定位提醒酒类企业在应用微博时应该多元化，而不能简单地成为企业的传声筒。

企业微博内容上的多元化，可以吸引不同的人群。创业初期的企业，要发布企业新闻，要发布促销信息，也要入注社会热点，从而体现企业的灵活性和多元性，吸引更多的粉丝。

6. 微信营销

移动社交应用风靡全球的当下，微信唾手可得，无疑成为一种公众依赖、牛人折腾、媒体热议、商家追捧的信息传播工具，微信是继微博之后，又一个深刻地影响网民获取信息渠道的互联网变革。

微信营销，是互联网经济时代企业对营销模式的创新。用户注册微信后，可与周围同样注册的“朋友”形成一种联系。用户订阅自己所需的信息，减少了垃圾信息的干扰。商家通过点对点提供用户需要的信息，推广产品和自身形象。作为一种新兴的信息传播工具，微信在网络营销和传播的应用也被越来越多企业和个人用户认可，不少的企业和个人都从中受益匪浅。微信的特点如下。

（1）高到达率　所有营销工具最关注的莫过于信息到达率，而营销效果很大程度上就取决于信息的到达率。在信息泛滥以及大波被拦截的今天，手机群发短信和邮件群发被大量过滤掉，而微信公众账号所群发的每一条信息都能完整无误地发送到终端手机，到达率高达 100%。

（2）高曝光率　曝光率是衡量信息发布效果的又一指标，信息曝光率与到达率绝非同一概念。微信信息比微博拥有更高的曝光率：在微博营销信息中，除了少数技巧性非常强的文案和关注度比较高的事件被大量转发，获得较高曝光率之外，其他微博很快就淹没在滚动的动态中，除非是刷屏发广告或者用户刷屏看微博。

微信是由移动即时通讯工具衍生，具备与生俱来的强力的提醒：通知中心消息停驻、角标、铃声等，随时提醒用户收到未阅读的信息，曝光率高达 100%。

（3）高个性化　现代的酒水零售只占酒水销售很少的一部分，主要是团购渠道，包括企业团购、有婚丧嫁娶之需的家庭团购等。这些团购常有各种个性化需求，例如延期支付、退换货问题、发票问题等，传统的 B2C 模式很难满足这些个性化需求。在开发微信的过程中，要特别考虑“实用为先”的理念。微信终端经销人员的销售半径较小，终端经销的电商化，更便于满足对客户的个性化需求。

（4）高接受率　由于公众账号的粉丝都是主动订阅，信息也多为主动获取，几乎不存在垃圾信息遭致抵触的情况，微信用户已达亿万之众，那些微信大号动辄数万甚至数十万粉丝。微信已经成为类似手机短信和电子邮件的主流信息接收工具，其广泛和普及性成为营销运作的基础。

（5）高精准度　微信公众账号就可能拥有数目可观的粉丝，比如一个酒水招商可能有近万个由酒厂、酒类营销机构和酒类经销商构成粉丝群，每个粉丝都是潜在客户，这样，这个公众账号，就相当于规模宏大的在线糖酒会。拥有这样粉丝数量庞大且用户群体高度集中的垂直行业微信账号，才是真正价值连城的营销推广资源。

（6）高便利性　智能手机不仅能够拥有 PC 电脑所能拥有的任何功能，而且携带方便，用户可以随时随地获取信息，而这会给商家的营销带来极大的方便。阅读不再局限于电脑，移动终端的便利性再次增加了微信营销的高效性、精准化、便捷性。

当经销商关注酒类企业微信公众号后，便可在此平台内“一键式”完成白酒销售的整个流程：第一步，销售人员通过扫描二维码，自动完成注册，并与经销商成为好友，二者关系由此建立并维护；第二步，销售人员可在微信平台上自主查询实时报价、最新优惠等信息，并介绍给顾客，当有客人需要购买时，销售人员随时通过微信下单，订单会直接进入系统，并传递给经销商，即完成订货；最后，成功核销订单后，销售人员便可获得相应返利。广告营销越来越讲究细分人群和互动传播，垂直行业微信公众账号当仁不让地成为企业网络营销的首选。

（7）高利用率　在传统电商模式下，经常还需低价让利以吸引消费者，可一旦价格太低，又可能被认为是假货。基于上述特殊性，酒水的电商化举步维艰，就连国内规模最大的酒水电商网站之一——酒仙网，其销售额在酒类行业的巨大市场里都太过渺小。在酒水行业，经销商们拿到团购订单往往以熟人拉客为主，即兼职销售人员的宣传。而这些兼职销售人员的第一身份各不相同，可能是小区物业的大妈、某公司的白领，甚至是某单位负责人等。如果用微信把这些人维系在一个圈子里，可能会事半功倍。

7. 微电影营销

微电影是网络时代的电影形式，微电影之“微”在于：微时长、微制作、微投资，以其短小、精练、灵活的形式风靡于中国互联网，神奇地把“广告”变成了“内容”，把品牌、产品通过故事和流动影像来包装、传达。

微电影作为载体适合进行品牌植入，采用了更加柔和的方式，把品牌融入故事本身叙事风格中，使观众在潜移默化中接受、认同。企业的微电影不仅仅是广告宣传片，而是为其背后的品牌服务，以传播自身品牌、建立品牌与消费群之间的沟通，实现品牌提升的目的。对白酒企业来说，好的微电影必须符合以下条件：首先是品牌或者产品植入；其次是能够表达深刻的情感；第三是能够跟消费者沟通，最好能让消费者产生共鸣。对于企业来说，如何将自己的品牌“植入人心”，将庞大的点击率和转载量转化为有效的市场反应，才是最为重要的。微电影目前能够得到网民认同的形式有两种：创意类与情感类的片子。酒类微电影切忌强行地植入产品，虽然不一定非要拍新鲜的、恶搞、怪异的内容，但必须是跟品牌的价值相关的内容。在微电影中，企业可以从一种价值观来推广自己的品牌，可以选择以公益的态度来传播社会的正能量。

8. O2O 营销

O2O 即 Online to Offline，即将线下商务的机会与互联网结合在了一起，让互联网成为线下交易的前台。这样线下服务就可以用线上来揽客，消费者可以用线上来筛选服务，成交可以在线结算，很快达到规模。O2O 模式是电子商务发展的产物，拥有其自身的特点，对于用户来说，它能够带给商家和用户更全面的内容信息及服务，方便用户向商家进行在线咨询和预售，而对于广大的商家来说，利用该种模式可获得更多的展示和宣传机会，把握更全面的用户数据及其需求，在节约成本的前提下，获得较好的营销效果。O2O模式下，线下实体无需太依赖城市街道的高昂黄金地段，能够帮其减少租金及成本。

电子商务交易中的O2O模式，给白酒行业的电子商务发展带来了新的生机。线上和线下的对接——线上支付，线下获取。这样的O2O模式被广泛应用于团购网站中。O2O商务模式的关键是：在网上寻找消费者，然后将他们带到现实的商店中。它是支付模式和为店主创造客流量的一种结合，实现了线下的购买。它本质上是可计量的，因为每一笔交易（或者是预约）都发生在网上。O2O的优势在于把线上和线下的优势完美结合。通过网购导购，把互联网与实体店完美对接，实现互联网落地。让消费者在享受线上优惠价格的同时，又可享受线下贴身的服务。而这些又恰恰解决了白酒行业向电子商务发展中存在一些问题，如白酒作为易损品不宜少量物流配送，易破损，消费者对酒品的担忧等原因。其贸易模式大致可这样描述：消费者在企业网站或企业授权的一般电子商务平台上，通过网购的在线支付形式购买低于市场价格的白酒产品，网络订单送至同城或邻近城市的企业仓库或营销点，通过用户去附近销售点自行提货或企业物流配送等方式将货品交送用户，用户则凭借在网上购买物品时的凭证（如二维码、短信息、订单打印件）领取货物，完成交易。

在这个电子商务交易流程中，企业所得利润除了来自于商品本身价值外，还将获得通过电子商务平台交易所省去的一些在传统交易中的费用，如商超进场费，门面销售的租金以及一些在传统交易中需要支付的人工费用等。而且基于白酒企业在全国各地基本都有销售点的优势，消费者在线购买的白酒产品可以及时、迅速、安全地送达，形成了良好的购物体验。因为事实上，消费者在购买白酒时除了有低价需求外，还有方便、及时的需求，尤其对一些高端消费者来说，方便、及时的需求是胜过低价的需求的。

因此，区别于B2C和C2C的贸易方式，O2O的模式更能契合白酒产品及其消费者需求的实际，使白酒行业的电子商务营销不再只是白酒销售的鸡肋，而是真正成为推动白酒行业电子商务进步发展的动力。

拓展阅读

“焦点”事件背后 白酒行业要补危机公关这堂课

2012年，媒体披露酒鬼酒“塑化剂超标”，其50%度酒中邻苯二甲酸二丁酯（DBP）的含量为1.08mg/kg。随后，国家质检总局公布检测结果，50%度酒鬼酒DBP最高检出值为1.04mg/kg。紧接着，茅台酒被第三方检测部门披露含有塑化剂DEHP 3.3mg/L，卫生部551函规定这一物质的最大残留量为1.5mg/kg，塑化剂超标2倍，随后茅台股票停牌。随着茅台塑化剂超标事件持续发酵，继茅台之后，五粮液、洋河等酒企也陷入塑化剂风波。中国白酒行业几乎大半沦陷，放眼望去，竟然无一不超标。以卫生部551号函（塑化剂DBP、DEHP最大残留量分别为0.3mg/kg、1.5mg/kg）为参考，茅台汉酱51度DBP含量6.37mg/L，几乎是标准的20倍；五粮液52%度、52%度五粮液1618、洋河52度梦之蓝的DBP含量也都超过3mg/L，是标准的10倍左右。

虽然酒企及时进行公关，8年前这桩塑化剂事件也整整持续了一个多月，席卷了整个中国白酒界的“塑化剂风波”才被平息，然而白酒行业损失惨重。

2019年12月18日，酒鬼酒又曝质量问题，酒鬼酒代理公司的石磊举报称，自己仓库里5万瓶酒鬼酒经鉴定被添加“甜蜜素”。目前我国国家卫生部门条例规定白酒中不得使用甜蜜素。据悉，当地市监局已受理该案，截至12月21日，酒鬼酒公司尚未回应经销商封存5万瓶疑被添加甜蜜素的老酒，携检测报告举报的事件。

根据我国《食品安全国家标准　蒸馏酒及其配制酒》（GB 2757—2012）的相关规定，白酒中不得使用甜蜜素。但并无规定白酒中不得“检出”甜蜜素，这就给白酒企业们一个法律的空子可钻，如果无法取得白酒企业主动添加甜蜜素的证据，对酒企的处罚和治理就没有切实根据。但长期的非法添加剂对人体的危害是潜移默化的，如果行业不彻底整顿，那么危害的将是更多人群的生命安全。

12月25日，随着湖南省市场监督管理局公布专项抽检结果，在白酒行业备受关注的“甜蜜素事件”算是告一段落。通过这个事件，我们看到了，白酒行业在面对突发事件暴露出了脆弱的一面。

在移动互联时代，信息打破了区域的阻隔，事件传播的迅速化与传播载体的多元化，使得信息到达的边际在无限放大，整个信息环境发生了质的变化。但在白酒行业，对于突发事件处理的思维大多还停留在旧的信息环境中，不能够及时完美地应对突发问题。同时，突发事件又无时无刻地存在在企业周边。因此，白酒企业在重视生产与销售的同时，同样要重视突发事件的到来。通过在众多事件中寻找到面对突发处理的五大原则。

（1）快速查找危机根源　危机发生时，组织主管必须立刻搜寻事实资料，以便在最短时间内掌握危机的状况与肇因，并迅速评估组织对此危机的立场和反应方式，主动出击，防止危机继续扩大，使危机尽快落幕。除了掌握事件真相之外，组织也必须有预知事件后续发展的能力。

（2）尽快公布事件真相　无论是灾难还是人为危机，最大的考验就是：

“该不该公布真相?”“何时公布?”“应该公布到什么程度?”这些问题往往让危机当事人踌躇不定，而让媒体或外界觉得组织有难言之隐。抢先取得事件的解释空间，防止危机期间谣言孳生，扩大危机的杀伤力。至于应公布多少真相，则应视危机本质以及真相涉及的层面多寡等具体情况而定。

(3) 领导挂帅成立危机公关组　危机处理小组是智囊团，也是作战指挥中心。危机处理小组的成员通常包括最高主管以及公关、法律、管理、安全技术等部门的主管，以集合各部门的智慧与资源，在最短时间内决定策略。如果有必要，也可以寻求法律专家或危机管理顾问公司协作。

(4) 制订针对性的媒体公关处理策略　危机公关媒体先行，统一对外发布，确定新闻发言人并担任组织与外界之间的桥梁。应尽快澄清谣言及负面报导，以防止二次伤害，同时注重舆情监控管理及分析。

(5) 借力公关，快速形成危机公关联盟　寻求公正的第三者的支持，以免孤立无援。借力专家、权威部门或国家法律法规。动员并协调组织内外部的资源，可以使组织的沟通讯息更具可信度。危机公关，小到一个投诉，大到引发社会舆论，都是一个品牌走向稳健和成熟的必经之路。

危机公关这场仗，无论在外界看来打得漂亮与否，都会让品牌“蜕一层皮”，个中滋味，只有自己能体会。危机公关后，梳理问题、沉淀自我、加强内部监管、把握顾客需求才是核心。

【思考题】

1. 危机公关的重要性体现在哪里?

2. 针对上述塑化剂事件和甜蜜素事件，你怎样进行危机公关?

实践训练

白酒促销策略

一、教学组织及运行

本实训项目按照教师讲解、布置任务、学生训练、学生汇报方式进行，通过训练过程考核及汇报检验教学效果。

二、实训内容及要求

1. 实训目标

(1) 知识目标

①熟悉常见的促销策略基本概念。

②掌握常见白酒促销策略。

③熟悉并掌握白酒促销组合策略。

(2) 能力目标

①会采用适合的调查方法和渠道收集白酒促销信息。

②能判别收集到的信息是否有用。

③能对收集到的信息进行整合分析。

2. 实训重点及难点

(1) 实训重点　促销信息的收集。

(2) 实训难点　促销信息的整理。

3. 实训开展方式

(1) 制订科学、周密的实习计划。

(2) 联系实习场所。

(3) 指导教师认真指导。

(4) 签订《学生实习安全责任书》，学生实习要遵守相应的规章制度，服从安排，维护自身的良好形象。

(5) 严格考勤和考核，确保实习任务圆满完成。

4. 实训内容及步骤

(1) 调查收集信息

①每五人一组，选定当地一个白酒企业，分析旗下产品，进行有目的的调查，收集营销信息。

②细分调查任务，可采用多种方式进行调查。

(2) 整理信息、汇报

操作步骤1：促销信息的收集

①确定一个白酒企业的产品。

②实地调查跟踪了解这个品牌或产品所采取的营销策略。

标准与要求：

①目的正确。

②调查方式正确。

③获得信息正确。

④安全操作，有团队合作精神。

操作步骤2：报告撰写与汇报

①将获得的调查信息整理、汇总。

②撰写调查报告（基本包括调查背景、目的、调查过程、结果数据汇总、结论与思考）。

③制作PPT汇报。

标准与要求：

①报告符合要求。

②汇报成功。

③办公软件使用正确。

④体现团队合作精神。

三、实训考核方法

学生练习过程中进行分单项技能考核、结合培养结果考核以及报告考核的方式进行项目考核，具体考核表和评分标准如下所示：

1. 调查结果

(1) 结果评价　具有详细完整的调查记录和调查报告。

(2) 过程评价

评价项目	确定调查目标（2分）	实施调查（3分）	调查数据（2分）	调查报告（2分）	学习态度（1分）
得分					

2. PPT 汇报

四、课外拓展任务

(1) 在白酒营销策略中，你认为哪种策略取得的效果最好？原因是什么？

(2) 针对你调查的这个品牌或产品，分析其销售策略优、缺点，针对存在的问题提出解决措施。

项目十　白酒售后管理

项目描述

白酒售后管理是企业维护老客户的重要步骤之一，完善的售后服务才能和客服建立持续的商务关系。本课题介绍了白酒售后管理的时机、如何建立有效的售后管理制度、客户满意度管理、客户投诉管理及监督方法。

知识目标

（1）掌握售后管理制度建立的方法。
（2）掌握客户满意度的概念、满意度的测评和测评的程序。
（3）掌握客户投诉处理的方法和流程。
（4）熟悉售后监督的方法。

能力素质目标

（1）能够建立售后管理制度、完成客户满意度调查、客户投诉处理。
（2）养成吃苦耐劳、积极向上的精神。
（3）培养团结协作的团队精神，“专注做一事”的工匠精神。

案例导入

做到的比承诺的多一点

著名的迪士尼乐园在娱乐设施方面非常受人称道，它在客户满意度创造和控制方面也非常独到。每到节假日，迪士尼都会人满为患，排队就成了一个大问题。迪士尼为此设计了一个电子等候牌，放置在通道口，上面显示了一位客户从此时开始排队，大约还需要多少时间。这项设施可以方便那些客户自由选择等候时间相对较少的项目，同时可以减少排队人员的焦躁感。但奥秘还不止于此，当终于轮到客户的时候，他会惊喜地发现，他实际排队的时间比电子等候牌提示的要少 10min 左右。其实，这是迪士尼的一个巧妙的设计，目的就在于“做到的比承诺的多一点”，让客户感受到额外的惊喜和收获。

【思考题】

1. 通过上述案例，你认为白酒售后管理重要吗？
2. 白酒售后管理应该怎么做？

任务一　白酒售后管理的时机和内容

一、售后服务的时机

售后服务从交易成交的那一刻起就已经开始。售后服务主要包括两个方面的内容：成交后立即着手进行的服务，即成交随后安排服务和长期跟踪服务。下面我们就这两个方面的内容进行阐述。

1. 成交随后安排的服务

通常我们都认为在与顾客就某一笔交易成交后应当尽早离开。与顾客再做无谓的交谈可能会导致顾客生出新的疑虑，从而威胁到交易的最终完成。这一思想在销售领域被推崇为一项原则。但在这里，有必要指出，许多情况下有些细节则必须予以阐明，诸如提货的时间以及购货条款等，销售员就这些细节内容与顾客顺畅地达成一致也很重要。

如果需要决策人必须和另一个人一起答应某项购买，而此人又不在现场时，销售员需要提供额外的评判内容，以力求符合不在场的决策人的满意。例如，一位学生想买一台电脑，而这意味着此项交易不仅要让这个学生满意，也应让她的家长感到满意，虽然他们并未到场。因此，电脑销售商在提请成交时应该着意补充此讲解内容，以表明已将其家长的可能意见也考虑在内。

2. 长期跟踪服务

成交随后安排的服务是企业应当做好的售后服务工作，也是售后服务的一个重要内容。但从我们期望通过售后服务达到稳住老顾客的目的这个角度来说，我们的“售后服务”更偏重于长期的跟踪服务。卓有成效的跟踪服务有这样几个优点：首先，它为你提供了一个机会，侧面可以了解顾客在使用你的产品或服务方面有何问题。如果有什么不当或存在令人不满意之处，你则可以立即予以解决。其次，如果顾客感到很满意，那么则有再次获得订单的机会。第三，跟踪服务还表明你是关心该顾客的，从而有助你们关系的融洽发展，跟踪服务也并非一定要销售员亲身前往去做，打电话或感谢信也是可以的。

以下提供一些有助于你在跟踪服务中能更有效地发挥作用的建议：

（1）核查定货。

（2）主动询问。

（3）提供必要的帮助。

（4）强化顾客对购买产品的合理性认识。

（5）允许顾客提反对意见。

（6）更新你的顾客的档案内容。

（7）体现你的可依赖性。

二、售后管理的内容

（1）包装服务。

（2）送货服务。

（3）“三包”服务。

（4）质量保证服务。

（5）投诉处理服务。

（6）顾客跟踪服务。

任务二　白酒售后管理制度

一、白酒售后管理负责人

售后服务工作由业务部负责完成。

二、售后管理的内容

1. 整理客户资料、建立客户档案

白酒销售完成后，业务部应于两日内将客户有关情况整理制表并建立档案，装入档案袋。客户有关情况包括：客户名称、地址、电话、来访日期，客户希望得到的服务。

2. 根据客户档案资料，研究客户的需求

白酒业务人员根据客户档案资料，研究客户对白酒服务的需求，找出下一次服务的内容，如通知客户新产品上新、告知本公司优惠活动、通知客户免费品尝等。

3. 与客户进行电话、信函联系，开展跟踪服务

业务人员通过电话联系，让客户得到以下服务：

（1）询问客户对本公司服务有何意见。

（2）询问客户近期有无新的服务需求需我公司效劳。

（3）介绍本公司近期为客户提供的各种服务、特别是新的服务内容。

（4）介绍本公司近期为客户安排的各类优惠联谊活动，内容、日期、地址要告知清楚。

（5）咨询服务。

（6）走访客户。

三、售后服务管理制度

（1）售后服务工作由业务部主管指定专门业务人员跟踪业务员负责完成。

（2）跟踪业务员在客户下单后，或客户到公司访谈咨询业务完成后，两日内建立相应的客户档案。

（3）跟踪业务员在建立客户档案的同时，研究客户的潜在需求，设计拟定“下一次”服务的针对性通话内容、通信时间。

（4）跟踪业务员在客户下单或业务访谈、咨询后三天至周内，应主动电话联系客户，做售后跟踪服务，并就客户感兴趣的话题与之交流。电话交谈时，业务员要主动询问曾购买我公司白酒的情况，并征求客户对本公司服务的意见，以示本公司对客户的真诚关心，与在服务上追求尽善尽美的态度。对客户谈话要点要做记录，特别是对客户的要求，或希望或投诉，一定要记录清楚，并及时予以处理。能当面或当时答复的应尽量答复；不能当面或当时答复的，通话后要尽快加以研究，找出办法；仍不能解决的，要在两日内报告业务主管，请示解决办法。并在得到解决办法的当日告知客户，一定要给客户一个满意的答复。

（5）在销售后第一次跟踪服务的一周后的7天以内，业务跟踪员应对客户进行第二次跟踪服务的电话联系。电话内容仍要以客户感兴趣的话题为准，内容避免重复，要有针对性，仍要体现本公司对客户的真诚关心。

（6）在公司决定开展客户联谊活动、优惠服务活动、免费服务活动后，业务跟踪员应提前两周把通知先以电话方式告之客户，然后于两日内视情况需要把通知信函向客户寄出。

（7）每一次跟踪服务电话，包括客户打入本公司的咨询电话或投诉电话、经办业务员都要做好电话记录，登记入表，并将电话记录存于档案，将电话登记表归档保存。

（8）每次发出的跟踪服务信函，包括通知、邀请函、答复函都要登记入

表，并归档保存。

（9）指定跟踪业务员不在岗时，由业务主管临时指派本部门其他人员暂时代理工作。

（10）业务主管负责监督检查售后服务工作，并于每月对本部售后服务工作进行一次小结，每年末进行一次总结；小结、总结均以本部门工作会形式进行，由业务主管提出小结或总结书面报告并存档保存。

任务三　客户满意度管理

随着市场从产品导向转变为客户导向，客户成为企业最重要的资源之一，谁赢得了客户谁就会成为赢家，这也是增加企业盈利、降低企业成本、提高企业美誉度的重要途径之一。著名市场营销学家菲利普·科特勒认为：企业的一切经营活动要以客户满意度为指针，要从客户角度、用客户的观点而非企业自身利益的观点来分析考虑消费者的需求。

一、客户满意的内涵

1. 客户满意的定义

美国营销学会手册中，对客户满意的定义是：满意 = 期望 - 结果。换句话说，“客户满意”是客户对产品的感知与认知相比之后产生的一种失望或愉悦的感觉状态。菲利普·科特勒认为，满意是指一个人通过对一种产品的可感知的效果（或结果）与他或她的期望值相比较后，所形成的愉悦或失望的感觉状态，是一种心理活动。所以客户满意是指客户使用前的预期与使用后所感知的效果相比较的结果。如果可感知的效果低于期望，客户就会不满意；可感知的效果与期望值相匹配，客户就会满意；若感知的效果超过期望值，客户就会非常满意甚至惊喜。

2. 客户满意的层次

客户满意分为横向和纵向两个层次。

（1）横向层面　客户满意横向层面包括企业理念满意（MS）、企业行为满意（BS）和企业视觉满意（VS）三大层次，下面分别加以阐述。

①企业理念满意：企业理念满意就是企业的精神、使命、经营宗旨、经营哲理、经营方针和价值观念等带给企业内部客户和外部客户的心理满足感。MS是客户满意的灵魂，是客户满意的最主要决策层。令客户满意的企业经营理念是企业全部行为的指导思想，也是企业的基本精神所在。理念满意的核心在于正确的企业客户观，以客户满意度为指针，树立起“客户满意、客户至上”的经营理念，站在客户的立场上考虑和解决问题，把客户的需求和满意放在一切

考虑因素之首，尽可能全部尊重和维护客户利益，并逐步升华而成为具有独特风格，能够规范全体员工的市场行为和社会行为的指导思想体系。客户的满意是企业的无形资产，它可以随时按“乘数效应”向有形资产转化。正如人们常说的，寻找一个新的客户要比保住一个老客户难 5 倍，而把一个失去的客户重新找回来，则更要困难 10 倍。

②企业行为满意：行为满意是客户对企业“行动”的满意，是理念满意诉诸的行为方式，是客户满意战略的具体执行和运作。企业行为满意就是建立一套系统完善的行为运行系统，这套系统被全体员工认同和掌握，且在系统中每个员工都是公平和公正的。系统运行的结果是带给客户最大程度的满意，且能保证最佳经济效益和社会效益。BS 强调的是行为的运行和效果所带来的满足状况，它是偏向于效果的行为系统。在 BS 实施过程中要做到了解和认识客户，从客户的角度出发，全面为客户服务。只有全面掌握了客户的心理需求和需求倾向，才能够及时地推进令客户满意的商品和服务。

③企业视觉满意：视觉满意是客户对直观可见的外在形象的满意，是客户认识企业的快速化、简单化的途径，也是企业强化公众印象的集中化、模式化的手段。视觉满意也是客户满意的主要内容。企业是否拥有一套视觉满意系统，将直接影响到客户对企业的满意程度。视觉满意帮助客户认识企业、识别企业，监督企业，企业在进行视觉满意设计时，必须认真考虑客户偏好，尽可能让客户感到亲切、自然，并把“客户满意、客户至上”的理念渗透到企业标志、商标包装、户外标牌等静态企业识别符号中，以获得客户满意，提升企业的形象。企业外在形象具体包括：企业名称，品牌标识、字体、色彩，企业口号、承诺、广告语，企业内部的软、硬环境，员工制服，礼貌用语等。在进行视觉满意设计时要做到：构思深刻，构图简洁；形象生动，易于识别；新鲜别致，别具一格；符合美的效果。

（2）纵向层面　从社会发展过程中的满足趋势来看，客户满意可以分为三个逐次递进的层次，即纵向层面分为三个层次。

①物质满意层：客户在对企业提供产品或服务的核心消费过程中所产生的满意属于物质满意层。物质满意层次的要素是产品的使用价值，如功能、质量、设计、包装、品牌等，它是客户满意中最基础的层次。

②精神满意层：客户在对企业提供产品或服务的外延消费过程中产生的满意属于精神满意层，它是客户对企业的产品所带来的精神上的享受、心理上的愉悦、价值观念的实现、身份的变化等方面的满意状况。精神满意层的要素是产品的外观、色彩、装潢品位和服务等。仅仅在产品的物质层面上做得好是不能令客户感到真正满意的，在产品生命周期的各个阶段必须采取不同的服务手段，使产品充满人情味，迎合客户的爱好，符合客户的品位。

③社会满意层：社会满意层即客户在对企业提供的提供物（价值组合与方案）的消费过程中所体验到的社会利益维护程度，主要指客户整体（全体公众）的社会满意程度。社会满意层的支撑是提供物（价值组合与方案）的道德价值、政治价值和生态价值。提供物（价值组合与方案）的道德价值是指在其消费过程中不会产生与社会道德相抵触的现象；提供物（价值组合与方案）的政治价值是指在其消费过程中不会导致政治动荡、社会不安；提供物（价值组合与方案）的生态价值是指在其消费过程中不会破坏生态平衡。

以上三个满意层次，具有递进关系。从社会发展过程中的满足趋势看，人们首先寻求的是产品的物质满意层，只有这一层次基本满意后，才会推及精神满意层，而精神满意层基本满意后，才会考虑社会满意层。我国的消费者作为个体还不十分富裕，刚从物质满意层过渡到精神满意层，还没有提升到社会满意层。但作为一个整体，他们还是希望企业提供的产品能维持社会稳定，推动道德进步，促进生态平衡。当企业产品与社会需求大相径庭时，消费者总是义愤填膺的。

二、客户满意度管理及影响因素

1. 客户满意度的定义

客户满意度是指客户满意程度的常量感知性指标。客户满意度是一种感觉水平，来源于客户对产品或服务的绩效与其期望所进行的比较。因此，客户满意度是绩效与期望差异的函数，差异的不同就形成不同的满意度。如果效果低于期望，客户就会不满意；如果可感知效果与期望相匹配，客户就满意。如果感知效果超过期望，客户就会高度满意或欣喜。客户满意度可以用数学公式表示为：

$$C = b/a \tag{10-1}$$

式中　C——客户满意度

b——客户的感知值

a——客户的期望值

当 C 值小于 1，表示客户对一种产品或事情的可以感知到的结果低于自己的期望值，即没有达到自己的期望目标，这时客户就会产生不满意。该值越小，表示客户越不满意。

当 C 值等于 1 或接近于 1，表示客户对一种产品或事情的可以感知到的结果与自己事先的期望值是相匹配的，这时自己就会表现出满意。

当 C 值大于 1，表示客户对一种产品或事情的可以感知到的效果超过了自己事先的期望，这时客户就会兴奋、惊奇和高兴，感觉的状态就是高度满意或非常满意。

2. 对客户期望的管理

客户满意度是客户期望与客户实际感知到的结果的差值，是对两者比较结果的度量。企业在进行客户满意度管理时，不仅要不断满足客户需求，以提升客户实际感知到的结果外，还要注重对客户期望的管理。客户满意需要提高，客户期望需要管理。

（1）控制客户期望　控制客户期望是指合理安排客户的期望，在一定限度内尽量降低客户期望值，在客户得到实际产品或接受服务之前，不人为增加客户的期望。客户的期望会随着时间的推移而上升，从最初的惊喜需求转为期望需求，甚至是基本需求。企业要做的是按自己实际能力，合理引导客户的期望水平，有效地控制客户期望值的攀升，以免应了那句话——希望越大失望越大。可以通过设定期望值和降低期望值的方法来控制客户期望攀升。

设定期望值就是设定对于客户来说最重要的期望值，同时还要明确地告诉客户哪些期望是可以实现的，哪些是根本不可能实现的，这样与客户之间设定一致的期望值就容易很多。例如之前所说的，客户最关心的是提高收益，那么提案时就要弄清楚如何提高收益，以及提高到什么程度。另外，要让客户清楚地知道，收益提高了，成本也会相应地上升。降低期望值是指在满足不了客户的期望时，就降低客户的期望值。但是在降低客户期望值的同时，要明确告诉客户为什么不能满足他原先的期望值，以及能提供给客户的其他选择和这些选择的优势是什么，为什么提供这些选择，从而与客户再次达成共识。如果不能提高客户最关心的获益，需要明确告诉客户为什么不能提高。这种方案也许不是客户最满意的，但可能是客户能接受的。

（2）客户期望的相关因素　与客户期望相关的因素有三个：口碑、个人需求及经历。此外，服务质量要素也与预期服务和感知服务有直接关系。

①口碑：口碑就是客户在购买产品或接受服务前，通过各种渠道得到的关于企业的产品或服务的信息，这些信息可以是正面的，也可以是负面的。这些信息形成一种印象，这个印象对客户期望产生直接影响。

②个人需求：每个人的个性不同，为人处世的方式也不尽相同，个人的需求的不同会导致期望值上升。

③经历：每一个人的经历不同，要求也各不一样。相对而言，经历越少的人期望就相应地越容易被满足，而经历越多的人往往就不容易被满足。

④服务质量要素：提升服务效果，从服务质量的角度让客户获得更多，从而提升客户满意度。

3. 客户需求与客户满意

让客户满意的关键是要理解哪些东西对他们来说是重要的，并且要尽力满足他们的那些期望（如果不能超过的话）。这些需求不仅仅是相关的产品或者服务，许多核心产品之外的因素也会影响到客户的满意度。

有些企业正是通过满足和超越客户的期望、满足他们的需要来创造客户满意度的。当客户进入一家企业的时候，企业要着重考虑客户与企业进行交易的时候所交换的什么东西对客户来说是有用的。客户购买一件产品或者服务的时候会放弃哪些东西？通常，货币的支出是最明显的，但还有许多其他的东西，如花在搜寻、比较可替代品和进行购买上的时间和精力都必须被考虑到。而在一些特殊的交换中，例如慈善募捐，会出现些心理成本。客户为了达到目标所耗费的注意力常常因为对货币成本的关注而被忽视掉了。

认识到客户的需求存在于几个不同的水平上也很重要，而且为了提高客户满意度就必须将注意力投入到满足各种不同水平的需求上。企业可以提高客户获得的价值，或者通过减少客户的货币或者非货币形式的成本，或者通过某种方式增加客户所得的价值。

4. 影响客户满意度的因素

客户满意度是客户建立在期望与现实基础上的、对产品与服务的主观评价，一切影响期望与服务的因素都可能影响客户满意度。从企业工作的各个方面分析，影响客户满意度的因素归结为以下几个方面。

（1）企业因素　企业是产品与服务的提供者，其规模、效益、形象、品牌、公众舆论等内在或外部表现的东西都会影响客户的判断。如果企业给客户一个很恶劣的形象很难想象客户会选择其产品。

（2）产品因素　产品因素包含四个层次的内容。

①产品与竞争者同类产品在功能、质量、价格方面的比较：如果有明显优势或个性化较强，则容易获得客户满意。

②产品的消费属性：客户对高价值、耐用消费品的要求比较苛刻，因此这类产品难以取得客户满意。但一旦满意，客户的忠诚度就会很高。客户对价格低廉、一次性使用的产品要求相对较低。

③产品包含服务的多少：如果产品包含的服务较多，销售人员做得不够，就难以取得客户满意。而不含服务的产品只要主要指标基本合适，客户就容易满意。但如果产品与其他厂家差不多，服务也不好，客户很容易就转向他处。

④产品的外观因素：如包装、运输、品位、配件等，如果产品设计细致，有利于客户使用并且能体现其地位，就会使客户满意。

（3）服务和系统支持因素　企业的营销与服务体系是否一致、简洁，是否能为客户带来方便，售后服务时间的长短，服务人员的态度、响应时间，投诉与咨询的便捷性等都会影响客户的满意度。

（4）互动沟通　客户期望能很方便地与企业沟通。对于国外企业，客户则希望能采用电子通信手段来下订单。目前的趋势是所有的交易都将会走向电子化，包括付款方式等。客户也希望在货品不能按期发运时，或者已经发运后发现其中有误时，能得到及时的通知。企业也应派出专业人员对客户及那些真正使用产品或物品的生产工人进行访问交流，征求其意见。

客户服务可以包括一些平凡的事，比如采用免费电话使客户方便与企业沟通。如果有些客户吹毛求疵，则企业员工应该耐心提供服务，保持积极的态度，并提供任何需要的组织支持。必须特别注意，在知晓客户的要求之后，在随后的服务中必须按客户要求改进服务。必须将客户的要求和期望通知所有相关的部门，公司的客户满意度数据必须统计公布，必要时通知所有管理人员。

（5）情感因素　从客户的调查中获得的很多证据说明，相当一部分的客户满意度与核心产品或者服务的质量并没有关系。实际上，客户甚至可能对他与服务提供商及其员工的互动中的大多数方面都感到满意，但因为一位员工的某些话或者因为其他的一些小事情没有做好，而使企业失去了这个客户的业务，而员工可能并没有注意到这些事情。

在与目标群体的访谈和调查中，客户经常会描述服务提供商带给他们的感受如何。结果发现，很少有企业对自已的员工给客户的感受如何给予特别的关注。但事实上很多服务经历使客户对企业产生了不好的感觉。也有一些经历可以让客户对企业产生好的感觉，但这样的经历可能会很少。

（6）环境因素　让这个客户满意的东西可能不会让另外一个客户满意，同样地，在这种环境下令客户满意的东西在另一种环境下可能就不会让客户满意。客户的期望和容忍范围会随着环境的变化而变化。对于企业员工来说，认识到环境中存在的区别，对提供高质量的服务和创造客户满意度是很重要的。客户面对每种服务环境的时候，都带着对结果的期望。通常这些期望都是建立在他们自已以前的经历上或者是他们所信任的那些人的经历上的，企业员工通过自已在交流上的努力和掌握分辨出所面对的情况，并且对它做出反应。对员工来说，要花费时间和积累经验才能变得善于读懂客户。在许多情况下，员工可以提前做准备。老员工会凭借他们的经验帮助新来的员工应付这些情况。

从对客户满意度的直接影响因素看，可以将影响满意的因素分为不满意因素、满意因素与非常满意因素三类。

第一类，不满意因素是指与客户希望相反的消极条件或事件。客户购买产品的最低要求，集中在产品或服务的主要方面，如产品质量、应该提供的基本服务、客户意见反馈渠道等方面。如果产品或服务存在不满意因素，则客户的满意度下降；反之，则客户的满意程度既不会提高，也不会下降。

第二类，满意因素是指与客户期望相当或略好的因素或事件。例如，价格折扣、款式、性能、型号的多样选择性等。满意因素越多，客户的满意度也越高。但是，满意因素并不能弥补不满意因素，例如，客户在专卖店大幅度打折后购买了产品，但后来发现产品质量差，满意因素就会很快被不满意因素抵消。

第三类，非常满意因素是超出客户事先预料，对企业产品有积极影响的性能服务。例如，如果客户在办理住宿手续时，发现酒店知道他的姓名，安排了他喜爱的楼层与房间朝向，并且在房间里发现有免费点心、水果，这些都是非常满意因素。企业可以通过减少或彻底消除客户的不满意因素、提供更多的满意因素和非常满意因素来达到提高客户满意度的目的。

三、客户满意度测评

客户满意度测评，是指在一定层面上，就某一类产品（服务）或品牌对其客户群体进行调查，取得客户满意状况的数据，通过综合测算与分析，得到客户满意度评价结果。完整的客户满意度测评体系应包含满意度测量和评价两个方面，能够为客户满意度管理提供充足的决策依据。

1. 客户满意度衡量的指标

客户满意度是衡量客户满意程度的量化指标，由该指标可以直接了解企业或产品在客户心目中的满意度。下面通过几个主要的综合性数据来反映客户满意状态。

（1）对产品的美誉度　美誉度是客户对企业的褒扬程度。对企业持褒扬态度者，肯定对企业提供的产品或服务满意，即使本人不曾直接消费该企业提供的产品或服务，也一定直接或间接地接触过该企业产品和服务的消费者，因此他的意见可以作为满意者的代表。借助对美誉度的了解，可以知道企业所提供产品或服务在客户中的满意状况，因此美誉度可以作为企业衡量客户满意程度的指标客户关系管理实务之一。

（2）对品牌的指名度　指名度是指客户指名消费某企业产品或服务的程度。如果客户对某种产品或服务非常满意，就会在消费过程中放弃其他选择而指明非此不买。

（3）消费后的回头率　回头率是指客户消费了该企业的产品或服务之后再次消费，或如果可能满意再次消费，或介绍他人消费的比例。当一个客户消费了某种产品或服务之后，如果心里十分满意，那么他将会再次重复消费。如果这种产品或服务不能重复消费（比如家里仅需一台冰箱），但只要可能他还是愿意重复消费的。或者虽不重复消费，却向领导、亲朋大力推荐，引导他们加入消费队伍。因此，回头率也可以作为衡量客户满意度的重要指标。

（4）消费后的投诉率　投诉率是指客户在消费了企业提供的产品或服务之后产生投诉的比例。客户的投诉是不满意的具体表现，通过了解客户抱怨率，就可以知道客户的不满意状况，所以投诉率也是衡量客户满意度的重要指标。

投诉率不仅指客户直接表现出来的显性投诉，还包括客户存在于心底未表达的隐性投诉。因此了解抱怨率必须直接征询客户。

（5）单次交易的购买额　购买额是指客户购买某产品或者服务的金额多少。一般而言，客户对某产品的购买额越大，表明客户对该产品的满意度越高；反之，则表明客户对该产品的满意度越低。

（6）对价格变化的敏感度　客户对产品或服务的价格敏感度也可以反映客户对某产品的满意度。当产品或服务价格上调时，客户如表现出很强的承受能力，则表明客户对该产品或服务的满意度很高。

（7）向其他人的推荐率　客户愿不愿意主动推荐和介绍他人购买或者消费，也可以反映客户满意度的高低。客户如果愿意主动介绍他人购买，则表明他的满意度是比较高的。

2. 客户满意度调查对象

不同的客户在事前对企业的期待是不同的。有的客户容易满意，有的客户却不容易满意。因此在测试客户满意度时，仅调查少数人的意见是不够的，必须以多数人为对象，然后再将结果平均化。可以从以下几方面进行调查。

（1）现实客户　客户满意度测试的对象一般是现实客户，即已经体验过本企业商品和服务的现实（既有）客户。实际上，大多数的企业不是因为吸引客户过少而失败，而是由于未能提供客户满意的商品或服务而使客户流失，从而业绩减退。因此，测试并提高现实客户满意度非常重要，它投入少，但效果很明显。它是以特定客户为对象的，目标固定。

（2）使用者和购买者　客户满意度测试的对象是以商品或服务的最终使用者还是以实际购买者为测试对象，这是需要预先明确的。由于商品或服务的性质不同，这两者经常存在差异。通常的理解是把购买者与最终使用者合二为一，这在很多情况下是事实。以购买者为测试对象，是通常的做法。

但相反的情况也不少。例如，不直接面向最终消费市场，以企业使用为主的生产资料，其使用者多是制造部门，而购买者则是供应部门。比如对小孩子提供的产品或服务，其使用者和购买者就是分离的，小孩是最终使用者，大人是购买者。在这种情况下，谁的需要应该优先考虑呢？也就是说，以谁为测试对象呢？当然企业的理想目标是使这二者都满意，可以将二者都列为测试对象。在发生困难的情况下也要注意使二者能达到一定的均衡。

（3）中间商客户　各个企业把商品或服务提供给客户的方式是不一样的。有些企业并不与消费者直接见面，而是需要经过一定的中间环节。这时，客户对产品或服务的满意度，与批发商、零售商这样的中间商就有很大关系，测试中也不可忽略对中间商的测试。

（4）内部客户　客户满意度的测试不仅要包括传统的外部客户的调查，还要包括企业内部客户的调查。在很多企业中，由于没有树立内部客户的观念，各部门之间的隔阂很严重。各部门的员工对外部客户的需求很重视，却忽视了上下线其他部门这样的内部客户，互不合作甚至互相拆台的事情时有发生。实际上，企业作为对外提供商品和服务的整体，内部各部门彼此之间也应该以对待外部客户那样的方式相待。只有整个流程的各部门都能为其他部门提供满意的产品或服务，才有可能最终提供给客户（消费者）满意的商品或服务。

3. 客户满意度调查方法

不同的客户在事前对企业的期待是不同的。有的客户容易满意，有的客户却不容易满意。因此根据调查对象和调查目的，常用的客户满意度调查方法有以下几种：

（1）现场发放问卷调查　在客户（或公众）比较集中的场合（展览会、新闻发布会、客户座谈会等），向客户发放问卷，现场回收。这种方式快速，如果辅之以小奖品，则问卷回收比例高，同时具有宣传的效果。但要注意区别客户与潜在客户。调查问卷的询问项目一般应包括以下内容。

①当发现客户购买本企业产品时，可以调查客户满意和不满意的原因是什么。

②成为企业忠诚客户的原因是什么？

③从使用的频率来推敲客户使用的理由。

④客户为什么不想购买？

⑤从使用频率来了解客户的期待和需求。

⑥不使用的理由和不再继续使用的理由是什么，是否有解决的可能性？

⑦当初对本企业产品所抱的期待是怎样的？对于当初那份期待目前的评价如何？

⑧当初的期待与目前的评价之间，其差异点何在？

⑨以客户目前对本企业产品、服务的印象而言，将来有哪些地方必须充实与改善？

⑩使用本企业产品后，就产品本身、服务体系分开来看的话，各有哪些具体的评价、需求和不满？

调查项目应随企业调查的具体情况而灵活调整。

（2）电话调查　电话调查适合于客户群比较固定、重复购买率较高的产品。该调查方法的好处是企业可以直接倾听客户的问题，信息收集速度快，能体现客户关怀，效果较好。不利之处在于可能干扰客户工作或生活，造成客户反感。因此调查的项目应尽可能地简洁，以免拉长调查时间。如果客户数量较少，可以由企业营销人员直接联系客户；如果客户数量多，可以采取抽样方式，委托专业调查公司，或双方合作进行。

（3）网上问卷调查　这是在目前因特网快速普及的情况下发展最快的调查方式，具有快速、节省费用的特点，特别是在门户网站上开展的调查很容易引起公众对企业的关注。存在的问题是：网上调查只对网民客户有效，结论有失偏颇；所提问题不可能太多；真实性值得怀疑。不论哪种方式，调查以后均应进行数据统计、分析处理，写出调查报告。重点分析主要问题并提出相应的改进建议，从而让调查活动发挥检验客户满意度，促进企业提高客户满意度的作用。

4. 获得客户满意信息的渠道

为了提高客户满意度测试的效果，企业有必要收集较多、较好的客户满意度信息，获得客户满意度信息的渠道越多、越畅通，对企业越有利。具体的测试渠道如表 10－1 所示。

表 10－1　客户满意度测试渠道及说明

渠道	说明
问卷和调查	定期邮寄或发放问卷，征求客户的意见；委托有关机构对客户进行调查；采用其他一些社会学方法收集客户意见
直接沟通	与客户直接沟通是获取客户满意度信息的最佳方法
客户投诉	客户投诉可反映客户对企业的真实态度，应引起重视
行业研究结果	不少行业都有本行业企业或协会对市场的研究结果
新闻媒体报告	由专人对各种新闻媒体进行监视，收集报刊、广播、电视上关于客户满意度信息，特别是负面投诉
重要的相关团体	利用中介获取客户的意见
消费者协会报告	可以从消费者协会获取年度综合报告和专题报告

5. 测评级度的设计

一般情况下，客户满意程度可分成 7 个级度或 5 个级度。7 个级度：很满意、满意、较满意、一般、不太满意、不满意和极不满意。5 个级度：很满意、满意、一般、不满意和极不满意。根据心理学的梯级理论，对 7 梯级给出的参考指标如表 10－2 所示（注：5 梯级的参考指标类同）。

表 10－2　7 梯级参考指标

7 梯级	指标	分述
很满意	满足、感谢	客户的期望不仅完全达到，没有任何遗憾，而且大大超出了期望，客户注定会向亲朋宣传、介绍、推荐，鼓励他人消费

续表

7 梯级	指标	分述
满意	赞扬、愉快	期望与现实基本相符，客户不仅对自己的选择予以肯定，还会乐于向亲朋推荐
较满意	肯定、赞许	客户内心还算满意，但离更高要求有一段距离，而与一些更差的情况相比，令人安慰
一般	无明显情绪	没有明显正、负情绪的状态，不好也不差
不太满意	抱怨、遗憾	客户虽心存不满，但也不会做更高要求
不满意	气愤、烦恼	希望通过一定方法进行弥补，有时会进行反宣传，提醒自己的亲朋不要去购买同样的商品或服务
极不满意	愤慨、投诉、反宣传	找机会投诉，还会利用一切机会进行反宣传，以发泄心中的不快

6. 满意度测评的程序

（1）确定问题和目的　问题的定义和目的的明确是进行客户满意度测评的第一步。由于企业的生产经营过程相对稳定，而目标市场却千变万化，因此，企业经营与市场需求往往不相适应。这种不相适性在经营过程中会逐渐显现出来，而且大多数情况下会经由客户的不满意体会凸显出来，因此，必须找出造成这种不适应性和客户不满意的原因，这就是要研究并解决的问题。问题明确了，目的也就可以确定了。如商业服务企业的客户满意度测评的目的在于：了解某企业或某品牌的客户满意程度；了解某行业整体客户满意度情况。

（2）制订满意度测评方案　任何正式的满意度测评活动都是一项系统工程。为了在调查测评过程中统一认识、统一内容、统一方法、统一步调，圆满完成任务，在具体开展调查工作以前，应该根据研究的目的、调查对象的性质，事先对整个实施工作的各个阶段进行通盘考虑和安排，制订出合理的工作程序，也就是提出相应的实施方案。整个调查工作的成败，很大程度上取决于所制订的方案的科学、系统、可行与否。具体的测评方案一般需要说明以下几个方面的内容。

①说明调查目的：指出项目的背景，想研究的问题和可能的几种备用决策，指明该项目的调查结果能给企业带来的决策价值、经济效益、社会效益，以及在理论上的重大价值。例如，客观地、科学地、系统地评价客户对产品或服务的满意度，制订相应的改进措施，完善客户服务体系，提高客户服务水平，提高市场竞争的综合能力，取得最大的经营绩效。

②确定调查内容：开展客户满意度调查研究，必须识别客户和客户的需求结构，明确开展客户满意度调查的内容。不同的企业、不同的产品拥有不同的客户。不同群体的客户，其需求结构的侧重点是不相同的。例如，有的侧重于价格，有的侧重于服务，有的侧重于性能和功能等。一般来说，调查的内容依据所要解决的调查问题和目的所必需的信息资料来确定，具体的内容应按照CSI（客户满意指数）三级测评指标体系的指标并结合实际情况加以确定。

③确定调查对象：确定调查对象即确定谁是企业的客户，企业要从哪儿获得所需的数据。在客户满意度测评中，客户包括从前的客户、当前的客户、潜在的客户、销售渠道的成员、批发商和零售商等不同的范畴。客户可以是企业外部的客户，也可以是内部的客户。如果客户较少，应该进行全体调查。但对于大多数企业来说，要进行全部客户的总体调查是非常困难的，也是不必要的，应该进行科学的随机抽样调查。在抽样方法的选择上，为保证样本具有一定的代表性，可以按照客户的种类，如各级经销商和最终使用者、客户的区域范围分类，进行随机抽样。在样本大小的确定上，为获得较完整的信息，必须要保证样本足够大，但同时兼顾调查的费用和时间的限制。

④选择调查方法：在确定研究方式上，定量调研可以采取的方式包括：面访（包括入户访问、拦截式访问）、电话调查、邮寄调查、电话辅助式的邮寄调查等。其中入户访问的要求比较高，要求知道所有客户的住址，访问成本也是最高的。拦截式访问的成本较低，访问比较容易受控制。电话调查要求知道客户的电话，对没有电话联系方式的客户则会被排除在调查范围之外，造成样本框的误差。邮寄调查的问卷回收期比较长，回答者的构成可能与实际客户样本构成不一致。电话辅助的邮寄调查用以提高邮寄调查的回收率。

⑤说明调查时间进度和经费开支情况：在实际的调查活动中，根据调查范围的大小，时间有长有短，但一般为一个月左右。费用也有多有少，不能一概而论。基本原则是：保证调查的准确性、真实性，不走马观花；尽早完成调查活动，保证时效性，同时也节省费用。时间的安排一般按照整个测评活动的准备、实施和结果处理三个阶段来规划，经费预算也基本上遵循一定的原则。

（3）量化和权重客户满意度指标　客户期望、客户对质量的感知、客户对价值的感知、客户满意度、客户抱怨和客户忠诚度都是不可以直接测评的，需要对这些隐性变量进行逐级展开，直到形成一系列可直接测评的指标。这些逐级展开的测评指标构成了客户满意度测评指标体系。客户满意度测评的本质是一个定量分析的过程，即用数字去反映客户对测量对象的属性的态度，因此需对调查项目指标进行量化。客户满意度测评了解的是客户对产品、服务或企业的态度，即满足状态等级，一般采用5级态度等级：很满意、满意、一般、不满意、很不满意，相应赋值为“5，4，3，2，1”。

（4）设计问卷　问卷设计是整个测评工作中关键的环节，测评结果是否准确、有效，很大程度上取决于此。问卷的基本格式一般包括介绍词、填写问卷说明、问题和被访问者的基本情况。问卷设计的目的是了解客户的需求和期望，调查客户对质量、价值的感知，制订质量标准等。

客户满意度测评与一般市场调查有一定的共性，同时也具有其特殊性，这种特殊性是由客户满意度测评体系的要求所决定的。除了满足一般问卷的要求外，还必须满足客户满意度测评体系的要求，测评问卷中的问题以测评体系中的3级指标为基本的逻辑框架，并将其表述为问卷中的具体问题。同时还应该按照问卷设计的方法和原则来进行问题的设计，问卷的设计思路如下。

首先，问卷设计要明确客户满意度测评的目的。通常情况下，客户满意度测评的目的主要有：一是了解客户的要求和期望，调查客户对质量、价值的感知，制订质量标准；二是计算客户满意度指数，识别客户对产品态度的动态变化趋势；三是通过与竞争者的比较，明确优劣势，寻求改进方向。问卷设计必须依据这些测评目的来确定问卷的内容。

其次，将3级测评指标转化为问卷上的问题。这是进行客户满意度测评的核心内容。测评指标是便于计算的统计量，而问卷上的问题是要求客户准确回答的内容，要根据问卷设计的原则和要求，被测评的产品或服务的本质特征及客户的消费心理和行为特征，将关键的5级测评指标转化为问卷上的问题。这也是客户满意度测评成功的关键所在。

再次，对设计的问卷进行预调查。预调查不同于正式调查，它只需要较小的样本量，一般来说，只需要选取30~50个样本就足够了。对于这些样本的预调查，尽量采用面访的形式进行，这样除了可以详细了解客户对产品和服务的态度以外，更重要的是还可以了解客户对问卷本身的看法。根据预调查的分析结果可以对问卷进行修改和完善。

（5）实施调研　一旦问卷、研究方法设计完毕，研究人员必须实施调研，收集所需的信息。客户满意度数据的收集可以是书面或口头的问卷、电话或面对面的访谈，若有网站，也可以进行网上客户满意度调查。调查中通常包含很多问题或陈述，需要被调查者根据预设的表格选择问题后面的相应答案，有时候可以让被调查者以开放的方式回答，从而能够获取更详细的资料，能够掌握关于客户满意水平的有价值信息。调查法使客户从自身利益出发来评估企业的服务质量、客户服务工作和客户满意水平。

无论选择电话访谈、邮件调查、互联网调查或者其他收集方法，为了保证调研结果的科学性和准确性，必须事先对调研人员进行相关的培训，熟悉调研项目，能为被调研者合理、准确地解释各个调研问题。在调研过程中，必须严格按照各项要求实施调研，调研人员的任务就是最大限度地减少调查过程的错误。

（6）数据分析处理

①整理数据资料：对于收集回来的数据资料，应首先进行数据资料的确认，这是保证调查工作质量的关键。也就是说为了保证资料的准确、真实和完整，调查或者其他数据收集工具将接受检查，观察其中是否存在冗余、不完整或者其他无用的回应、模糊和明显的不相容，应确定哪些问卷是合格的，可以接受，哪些问卷是不合格的，必须作废。

为了统计分析的方便，还需把原始资料转化为符号或数字，使资料能够标准化，也就是为客户的回应分配一系列的数字，即编码。例如，客户转而使用竞争对手产品的原因需要分配的几组确认数字：1 – 更便宜的价格，2 – 更好的品质，3 – 优惠券等。

②分析数据资料：为客观地反映客户满意度，企业必须运用科学有效的统计分析方法分析适当的客户满意度数据，以证实质量管理体系的适宜性和有效性，并评价在何处可以持续改进。数据分析包括定量分析、定性分析，或者二者兼有，具体选用哪种类型的分析应当取决于研究对象、所收集数据的特性及谁使用这种分析结果。采用定性分析方法分析调查资料，得到对调查对象的本质、趋势及规律的性质方面的认识，其方法依据是科学的逻辑判断，能够得到有关新事物的概念，却不能表明事物发展的广度和深度，也无法得到事物数量上的认识。定量分析则恰好弥补了定性分析的缺陷，它可以深入细致地研究事物内部的构成比例，研究事物规模的大小及水平的高低。

客户满意度数据的分析将提供以下有关方面的信息：

①客户满意；

②与服务要求的符合性；

③过程和服务的特性及趋势，包括采取预防措施的机会；

④持续改进和提高产品或服务的过程与结果；

⑤不断识别客户，分析客户需求变化情况。

因此，企业应建立健全的分析系统，将更多的客户资料输入数据库中，不断采集客户有关信息，并验证和更新客户信息，删除过时信息。同时，还要运用科学的方法，分析客户发生变化的状况和趋势。研究客户消费行为有何变化，寻找其变化的规律，为提高客户满意度和忠诚度打好基础。

（7）进行客户满意度评价并撰写报告　大多数的企业管理层一般只关注研究结果的主要内容。通过使用图示、表格及其他绘图工具将研究结果清晰地表达出来，这是对研究人员及其他向管理层汇报研究结果的相关人员的一种创造性的挑战。客户满意度评价报告是整个任务活动的成果体现。在对客户满意度进行评价的过程中，明确哪些是急需改进的因素具有重要意义，而这一点也应是报告中的重要内容。应明确四种类型的改进因素：一是急需改进的因素，即对客户是重要的，而满意度评价是较低的；二是应该继续保持的因素，即对客户是重要的，而满意度评价是较高的；三是不占优先地位的因素，即对客户是不重要的，而满意度评价是较低的；四是锦上添花的因素，即对客户是不重要的，而满意度评价是较高的。

客户满意度测评报告的一般格式包括：题目、报告摘要、基本情况介绍、正文、改进建议、附件。正文内容包括：测评的背景、测评指标设定、问卷设计检验、数据整理分析、测评结果及分析。

（8）跟踪实施并持续改进　在对收集的客户满意度信息进行科学分析后，针对满意度测评报告中提出的改进问题，企业就应该立刻检查自身的工作流程，在“以客户为焦点”的原则下开展自查和自纠，找出不符合客户满意度管理的流程，制订企业新的经营方案，组织企业员工实行，并通过反馈机制的作用和 CSI 的更新不断提升企业的客户满意度，进而扩大企业的市场份额和竞争力。

任务四　客户投诉管理

一、投诉的价值

投诉的问题没有得到解决，为什么顾客还会再回来光顾你呢？原因是通过投诉，他的问题得到了重视，他的尊重得到满足，他的不满得到宣泄，所以有可能回来。不但如此，如果我们迅速处理了顾客投诉，并让他觉得满意的话，投诉的顾客有 50% 以上可能会成为公司的忠诚顾客。因此，我们要感谢顾客对我们的投诉！

1. 为企业提供了改进的机会

顾客的投诉让我们了解自身系统哪里出现了问题，告诉我们在哪些方面没有满足顾客的需要，或者企业员工的工作有哪些不足……这些问题都是通过顾客投诉显示出来的。因此，顾客投诉可以成为企业改进和创新的良好方式。

2. 留住顾客，促进企业发展

某机构做了大量的调查后总结了顾客投诉的三大定律。这三大定律是：

定律一：顾客投诉杠杆比（24 倍）

一家企业只能听到 4% 的顾客投诉声音，其他 96% 的是不会投诉的。当你听到一个顾客的投诉时，实际上代表了背后还有 24 位顾客对你的企业有各种不满的意见。

定律二：顾客投诉扩散比（12倍）

一个不满意的顾客会把自己不满意的感受向周围至少12个人诉说。

定律三：顾客投诉成本比（6倍）

吸引一个新客户的成本是维持老客户成本的6倍。

吸引新顾客比留住老顾客要困难得多，成本也大得多。因此，我们要提高企业的发展空间，首先要留住我们的老顾客；而留住老顾客又会为我们吸引一批新的顾客！因此，企业要以有效的方式吸引顾客投诉，并处理好客户投诉。这是留住顾客的首要途径。

二、扫除顾客投诉的障碍

某些顾客可能比其他人都更可能会投诉。作为消费者，他们相信投诉总会有积极的结果，而且对社会有利，而且其个人道德标准也支持其抱怨行为。他们相信自己将会并且应该由于服务失误而获得某种形式的赔偿。他们认为自己得到公正的对待和良好的服务是应该的，并且，那些人本来就该把事情做好。而且，他们认为他们的投诉能帮助其他人避免遇到类似的情况或惩罚这家服务提供商。只有极为少数的顾客投诉是仅仅由于他们喜欢抱怨或是制造麻烦。但也有很多顾客与以上人怀有相反的信念，他们不大可能采取任何行动进行投诉。顾客不投诉大概是由于以下几个原因。

1. 企业没有为顾客提供适当的投诉渠道

企业没有向顾客提供接受投诉的部门或途径等，或没有清楚告知顾客如果发生问题应该通过何种渠道、向企业的哪个部门反映，使受到损失的顾客束手无策；或者没有向顾客明确企业的业务和顾客的权益，因此顾客在问题发生后不知道该由谁承担损失，只能默默离去。

2. 顾客心理上存在障碍

例如，顾客认为即使投诉企业也不会理睬，更不会公正处理，所以投诉也是徒劳；又如，顾客由于害怕遭到报复而不敢投诉。另外，还有一些顾客由于不愿意浪费时间、精力和金钱而不进行投诉。

3. 文化背景因素

顾客不投诉的理由有时候也是一种文化或背景的反映。日本的一项研究发现，有21%的不满顾客对投诉感到尴尬或不适。在某些欧洲国家，服务提供者和顾客之间有一种强烈的“客人—主人”关系（尤其是在餐饮业）。

三、客户投诉处理的流程

顾客投诉是企业生存之源。没有投诉的企业是不可能发展的，将顾客投诉转变为企业收益的条件是正确处理顾客投诉，并从中挖掘对企业的价值。

1. 了解客户投诉的四种需求

（1）被关心的需求　客户需要你对他表现出关心与关切，而不是感觉不理不睬或应付。客户希望自己受到重视和善待。他们希望与他们接触的人是真正关心他们的要求或能替他们解决问题的人，他们需要理解的表达和设身处地的关心。

（2）被倾听的需要　客户需要公平的待遇，而不是埋怨、否认或找借口。倾听可以针对问题找出解决之道，并可以训练我们远离埋怨、否认、借口。

（3）服务人员专业化　客户需要明白与负责的反应。客户需要一个能用脑而且肯解决问题的人，一个不仅知道怎样解决、而且负责解决的人。

（4）迅速反应　客户需要迅速与彻底的反应，而不是拖延或沉默。客户希望听到"我会优先考虑处理你的问题"或"如果我无法立刻解决你的问题，我会告诉你我处理的步骤和时间"。

2. 正确处理客户投诉的流程

几乎每家店都遇到过怒气冲冲的顾客，但如何对待这种顾客给企业带来的结果却大大不同，你有可能做成生意或丢掉这个顾客。得到一位新顾客需要用几个月的时间，而丢掉一位顾客可能仅是几秒钟的时间。面对顾客的投诉，许多处理人员顾此失彼，手足无措。究其原因，是没有掌握一个系统处理顾客投诉的方法和流程。

平息顾客投诉的五个步骤为不同类型的企业处理顾客投诉、提升顾客满意度提供了很好的参考。

（1）聆听顾客投诉

①控制自己的情绪，保持冷静、平和。顾客在投诉之初总会带有很大的情绪，因此在语言及行为上会有一些过火的表现。如果此时处理人员与顾客针锋相对，只会让双方的声音越来越大，让购物者成了看客，专营店变成了戏台。因此，当顾客投诉之初，能够仔细并耐心地听取顾客的申诉，深切了解顾客不满之处，进而解决，可先让顾客将不满情绪适度地发泄出来，缓和顾客的情绪，是解决投诉问题的第一步。

②处理顾客的情绪。面对情绪激动的顾客，服务人员要保持心平气和，同时也要掌握一些技巧。当顾客怒气冲冲地大声发泄时，我们应该闭口不言、保持沉默。

③分辨责任。顾客既然投诉，就表示是使用了我们的产品或服务出现了问题，通常顾客投诉是为了寻求一种心理平衡，希望我们首先能理解他在使用我们的产品或服务时的感受，公司能重视这个问题，并找出问题的责任和原因，最终使他们所遇到的问题得到圆满的解决。客服人员大致了解顾客投诉的问题，就应该分辨顾客投诉的责任承担者，是我们的责任就勇敢地承认，真诚地

对顾客说声“对不起"，让顾客感受我们的真诚和对他们的尊重。这样有利于平息顾客的愤怒，能心平气和地协商解决问题。

（2）询问顾客　引导用户说出问题重点，有的放矢，表示同情。如果对方知道你的确关心他的问题，也了解他的心情，怒气便会消减一半。找出双方一致同意的观点，表明你是理解他的。

询问阶段和前面的处理阶段是同时发生的，不同的是询问阶段是在倾听完顾客的发泄、稳定客户的情绪后需要同时对事件的过程做好详细的记录和解答。

①注意对事件全过程进行仔细的询问，做好详细的投诉记录。全面地了解事件的全过程有助于我们处理用户的投诉，客服人员面对不断抱怨的顾客，除了认真倾听之外，还要主动地和用户沟通，搜集顾客不满意的信息。例如，顾客为什么要投诉；他投诉什么，是投诉产品的质量问题，还是服务，或是其他的什么问题；顾客希望怎么样处理等。

②立即采取行动，协调有关部门解决。了解了顾客投诉的问题和顾客的真实需求之后，客服人员接下来可以对顾客的投诉做评估，能够现场处理和解决的问题，客服人员可以当场答复顾客；对于一些较为复杂的投诉，需要其他部门协同解决的问题，记录下来，升级给有关的人员，同时向顾客做好解释。

（3）协商解决　在明确了顾客的问题和需求之后，下一步就是协商一个双方均可以接受的方案。很多时候我们很难做到顾客提出什么我们就做什么，特别是顾客提出的一些不合理的要求和超越了公司规定的范围，这种情况下也不得不拒绝顾客，但要注意拒绝的方式方法。协商解决问题的阶段可以参照以下的一些方法。

①耐心地与顾客沟通，取得他的认同。

②注意解释语言的语调，不得给客户有受轻视、冷漠或不耐烦的感觉。

③换位思维，易地而处，从客户的角度出发，做合理的解释或澄清。

④不要试图推卸责任，不得在客户面前评论公司/其他部门/同事的不是。

⑤没有彻底清楚了解客户所投诉的问题时，不得马上将问题转交其他同事或相关部门。

⑥如果确实是我方原因，必须诚恳道歉，但是不能过分道歉，注意管理客户的期望；现时提出解决问题的方法。

（4）达成协议　通过客服人员和顾客双方的沟通和协商，对顾客投诉的问题有了明确的处理意见。客服人员应该答复顾客一个处理的解决方案。答复顾客的方式多种多样。例如，主动约见、面对面答复；电话答复；邮件、信件答复等。

出于希望被尊重的心理，我们应当主动约见顾户，让其觉得被重视。因为顾客总希望他的投诉是对的和有道理的，他们最希望得到的是同情、尊重和重视。解决方案提出后，要高效地将其付诸行动，否则客户会认为你在欺骗他，其后果会比投诉前期更为严重，客户的情绪也将会比投诉前期更加激愤。此阶段，我们应当快速地派相关处理人员解决存在问题。高效是此阶段的根本原则。

经过客服人员的努力，大部分的投诉会在此完美解决。但当顾客提出的要求超出了客服人员处理的权限，或者需要将顾客的问题上升给相关的领导解决时，需要对投诉进行升级处理。升级处理顾客投诉需要客服人员向顾客说明升级处理的可能方法和大体的处理时间，需要向顾客沟通这是公司处理的投诉流程，不要让顾客认为我们是在推卸责任。

（5）跟踪回访　跟踪回访是处理顾客投诉的最后阶段。这一阶段主要是跟踪顾客对我们处理结果的满意程度，同时也是显示我们对顾客负责的一种方式。根据“近因效应”，在某一行为过程中，最后接触到的事物留下的印象和影响是极为强烈的，因此，跟踪回访顾客作为最后与顾客的沟通阶段能产生近因效应。积极的近因效应会使客户满意，消极的近因效应会导致客户的不满意感加剧。最后给用户一个电话、一封邮寄的信函，可以让顾客感觉到温暖和信赖，我们就有机会挖掘顾客更多的需求。

回访阶段作为最后的一个环节还应重视两个问题：一是对处理结果的合理解释，应跳出投诉事件本身与顾客沟通，特别是对顾客心中预期的理想型概念产品与公司提供的实际产品之差进行解释，使顾客在今后使用实际产品时对其功能、品种、质量、价格有一个重新的理解和判断；二是应重视在处理投诉过程的最后阶段与客户建立友谊。处理投诉过程是与顾客相互接触、相互交往的过程，由于人内心深处的抵触心理，如果纯粹是以解决投诉为目的与顾客进行交往，即使问题得到了解决，也不会使顾客感到真正满意。在处理投诉的最后阶段，应把顾客当作自己的朋友，与顾客建立一种情感，使顾客有一种归属感。顾客与企业情感的建立是通过企业员工与顾客之间的真诚和坦率的沟通形成的。所以，此阶段不是处理顾客投诉的最后一个阶段，而是与顾客建立友好关系的第一个阶段。

四、道歉与处理投诉的技巧

处理顾客投诉是非常认真细致的工作，处理人当时的态度、行为、说话方式等都会对事情的处理有着至关重要的影响。一句话都会对事情的发展起到导火索的作用。对待顾客投诉的原则是软化矛盾而不是激化矛盾。所以，这需要处理投诉的客服人员除了掌握处理流程的五步骤，强化自己对顾客投诉的认识和理解，还要不断提高自身的综合素质，这样才能很好地处理用户的投诉。

1. 诚恳地表达歉意

你必须使用正确的措词和表达方式来诚恳地表达你的歉意。举例来说，边走边说、用电子邮件、通过第三者传话等都是不太恰当的方法，最好的方法应该是登门拜访，能带上些小礼品就更好。道歉的好处在于可以冰释前嫌，消除他人对自己的恶感，也可以防患于未然，为自己留住知己、赢得朋友。中国有句古话："伸手不打笑脸人。"有一点需要注意的是，别选择你自己方便的时间和地点，相反，你要挑一个能让客户接受的时间和场合。

向客户解释并道歉，别让对方以为你的"解释"是在"推卸责任"。你要预先把握好措词，确保自己不会弄巧成拙，让对方认为你在找借口，否则会激化客户的不满情绪。

（1）采用文明规范的道歉语　有愧对他人之处，应直接说"深感歉疚""非常抱歉"。渴望对方原谅，需说"多多包涵""请您原谅"。劳烦了别人，应说"打扰了""麻烦了"。一般场合则可以讲"对不起""很抱歉""失礼了"。

（2）道歉应及时　知道自己错了，马上就要说"对不起"，否则拖得越久，就越会让人家"窝火"，越容易使人误解。道歉及时还有助于当事人"退一步海阔天空"，避免因小失大。

（3）道歉应当大方　道歉绝非耻辱，故而应当大大方方，堂堂正正。不要遮遮掩掩，"欲说还休"。不要过分贬低自己，说什么"我真笨"之类的话，这可能让人看不起，也有可能使人得寸进尺，提出更多的要求。

（4）道歉可借助于"物语"　有些道歉的话当面难以启齿，写在信上寄去也成。对西方女性而言，能令其转怒为喜、既往不咎的最佳道歉方式莫过于送上一束鲜花。这类借物表意的道歉"物语"会有极好的效果。

（5）道歉并非万能　不该向别人道歉的时候就千万不要向对方道歉。不然对方不但不领情，搞不好还会因此而得寸进尺，为难我方。即使有必要向他人道歉，也要切记，更重要的是使自己此后的所作所为有所改进，不要言行不一、依然故我。让道歉仅仅流于形式只能证明自己待人缺乏诚意。

2. 处理投诉过程中的忌讳

（1）缺少专业知识　对本身业务知识不熟悉将会对正处于怒火中的顾客起到火上浇油的作用。因此，每一个客户服务人员首先必须熟悉本专业的业务，这是客户服务工作的基础，也是顺利处理投诉的前提。

（2）怠慢客户　你能想象一个怒气冲冲的人找你投诉却遭到怠慢或不理睬是什么效果吗？怠慢客户是处理投诉的大忌，任何人员对待投诉的顾客必须笑面相迎，温言以对，绝对不能有所怠慢。

（3）缺乏耐心，急于打发客户　某些客户服务人员会在自己心情不好时对顾客比较冷淡，听取顾客的投诉缺乏耐心，这样不但没法帮助顾客解决好投诉事项，甚至连顾客的需要都没办法了解到。

（4）急于为自己开脱　发生投诉后，我们不应过多强调到底对方是否有充分的理由投诉。只要是顾客投诉，我们都应该首先分析自己工作中存在的不足和缺陷。切忌只顾为自己开脱责任而不注重对顾客的服务态度，切勿使本可一次解决的问题反而造成客户升级投诉。

任务五　售后管理的监督

一、售后服务的监督方法

1. 公司内部监督

超市的职能监督部门列出针对售后服务的监督计划，按照计划实时对售后服务工作进行监督。

2. 客户监督

在卖场设置客户意见簿，方便客户及时写下意见，或者设置顾客意见箱，并派专人管理意见箱；也可设置顾客投诉电话或者电子邮箱，对提出建设性意见的顾客实施奖励等。还可成立客户监督委员会，邀请超市或卖场的一些固定团购大客户参与，给他们一个直接与公司沟通的平台。这样一方面可以对售后服务起到监督作用，另一方面也是一种加强大客户与卖场关系的很好的手段。

3. 新闻媒体监督

超市的公共关系职能中有相当部分的工作是协调与新闻媒体的关系。超市可以设置相应的部门，主动与新闻媒体就卖场的售后服务定期进行讨论。近年来涌现出很多公司的危机公关事例，由于商家没有及时处理好在售后服务中出现的问题，经过新闻媒体曝光后，极有可能演变成公司的公关危机，严重影响公司的声誉。

二、向消费者的信息反馈

提升公司的售后服务水平，争取消费者的忠诚，其中重要的手段就是加强与消费者的互动和沟通，一方面，让消费者感到公司对他们的重视；另一方面，也可以从消费者那里得到许多建设性的建议，从而改善公司的产品和售后服务。因此，各厂商应充分建立与消费者的信息反馈和交流渠道，保证客户信息的畅通。一般的沟通渠道有以下三种：①服务监督电话；②服务投诉信箱；③网站客户留言。

拓展阅读

2017 年 12 月 19 日，谭秦东发布题为《中国神酒“鸿茅药酒”，来自天堂的毒药》的帖子，从心肌变化、血管老化、动脉粥样硬化等方面分析，想说明鸿茅药酒会对老年人造成伤害。涉事企业以他恶意抹黑造成自身 140 万元经济损失为由报警后，2018 年 1 月 10 日，内蒙古凉城警方以“损害商品声誉罪”将谭秦东跨省抓捕。同年 4 月 16 日，国家药品监督管理局在官网发布消息称，已组织专家对鸿茅药酒由非处方药转化为处方药进行论证，并责成内蒙古食药监局对鸿茅药酒药品安全性和有效性情况作出解释。4 月 17 日，内蒙古检察院通报，根据最高检指示，内蒙古检察院听取了凉城县检察院案件承办人的汇报，查阅了案卷材料，经研究认为，案件事实不清、证据不足，据此指令凉城县检察院将该案退回公安机关补充侦查，并变更强制措施。而鸿茅药酒公司是什么时候对事件作出回应的呢？首次回应是 4 月 18 日，距事件被媒体报道相隔 5 日，首次正式回应是 4 月 26 日，距事件被媒体报道相隔整整 13 日。

无法想象一个年销售额超过 50 亿元、旨在上市的企业，对重大负面事件的反应如此缓慢，导致整个事件逐步发酵升级，最终成为众人皆知、一面倒地对鸿茅药酒的声讨。

对此能作出的合理解释是，鸿茅药酒公司知道并一直关注事件的发酵升级，但一方面要处理政府机关的质询和检查，另一方面是想等事件热度逐渐过去之后再做回应。可惜最终的效果并不能让鸿茅药酒的领导们满意。

实践训练

客户满意度调查

一、实训地点

教室。

二、实训目的

通过评价指标体系的设计，找到测量客户满意度指标的细分指标，设计调查问卷，完成客户满意度调查工作。

三、实训过程设计

（1）指导教师讲述满意度测评的理论依据及步骤。

（2）按每组 3 ~4 人，对客户满意度进行调查：确定测评对象、设计问卷、实地调查、写出报告。

（3）要求　问卷的设计要符合满意度评价体系中相关指标的要求，并将指标转化为问卷问题。在设计问卷时，要注重将题目选项转化为评价指标，要注意问卷中涉及的各项内容，问卷回收后的分析要简明扼要。

参考文献

[1] 程亮.“老德州”酒营销策略研究 [D]. 山东师范大学，2012.
[2] 屈云波，靳丽敏. 网络营销 [M]. 北京：企业管理出版社，1999.
[3] 纪宝成. 市场营销学教程 [M]. 北京：中国人民大学出版社，2002.
[4] 区域品牌白酒企业营销渠道的研究 [D]. 陕西师范大学，2012.
[5] 蒋增火. 白酒顾客满意度营销策略分析 [D]. 西南交通大学，2005.
[6] 纵萍. 我国中高端白酒市场营销策略 [D]. 上海海事大学，2004.
[7] 葛翔曦. 五粮液、茅台品牌战略得失比较 [D]. 四川师范大学，2002.
[8] 范志国. 基于消费者行为的企业营销策略研究 [J]. 沈阳建筑大学学报，2009.
[9] 杜洪. 中国白酒的营销渠道发展研究 [D]. 西南交通大学，2003.
[10] 纵翠萍. 我国中高端白酒市场营销策略 [D]. 上海海事大学，2004.
[11] 张延爱. 今世缘公司白酒营销策略研究 [D]. 南京理工大学，2004.
[12] 范威. 四川全兴股份有限公司白酒营销策略研究 [D]. 电子科技大学，2005.
[13] 胥劲松. 基于消费者行为的白酒营销策略 [D]. 电子科技大学，2009.
[14] 张凯. 基于跨文化的广告营销策略分析 [J]. 市场营销，2009.
[15] 徐浩然. 广告营销趋势：全方位，点对点 [J]. 视听界，2008.
[16] 杨廷栋. 谈谈白酒发展观 [J]. 酿酒科技，2007.
[17] 王凯. 浅析泸州老窖的双品牌塑造 [J]. 商场现代化，2008.
[18] 张智华. 白酒营销模式及渠道建设的思考 [J]. 食品研究与开发，2005.
[19] 张安林. 酒类人力资源探讨 [J]. 酿酒科技，2003.
[20] 麦志辉. 企业文化营销策略研究 [J]. 商场现代化，2009.
[21] 余晓莉. 广告营销功能观的历史变迁与现代转型 [J]. 武汉大学学报，2009.
[22] 石青辉，张华贵. 关于白酒广告的思考 [J]. 香醇玉液，1998.
[23] 万兴贵. 金六福：从"视觉"到"听觉"的创新营销公式. 中国营销咨询网，2007.
[24] 万兴贵. 中国白酒业：契合文化的品牌想象力. 中国营销咨询网，2007.
[25] 万兴贵. 喝酒时代也谈中国酒业"营销回归". 中国营销咨询网，2007.
[26] 万兴贵. 布局者的营销修炼与颠覆创新 2007，中国白酒业的出路. 中国营销咨询网，2007.
[27] 万兴贵. 深度借鉴"川酒营销经验". 中国营销咨询网. 2006.
[28] 刘源. 浅析中国白酒行业发展和改革现状 [J]. 内蒙古科技与经济，2004.
[29] 郑孝庭，徐薇，胡圣浩. 服务营销创造顾客满意 [J]. 江苏商论，2005.
[30] 邵其会. 顾客满意的营销策略 [J]. 四川经济管理学院学报，2004.
[31] 吴勇. 市场营销 [M]. 北京：高等教育出版社，2017.
[32] 刘厚钧，苏会霞，张晓丽. 食品企业管理 [M]. 北京：电子工业出版社，2018.
[33] 毕思勇. 市场营销 [M]. 北京：高等教育出版社，2017.
[34] 杨国伟，夏红. 食品质量管理 [M]. 北京：化学工业出版社，2008.
[35] 宋书玉. 中国酒业营销师培训教材. 中国酒业协会，2010.

[36] 李先国．营销师国家职业资格培训教程五级营销师［M］．北京：中央广播电视大学出版社，2015.

[37] 李先国．营销师国家职业资格培训教程四级营销师［M］．北京：中央广播电视大学出版社，2015.

[38] 李先国．营销师国家职业资格培训教程三级营销师［M］．北京：中央广播电视大学出版社，2015.

[39] 李先国．营销师国家职业资格培训教程二级营销师［M］．北京：中央广播电视大学出版社，2015.

[40] 李先国．营销师国家职业资格培训教程营销师基础［M］．北京：中央广播电视大学出版社，2013.

[41] 李先国．营销师国家职业资格培训教程一级营销师［M］．北京：中央广播电视大学出版社，2015.

[42] 唐江华．白酒营销的第一本书［M］．北京：中华工商联合出版社，2016.

[43] 唐江华．白酒经销商的第一本书［M］．北京：企业管理出版社，2013.

[44] 吴勇．市场营销［M］．北京：高等教育出版社，2017.

[45] 黄亚兰．营销礼仪的重要意义与发展趋势探析［J］．中国商贸，2011（09）：32－33.

[46] 吴良勤，孟庆荣，沈彤．营销礼仪［M］．北京：清华大学出版社，2016.

[47] 殷佳忆．公共关系中的有效沟通技巧［J］．商业文化（上半月），2011（07）：394.

[48] 余苏珍．商品营销中礼仪实训教学模式的创新与实践［J］．科技经济市场，2015（11）：221.